# El código del Árbol de la Vida
# y la Piedra del Sol

La exégesis del verdadero origen de
los calendarios maya y azteca
según la Estela 5 de Izapa

## Mario A. Popoca

Grupo Tlatoa, Ciudad de México, 2023

**Grupo Tlatoa**
voz de los ancestros

Ciudad de México.
ISBN 9798865889526
ISBN 9798871568903
Diseño de portada por: Shine Popoca

*A mis raíces:*
*mis padres José e Imelda;*
*a mis frutos:*
*Shinehah, Miyoshi y Mario.*

# Índice

Piedra del Sol

# Prólogo

El Instituto Nacional de Antropología e Historia (INAH) respalda la tesis que Izapa, Chiapas, México, fue el centro crucial de ajuste de cuentas del calendario maya, precursor del Calendario Azteca o Piedra del Sol, el cual marcó los ciclos del tiempo de toda una generación milenaria desde algún punto en el Preclásico olmeca, pasando por el Clásico maya hasta el Posclásico nahua el cual culminó con la conquista o resistencia mexica acaecida el 13 de agosto de 1521, casi dos mil años de vigencia ininterrumpida.

Para los nahuas, aztecas o mexicas —gentilicios que se utilizarán indistintamente en esta obra—todo acontecer fue expresado con fechas en códices y monolitos, desde las revoluciones de los astros, los ciclos de la naturaleza, los hechos históricos, religiosos e incluso proféticos, los cuales apuntan a las generaciones de los últimos días o al ciclo final de los tiempos llamado por los mexicas "el Quinto Sol". Para algunos los glifos calendáricos considerados sagrados fueron producto de la imaginación esotérica, pero la clave para comprenderlos es recurrir a su fuente de origen donde se halla su lógico entendimiento: La Estela 5 de Izapa, conocida también como "El Árbol de la Vida".

El primer contacto profesional que tuve con la Estela 5 de Izapa fue a principios de los años noventa cuando participé en un simposio organizado por un Sistema Educativo en la Ciudad de México; si bien, la exposición giró en torno a algunas teorías interpretativas no se abordó contundentemente su desciframiento. Cabe mencionar la diferencia entre interpretación y lectura de la antigua iconografía mesoamericana, de por sí compleja, y para descifrar el código del Árbol de la Vida es preciso recurrir a su lectura. Como portador de uno de los pocos apellidos sobrevivientes del idioma azteca: el náhuatl, las culturas prehispánicas siempre fueron familiares para mí; de tal modo, la respuesta de un joven estudiante ruso respecto al artículo titulado: "El desciframiento de la escritura maya: problema irresoluble", resonó en mi mente como el cascabeleo de una serpiente: *"Lo que fue creado por una mente humana, puede ser resuelto por otra"* (Ruge and Cáceres 2000). Ese joven fue Yuri Knorozov, el padre del desciframiento de la escritura maya; desde entonces el enigma de la Estela 5 de Izapa se convirtió en un silencioso reto personal.

Una acción clave para descifrar la Estela 5 de Izapa fue alternar la investigación con el dibujo y la pintura. En el año 2010, impulsado por una valiosísima persona, inicié la obra pictórica "El Árbol de la Vida", pero pronto descubrí que no podía enfatizar algunos trazos porque desconocía su significado integral; este fracaso me llevó a pintarla por segunda vez. Con la ayuda de la tecnología obtuve todas las fotografías y dibujos disponibles del monolito y los reproduje en el mayor tamaño de impresión, entre ellos la fotografía de Garth Norman, una de las más antiguas y de la que se obtuvo el dibujo más preciso del monolito, dado que otros no coinciden con la talla. No fue sólo adecuar el color para una obra labrada en la piedra sino constatar sus trazos precisos, varios de ellos erosionados por los más de dos mil años desde su creación. Ahora, atribuyo su decodificación a los fallidos intentos por pintar la obra. Fueron días maravillosos, de gran inquietud, así como de luz y conocimiento.

Cierto día pedí a mi hijo adolescente con quien compartía mis impresiones y quien fungió como modelo para detallar las manos y los brazos de los personajes de la Estela 5, que centrase su atención en cierta imagen y la describiese según su parecer; en un instante me ayudó a ver lo que no podía y su juicio fue exacto. La mente de un adulto puede ser influenciada por distintas voces, pero una mente fresca puede ver sin prejuicios prefabricados lo que es sin mayor problema. Pronto descubrí trece de los veinte glifos del calendario plasmados en la Estela 5; mas todo apuntaba a siete más que faltaban por descubrir. Cuando descubrí el último de los glifos: *Ollin "movimiento"* en náhuatl, el cual integra el todo del monolito, tal fue mi impresión que literalmente no pude dormir aquella noche, porque con el descubrimiento de los glifos sagrados le acompañó una profunda reflexión hacia aquel que simboliza el Árbol de la Vida o Ceiba Sagrada, según los mayas; el centro mismo del universo a semejanza del sol. Entonces comprendí por qué los prehispánicos consideraron sagrados los glifos del tiempo y por qué los mexicas ejecutaron con tanta maestría la denominada Piedra del Sol descubierta en la Plaza Mayor el 17 de diciembre de 1790 y que actualmente preside la sala principal del Museo Nacional de Antropología de la Ciudad de México. ¿Por qué una obra de tal magnitud se germinó en un lugar sin renombre ni gloria como lo fue Izapa?

La Estela 5 difiere de otros monolitos por su complejidad y estilo único, bien se le podría denominar la piedra angular de Izapa cuyo protagonista central, el Árbol de la Vida, se enlaza con otras figuras que juegan con los invisibles trazos simétricos de su diseño y cuya simbología escrita en el lenguaje de la naturaleza transmite múltiples conceptos concretos y abstractos de carácter sagrado equiparables a los enigmas más celosamente guardados del antiguo Egipto. El lector, sea religioso o no, descubrirá que el conocimiento de lo sagrado conlleva sus propios riesgos y responsabilidades.

Vivimos una era donde el conocimiento fluye como aguas que se derraman del cielo; ha quedado atrás la época donde el conocimiento era reservado para las minorías en el poder: los sacerdotes y los letrados, incluso recientemente las élites profesionales. Con la aparición del internet y las redes sociales cada uno puede aportar error e instrucción en cualquier ámbito del saber, al filtrar y capitalizar verdades comunes a todos en un mundo globalizado. Alvin Toffler citó: *"Los analfabetos del siglo XXI no serán aquellos que no sepan leer y escribir, sino aquellos que no puedan aprender, desaprender y reaprender".* Por supuesto los eruditos han esclarecido muchos enigmas; sin embargo, es necesario enfatizar que la religión, disciplina practicada desde tiempos inmemoriales, no se originó en el conocimiento académico o científico, su verdadera fuente procede de la revelación personal por medio del Espíritu de la Divinidad, uno de los varios temas inéditos abordados en esta obra que rompen todo paradigma de la Arqueología e Historia convencional impartida en las aulas. Si bien, se puede contar con un título académico o no, toda persona con un sincero deseo puede saber por esa misma fuente quién fue el Dios que adoraban los antiguos americanos, el eje común y el núcleo de las antiguas civilizaciones de América. Esta obra no trata precisamente sobre arqueología, sino trata sobre el pensamiento y la cosmovisión religiosa de los antiguos pueblos prehispánicos.

El tallado en la piedra, una herencia olmeca, fue llegar a las generaciones futuras, la descendencia del día de hoy, como enunció Netzahualcóyotl: *"el oro y piedras preciosas con la codicia se perderían, y los cuadros con el tiempo se desharían y borrarían, el barro se quebraría, y la madera se carcomería; mas el de la piedra sólo permanecería"* (Alva Ixtlilxóchitl 1640, 130).

La visión del Árbol de la Vida plasmada en la Estela 5 de Izapa, el origen de la Piedra del Sol, no pretendió ser un registro local y circunscrito a su época, sino ser un registro de difusión universal para volver la mirada a sus antepasados, conocer su propia identidad como pueblo y dar a conocer a las futuras generaciones lo que acontecería en los tiempos de la restauración de todas las cosas durante la era llamada "el Quinto Sol". El lector puede descubrir su propio y actual entorno con la historia que se germinó en la América de antaño por medio de los protagonistas que circundan el Árbol de la Vida y la increíble conexión de estos con los que actualmente poblamos ambos hemisferios de la tierra; porque la Estela 5 de Izapa y la Piedra del Sol son contundentes en señalar el origen del hombre americano y sus estrechos vínculos con el Viejo Mundo; de tal modo, toda persona que lea este libro cuestionará viejos paradigmas y descubrirá cosas mayores. "El Árbol de la Vida" no es una espectacular obra de arte debido a que no me asumo como un pintor profesional; no obstante, su mayor valor reside en que con una simple mirada el espectador puede identificar sin mayor esfuerzo el significado de las figuras, tal como el autor las hubiera plasmado en el lienzo si hubiese tenido la certeza que su obra perduraría más de dos mil años.

La Piedra del Sol reúne de manera integral todo concepto aislado, cosmovisión y cultura que tienen en común las antiguas civilizaciones de América, cuyo centro a semejanza del sol fue el dios blanco y barbado que vino entre ellos en el meridiano de los tiempos, el dios de los muchos nombres llamado Quetzalcóatl por los aztecas, Kukulkán por los mayas, Viracocha por los incas y Bochica por los andinos, la "Serpiente Emplumada"; el mismo Árbol de la Vida plantado en el centro de la tierra *"que sostiene la bóveda terrestre"* (E. Florescano 2016); cuyo retorno en los últimos días tiene como fin el establecimiento de su reino.

*El Autor*

# Introducción
## *Siete claves para descifrar el código del Árbol de la Vida y la Piedra del Sol*

Figura 1. Estela 5 de Izapa por Garth Norman; correcciones mínimas por Mario Popoca.

En 1941, Matthew W. Stirling encabezó una expedición patrocinada por el Instituto Smithsonian de Washington y la National Geographic Society en el Soconusco, en Izapa, Chiapas, México; región antiguamente conocida como *Zaklohpakab*, que en mam, lengua maya significa *«lugar de nuestros ancestros»* (Barberena 1914, 135). En esta planicie costera del Pacífico bajo el volcán Tacaná se descubrió un centro ceremonial con diversas estelas esculpidas en piedra, y a cada una se le asignó un número, entre ellas la Estela 5 de Izapa, llamada "El Árbol de la Vida".

En el período Preclásico, entre el año 200 a.C. al 50 a.C. en que la mayoría de las estelas de Izapa fueron esculpidas, los olmecas, considerados la cultura madre de Mesoamérica, prácticamente habían menguado mientras los mayas cobraban importancia. Izapa dista de ser una herencia olmeca, más bien actúa como una transición entre olmecas y mayas. Fue durante el Preclásico en las tierras altas de Izapa que los personajes del *Popol Vuh*, el libro sagrado de los mayas quichés, aparecen por vez primera en Mesoamérica, siendo conocidos en los albores de esa civilización. Dicho registro redactado alrededor de 1550 en Utatlán, Guatemala y traducido por Fray Francisco Ximénez *"no narra cosas fantásticas, sino hechos históricos en forma simbólica"* (Escalona 1940, 234). De tal modo, los más importantes conceptos del *Popol Vuh*, incluido el Árbol de la Vida se originaron en Izapa; siendo probable que la Estela 5 no sea de la autoría material del mismo grupo que esculpió otras estelas del lugar, pero compartían afines conceptos religiosos. Por lo tanto, el árbol de la Estela 5 de Izapa *"constituye la representación arquetípica para todas las demás imágenes de la misma índole entre las culturas posteriores de Mesoamérica"* (Kocyba 2007).

Figura 2. Los ocho personajes principales; Estela 5 de Izapa.

Los ocho protagonistas al pie del árbol incluida la pareja primigenia fueron adoptados como regentes del calendario ritual o sagrado; por ejemplo, el anciano es el regente del día uno y el rey del maíz es el regente del día cuatro; entre ellos se hallan representados los géneros masculino y femenino, así como las tres edades más relevantes de la vida: la niñez, la juventud y la ancianidad. La Estela 5 de Izapa es un tributo a dichos ancestros comunes que injertaron profundamente sus raíces en la América de antaño; y cuya memoria, legado y los deberes propios de su religión trascendieron a sus generaciones como el fundamento y cosmovisión de los pueblos originarios de América. Y para descifrar el código del Árbol de la Vida, el origen de la Piedra del Sol es necesario recurrir a siete claves, aún a una octava clave:

### Clave 1: El simbolismo

**L**a Estela 5 de Izapa recurre simultáneamente al significado literal y simbólico de sus figuras. Un símbolo es una analogía, metáfora, alegoría o figura a semejanza de otra cosa; es la representación perceptible de una realidad, habla al intelecto, al subconsciente y únicamente puede ser comprendido por el ser humano; los animales pueden entender algunas señales, pero no pueden comprender símbolos. Para que un símbolo sea entendido, tanto quien lo expresa como quien lo recibe comparten una referencia

**Figura 3. "La Justicia".**

afín, esto impide que la lectura se salga de control y se den falsas interpretaciones. Algunos ejemplos son la hoja del olivo, la paloma de la paz, o incluso la estrella de David, un tipo de lenguaje geométrico al que también recurre la Estela 5; uno más heterogéneo sería la figura de una mujer con los ojos vendados, una balanza en la mano y una espada en la otra. Los iniciados en el Derecho Romano reconocen en dicha imagen a "La Justicia", la cual no se reduce llanamente a una mujer, sino en términos simples la balanza representa el equilibrio entre la ley y la misericordia; la venda sugiere la imparcialidad al aplicar la ley y la espada el castigo por quebrantar la ley; en cuanto más se desdobla el símbolo en cuestión, más se enriquece su significado.

El autor intelectual de la Estela 5 utilizó un estilo literario ricamente simbólico de contenido religioso —ni secular ni laico— muy complejo de comprender para quienes no están familiarizados con conceptos espirituales; sin embargo, cada cual puede recibir su porción de acuerdo con su propia percepción religiosa. La Estela 5 bien podría considerarse un nivel avanzado de escritura, pues el autor no pretendió explicar doctrina básica, sino supuso que el lector ya estaba doctrinalmente maduro para entenderla. Su lectura podría corroborarse con la obra maestra del canon religioso: la Biblia, a la que se recurrirá en algunos casos; pero antes, es preciso desentrañar su simbología según las directrices que la misma Estela proporciona, de otro modo, sólo se verán animales fantásticos y personas alrededor de un árbol. El Árbol de la Vida tiene como fin simbolizar a la Deidad y su vínculo genealógico con su pueblo. En la línea del tiempo las raíces evocan los antepasados; y las ramas, hojas y frutos aluden a su descendencia.

## Simbolismo dirigido a iniciados

"Iniciado" se refiere al discípulo o seguidor de algún movimiento u organización que cuenta con cierto conocimiento afín ajeno al común de las personas. Para este caso, dicho conocimiento sólo era revelado a quienes efectuaban convenios sagrados con la Deidad mediante sus representantes autorizados; de tal manera, el iniciado podía interpretar simbología que para el extraño sería intrascendente; su código ha de ser leído al sustituir su significado literal por su significado sagrado, el cual podía ser expuesto públicamente sin representar ningún riesgo para intrusos o para quienes no estuviesen preparados para recibirlo, incluidos los de la época. Sería un error asumir que toda la sociedad prehispánica comprendía la simbología del Árbol de la Vida, si bien podrían tener nociones de ello, su código estaba restringido a una minoría que al haber subido ciertos peldaños tenían acceso a las llaves de ese conocimiento por medio de la iniciación. Esta es la razón por la que la Estela 5 no ha sido fácil de descifrar por los académicos hoy en día; al no comprender el lenguaje codificado, los no iniciados podían atribuirle sus propias interpretaciones.

Se sobreentiende que cuando se habla de los antiguos se refiere a los iniciados que estaban injertados en la sociedad como la levadura en la masa. Con el fin de no hacer común lo sagrado los iniciados utilizaron sus propios términos para designar sus conceptos, los cuales se alternarán en esta obra con el lenguaje académico. Por ejemplo, un personaje clave en la religión prehispánica fue el portavoz de la Deidad, quien investido con el sacerdocio y mediante el don de la profecía y la videncia recibía la revelación divina para comunicarla a los demás por medio de la palabra y la escritura. En el actual universo y variedad de jergas mesoamericanas, diversos autores designan a tal personaje como chamán, brujo, mago, adivino, etc., ligándolo a la superchería y la ignorancia, lo cual seguramente surgió como una imitación paralela. En la obra se utilizará el término que mantiene el concepto de visión y profecía, es decir, vidente y profeta, tal como lo entendían los iniciados. En maya *Chilam* es *«profeta e intérprete»* (Arriola 1954, 55). En maya tzotzil la raíz *Il* significa *«ver»* y *H'ilol* es *«vidente y profeta»* (Zartman 1966, 89). Aunque poco se entiende el concepto de profecía, para los iniciados éste era el acceso a un tipo de conocimiento superior que provenía de la Deidad a través de sus videntes y profetas.

El arte de profetizar no fue más que la lógica de predecir tendencias en base a lo ocurrido en el pasado, expresándose como si el futuro ya hubiese acontecido; pero más que pronosticar, aunque los profetas podían recibir esa inspiración, su mayor responsabilidad consistió en dar a conocer a los de su generación la voluntad del Creador y advertir las consecuencias a la violación de su ley.

Suele pensarse que en la América antigua se practicó únicamente el politeísmo, el cual triunfó hasta la conquista; sin embargo, *"aztecas, mayas e incas tuvieron atisbos de un genuino monoteísmo"* (Villa Posse 1993, 17), la creencia en un Dios único donde se asume que el resto de los dioses eran falsos. En su obra publicada en 1612, Fray Juan de la Puente escribió que los indios *"en los tiempos antiguos profesaron la cristiana religión"* (De la Puente 1612, 203); los vestigios doctrinales indican que la Deidad fue concebida como una Tríada Divina: tres personajes distintos unidos en perfecta armonía y propósito. *Ometéotl*, el supremo dios azteca se conforma por *Om–E* *«uno-dos-tres»* con el calificativo *téotl* *«dios»*, cuya traducción es *«divina unidual–trinidad»* (Díaz 2004, 164); lo que explica por qué su símbolo fue la cifra de tres o el triángulo. Fue a Ometéotl a quien se le llamó el padre de los dioses; Quetzalcóatl, su hijo, actúa bajo su dirección y está en completa comunión con él; Ehécatl, el Espíritu, es un personaje anímico cuya función es dar testimonio de los otros dos. El *Popol Vuh* ratifica: *"y estos tres son el Corazón del Cielo"* (A. Recinos 1960, 24). Un antiguo texto egipcio revela: *"tres son todos los dioses representando una totalidad bien construida"* (Jacq 1998, 116).

El sincretismo de un Dios trinitario se extendió en toda civilización antigua incluida la sumeria, la primera civilización del mundo. En ella *An*, el padre de los dioses se acompaña con *Enki*, el hijo; y *Enlil*, el Espíritu o dios del viento representado con un ave. Isis, Osiris y Horus fueron la tríada egipcia; Shiva, Brahma y Vishnú fueron la tríada del hinduismo, sincretismo tergiversado que se replicó con persas, griegos y romanos. El Árbol de la Vida también formó parte de la religión sumeria; en el hinduismo fue el zomo; entre los romanos la vid de Baco; entre los sajones el roble Irminsul y en la cultura japonesa fue el *"Ginkgo biloba... percibido como una manifestación del Árbol de la Vida, más precisamente la vida eterna"* (Grieco 2019, 55). Entre los hopis fue el abeto sagrado y entre los mayas la Ceiba Sagrada.

**Figura 4. Árbol de la Vida sumerio.**

La Ceiba Sagrada no suplantó la adoración a la Deidad, más bien fue un símbolo encaminado a recordarle, dado que los iniciados sabían cómo y a quién adorar; de otro modo, se inclinarían a adorar un árbol. La serpiente emplumada también fue un símbolo de la Deidad y no un concepto literal; mientras los ajenos, al interpretarlo literalmente los llevó a adorar el medio que lleva al fin y no el fin en sí mismo. Como creador de sus propios dioses el hombre atribuyó a éstos los fenómenos desconocidos e inexplicables, ya sean buenos o malos. ¿Cómo explicar el concepto abstracto de la muerte si no es dotando de personalidad a un ser que ejerza poder sobre ella? Así nació *Mictlantecuhtli «el dios de la muerte»*; o la lluvia dejó de ser un fenómeno dependiente del Dios único para surgir *Tláloc «el dios de la lluvia»,* en el panteón politeísta azteca. Si bien los mexicas contaban con destellos de la religión monoteísta de sus ancestros asentados en el Preclásico y el Clásico, los conquistadores encontraron una sociedad sumergida en las profundas tinieblas del politeísmo y la superstición. Los pueblos que sucumben al paganismo no tardan en ser conquistados por otros, tal sucedió con el imperio egipcio el cual inició bajo un modelo teocrático patriarcal que a la larga se extravió en una vasta variedad de dioses, o el imperio griego bajo la adoración de los dioses del olimpo. La historia muestra que cuando los pueblos se alinean a principios universales sobreviven milenariamente.

### Símbolos y apercepción

La Piedra del Sol y la Estela 5 recurren a entidades de la naturaleza para simbolizar conceptos sagrados; por ejemplo, *Ik «aire, viento»*, el segundo glifo del calendario maya expresado con la 'T' geométrica, cuyo equivalente azteca es *Ehécatl*, se situó como la deidad responsable de controlar los tornados y vientos; si exclusivamente así fuere, su simbolismo religioso no tendría razón de ser. El aire no es un concepto literal, sino es un símbolo religioso que precede sobre su significado textual y para descubrirlo se debe formular la pregunta: ¿Qué concepto religioso o sagrado *es como* el aire o *es semejante al* viento? En el Capítulo II se descubre la respuesta.

La forma más simple para descifrar el lenguaje simbólico se da al utilizar el adverbio comparativo: "es como" o "es semejante a", técnica conocida con el nombre de *apercepción*: *"cuando nos valemos de la comparación para comprender el significado de un símbolo"* (Packer 1985, 21). De tal manera, los glifos calendáricos enmarcados con un cartucho que distinguen lo sagrado de lo común a semejanza de

Figura 5. Cartuchos maya y egipcio.

los glifos egipcios, son la representación de conceptos o principios religiosos cuyo doble significado sólo los iniciados en el conocimiento correcto pueden comprender (Eggebrecht 2001, 258). El monoteísmo, la religión original o adámica de la cual derivó el politeísmo, es el sistema retratado en la Estela 5 de Izapa que mantiene oculto lo sagrado por medio de símbolos, alegorías o figuras tomadas de la naturaleza, la gran maestra de los misterios escondidos.

### El lenguaje de la naturaleza

Según los purépechas, todo concepto religioso fue explicado en el lenguaje de la *Nana Cuerápperi «la madre naturaleza»* (Tejeda A. 2019, 63); la cual no surgió de la nada ni fue creada al azar sino, según el *Popol Vuh*, fue planeada *"después de pensar"* antes de la fundación del mundo, y fue organizada bajo un orden de leyes instituidas por *"Gucumatz, el Creador"* (A. Recinos 1960, 25, 23). Él organizó los elementos y los facultó para actuar por sí mismos en beneficio de toda criatura, siendo la cúspide de la creación el ser humano. Dichas leyes naturales gobiernan el plano concreto y abstracto del universo; por ejemplo, la ley de la gravedad es inmutable al predecir que si una persona se lanza de un precipicio inevitablemente caerá; asimismo, las leyes espirituales, aunque no son obvias siempre que son violadas acarrean consecuencias. La gloriosa época de oro de las antiguas civilizaciones de América fue el resultado de respetar las leyes cuyo fin fue proteger y elevar al hombre a un plano superior. El conocimiento puro no se obtenía únicamente por la vía de la observación y la razón, sino se completaba con la revelación proveniente de un ser superior siendo requerido pagar un precio: la obediencia a la ley divina. Los antiguos no recurrieron al sofisticado lenguaje académico o científico, sino al simple y sencillo lenguaje de la naturaleza, la madre de la ciencia, religión y filosofía prehispánica.

## Los cinco elementos

*Cuatro elementos* fueron vinculados con los estados de la materia: *el agua*, líquido; *la tierra*, sólido; *el aire*, gaseoso y *el fuego*, plasma; los cuales parecen obrar de acuerdo con la moral del hombre según su cumplimiento con la ley del dios de la naturaleza, como si éste diera su consentimiento para actuar a su favor o en contra, y resultar en determinado tiempo algo positivo o algo negativo. *Atl «el agua»*, que apacigua la sed de los seres vivientes por medio de la lluvia, ríos y manantiales, puede manifestarse con la fuerza catastrófica de una inundación, tsunami, tempestad, granizada o diluvio. *Tlalli «la tierra»*, fuente del fruto y el grano que procede de la cosecha, también puede ser fosa de muerte tras un devastador terremoto. *Ehécatl «el viento»*, el gran aliado de los navegantes en calidad de torbellino, huracán, ciclón o tornado, puede ser sinónimo de naufragio y destrucción. *Tletl «el fuego»*, fuente de energía, luz y calor, puede manifestarse en tormentas eléctricas, incendios forestales o erupciones volcánicas. Asimismo, las energías renovables como la hidráulica, la geotérmica, la eólica y la solar fueron bien aprovechadas por los antiguos.

*El quinto elemento* fue agregado por los nahuas como el centro rector de los cuatro elementos: *Ollin «movimiento»*, sinónimo del verbo que indica acción, porque la existencia se genera alrededor de un centro. El movimiento permite que los cuatro elementos se combinen en un orden sabiamente natural, sin el cual la naturaleza permanecería inerte o muerta, sin variedad ni diversidad. El efecto del sol en el aire produce calor y su ausencia produce frío; el calor condensa el agua en el vapor que forman las nubes, mas su ausencia produce nieve o granizo. El fuego produce el magma que da vida a las entrañas de la tierra o la ausencia del agua en la tierra produce aridez.

Tabla 1. **Los cinco elementos**

| Aire | ← Supramundo → | Fuego |
|---|---|---|
| | Movimiento | |
| Tierra | ← Inframundo → | Agua |

El mundo fue concebido en dos planos: el inframundo, cuyos elementos son agua y tierra; y el supramundo, cuyos elementos son aire y fuego. La tierra y el agua, elementos generalmente tangibles y grávidos fueron vinculados con lo subterráneo y terrestre; y el aire y el fuego, atmosféricos e ingrávidos, con lo celeste; siendo el movimiento el que permite, por ejemplo, que el agua sea elevada en forma de nubes o el fuego descienda por medio de los rayos de una tormenta eléctrica. El máximo protagonista de dicha simbiosis fue *Quetzalcóatl* que, en náhuatl, el idioma de los nahuas o aztecas incluye el sufijo *cóatl* *«serpiente»*, reptil de tierra y agua investido con plumas de quetzal, el ave fénix de aire y de fuego, que conceptualiza una *«serpiente voladora»,* cuya unión de elementos contrarios se concilian en uno anulando la brecha que existe entre ellos. En el *Dintel Ñuiñé* de Cerro de Minas, la serpiente se adorna con los cinco elementos: el caracol en su cola representa el *agua* (**a**); un rectángulo en su cuerpo la *tierra* (**b**); un rehilete al centro es el *movimiento* el cual se flanquea con volutas de *viento* (**c**); el atado de años simboliza el *tiempo* (**d**) y las fauces representaron el *fuego* (**e**). De tal modo, la Serpiente Emplumada fue para los antiguos el dios del tiempo y de los cinco elementos.

Figura 6. Dintel Ñuiñé, Oaxaca.

## Los cinco reinos

**El reino cósmico**. ¿Cuál de los elementos fue emparentado con los astros más cercanos a la tierra? Por supuesto el *Sol*, el rey de los astros, fue el máximo representante del *fuego*, el proveedor supremo de luz, energía y calor. *Venus* fue vinculado con el *aire*, cuyos conglomerados eólicos, según los científicos, se desplazan a velocidades de más de 300 km/h. El planeta *Tierra* fue asociado con el elemento *tierra* y la *Luna* con el *agua*, debido al efecto gravitacional que la Luna ejerce sobre los mares de la Tierra, y propiciar las mareas altas y bajas que en grado extremo provocan tsunamis o maremotos. El *movimiento* impacta en la órbita, rotación, traslación y movimientos telúricos de la tierra el cual genera, entre otras cosas, la variedad climática de las cuatro estaciones:

Tabla 2. **Los astros según su elemento**

| Venus (viento) | | | Sol (fuego) |
|---|---|---|---|
| | Rotación y traslación (Movimiento) | | |
| Tierra (tierra) | | | Luna (agua) |

21

La primavera es tierra, el verano es fuego, el otoño es aire y el invierno es agua; equivalentes al amanecer, el mediodía, el atardecer y la medianoche, al propiciar lo húmedo, lo cálido, lo seco y lo frío para cada estación en particular, lo cual afecta la flora, la fauna, el reino mineral y la actividad humana, es decir, la temporada de siembra o de lluvia, la migración, la hibernación, la época de apareamiento, etc.

**El reino mineral.** El pedernal y la obsidiana, silicatos de origen volcánico de colores claro y oscuro peculiares por su dureza y por la facilidad de romperse en fracturas con bordes muy agudos, fueron vinculados al inframundo o mundo subterráneo. Asimismo, Miquiztli, el cráneo calcificado y *Calli «el edificio»*, construido bajo cálculos matemáticos, fueron considerados símbolos sagrados señalando la piedra o la roca como el gran cimiento o fundamento.

**El reino vegetal.** El árbol, el soberano supremo del reino vegetal, el ser más longevo del planeta y el reciclador natural de los cuatro elementos fue puesto por los izapeños en el centro de un rectángulo a semejanza de un campo con sus cuatro rincones o esquinas, tal como egipcios y mayas concibieron *la tierra* o un segmento de ella (**a**). Una diagonal separa la periferia superior de la inferior o el inframundo, donde las raíces regulan la temperatura y abaten la erosión de la tierra al filtrar y evaporar *el agua* subterránea, la cual fue representada con ondas o espirales a modo de caracoles (**b**). Las ramas amortiguan la

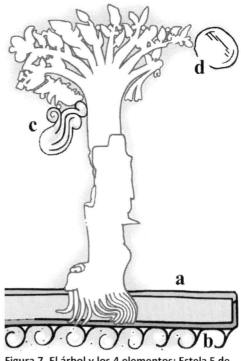

Figura 7. El árbol y los 4 elementos; Estela 5 de Izapa.

velocidad del *viento* ilustrado con volutas (**c**), el cual dispersa la semilla que germina y provee del fruto del árbol a todo ser vivo que se refresca bajo su sombra. Junto con el césped y las algas marinas, los árboles proveen del oxígeno indispensable para toda forma de vida del planeta. En un proceso invisible llamado fotosíntesis las hojas atrapan el dióxido de carbono que transforma en aire puro gracias a la energía del sol, el máximo representante del *fuego* (**d**). Su madera es fuente de energía y material de carpintería y construcción; sus hojas, así como otras hierbas y plantas fueron aprovechadas por sus cualidades aromáticas y medicinales.

*El reino animal.* ¿Cuál de los elementos identificó las diversas especies del reino animal? Por supuesto el elemento que más identifica su hábitat: las bestias corresponden a la tierra, las aves al aire y los peces al agua. Las especies nocturnas y los reptiles corresponden al mundo subterráneo; y las aves diurnas y algunos animales como la abeja y la serpiente son animales de fuego, seguramente por lo ardiente de su picadura. En la Estela 5, se hallan representados todos los géneros del reino animal: los peces, las bestias, las aves, los reptiles y los insectos, estos últimos representados con los colibríes que, al igual que la abeja, son polinizadores.

Tabla 3. **El reino animal según su elemento**

| Aves (aire) | | Águila, abeja, serpiente, etc. (fuego) |
|---|---|---|
| | Movimiento | |
| Bestias (tierra) | | Peces (agua) |

Los mayas recurrieron a especies endémicas para simbolizar sus glifos calendáricos, cuyo máximo representante entre las bestias fue el jaguar, entre las aves el águila arpía, entre los reptiles el cocodrilo y entre los insectos la abeja representada con el colibrí, cuyo antagónico fue el murciélago, animal nocturno que también se alimenta de néctar, pero que fue vinculado con la muerte seguramente porque una de sus especies succiona sangre. Cada cual tuvo su adverso, el zopilote fue opositor al águila y el jaguar al venado. El dragón, monstruo mitológico presente en casi todas las culturas del mundo tuvo en el panteón maya las características de un cocodrilo cuyo ámbito, los lodazales de aguas sucias fueron vinculadas al inframundo, contrario al pez asociado con aguas limpias, símbolo de vida y renacimiento. El plumaje amarillo de la guacamaya asociado con el sol podía significar sequía o el manchado del jaguar fue figura del anochecer estrellado; asimismo, su rugido fue equiparable a la voz del rey o los profetas; y su piel, así como la del ciervo, fue la vestidura sagrada de reyes y sacerdotes. La independencia de alguna parte específica del animal en dado momento era benéfica y en otro se tornaba maléfica; por lo tanto, el conocer los secretos de la naturaleza equivalía al poder de accesar al conocimiento divino.

**El ser humano**. De acuerdo con el *Título de Totonicapan*, texto escrito en quiché en 1554 y traducido al español por el cura Dionisio José Chonay, *"cuatro elementos fueron mezclados para formar el cuerpo humano: tierra, fuego, agua y aire. La tierra fue usada para su carne, el agua para su sustancia y también su sangre; y del fuego fueron sacados su calor y sudor. El aire fue usado para su respiración. Y así de cuatro materiales fue formada la carne humana"* (Carmack and Mondloch 1983, 169). La ciencia respalda que los elementos químicos que componen el cuerpo humano son los mismos que componen el polvo de la tierra, o sea, el carbono, el hidrógeno, el oxígeno y el nitrógeno.

Figura 8. Garra aprisiona quijada; Piedra del Sol.

Las partes del cuerpo humano enviaron un mensaje específico de acuerdo con su función: orejas, ojos, lengua, manos, pies, etc., pero el componente principal y de mayor autoridad fue la cabeza, la manifestación total del cuerpo de la persona, el receptáculo del pensamiento y albergue de los cinco sentidos; símbolo supremo de dirección y gobierno plasmado en las cabezas olmecas, en la cabeza camuflada en el tronco del árbol de la Estela 5 y en la cabeza del dios sol en la Piedra del Sol; asimismo, en el tocado, sombrero, yelmo o alrededor de la cabeza generalmente se lee el nombre glífico del personaje en cuestión. Al carecer de los atributos propios de algún animal, por ejemplo, respirar bajo el agua o volar, el hombre prehispánico se invistió con sus garras, alas, plumas, ornamenta, etc., calificadas por un autor como *"símbolos nodales"* (González Torres 2001, 107). Tonatiuh en la Piedra del Sol aprisiona entre sus garras águila-jaguar una quijada o mandíbula y no un corazón humano. Dichos símbolos nodales no pretenden dar la impresión de estar frente a un jaguar o un águila, sino representa un concepto humano, es decir, un soberano o reino con los atributos de ese animal.

La Piedra del Sol y la Estela 5 de Izapa dramatizan, entre otras cosas, hombres y reinos poderosos representados por híbridos humanoides a semejanza de las deidades egipcias que en la cultura popular llaman "nahuales", seres antropomorfos con aspecto animal o seres zoomorfos con aspecto humano. Sin embargo, no sólo los animales adoptaron formas humanoides, también las plantas, los astros y los elementos, lo cual se observa, por ejemplo, en los glifos del pedernal y la lluvia en la Piedra del Sol, los cuales fueron ataviados con cabeza, ojos y colmillos como si fuesen seres pensantes. El mismo Sol fue perfilado con rostro humano y la Tierra fue considerada un ente viviente. El Árbol de la Vida, el centro de la creación, el axis mundi y ombligo del universo con el cual todas las cosas están conectadas, también se camufla en un ser humano; su "corazón" palpita como un sol que bombea el agua, el aire, los minerales y las sustancias que requiere para sobrevivir. Al ser dotados de sentidos y personalidad propia, las cosas inanimadas como un simple grano de arena fueron para los mayas otro yo. Por eso se dice: *In lak'ech*, «*Yo soy otro tú; tú eres otro yo*», es decir, el sol es otro yo, el agua es otro yo, el árbol es otro yo, *"y si te agredo, yo me agredo"* (Briceño Chel 2018).

En la Estela 5 de Izapa toda figura se encuentra entrelazada con otra lo cual sugiere que todo está interconectado entre sí y con el hombre. En la tabla siguiente se han clasificado los glifos calendáricos según su elemento y reino al considerar su hábitat, por ejemplo, el cocodrilo es un animal de tierra, pero también de agua.

**Tabla 4. Los reinos según su elemento en el calendario mesoamericano**

| Elementos | Reino animal | Reino vegetal | Reino mineral | Reino cósmico |
|---|---|---|---|---|
| Agua | Cocodrilo, *Cuetzpallin* Serpiente, *Cóatl* | Semilla, *Kan* | Perla, *Chalchihuite* | Luna, *Muluk* |
| Tierra | Conejo, *Tochtli* Perro, *Itzcuintli* Jaguar, *Océlotl* | Tronco, rama, *Malinalli* | Cráneo, *Miquiztli* | Tierra, *Kaban* |
| Viento | Venado, *Mazatl* Mono, *Ozomatli* Zopilote, *Cozcacuautli* | Caña, *Ácatl* | Pedernal, *Técpatl* | Venus, *Oc* |
| Fuego | Águila, *Cuautli* | Flor, *Xóchitl* | Templo, *Calli* | Sol, *Ajaw* |

## Clave 2: La dualidad

Dual se refiere a dos principios que pueden ser opuestos o complementarios. "Opuesto" sugiere lo antagónico, lo adverso, lo contrario, como es la luz y la oscuridad, lo dulce y lo salado, lo viejo y lo nuevo. "Complementario" es coigual, semejante, paralelo, socio, compañero, gemelo, aquello que completa o perfecciona a su contraparte, como es lo masculino y lo femenino, la materia y la energía, el cuerpo y el espíritu. La dualidad indica una oposición en todas las cosas; de otro modo, todas las cosas permanecerían fijas, estáticas e invariables como si fuesen un solo conjunto y no se podría llevar a efecto la tercera ley de Newton, que toda interacción de fuerzas se da por pares, y a toda fuerza o estado corresponde uno de igual magnitud, pero en su aspecto contrario.

### Dos rostros: lo visible y lo invisible

En la naturaleza, el agua que hoy vemos, mañana se puede transformar en un vapor imperceptible. El sol, un cuerpo celeste claramente visible, irradia una energía invisible capaz de incendiar un bosque; asimismo, la fuerza invisible del aire tiene el poder de hacer pedazos un barco. La gravedad y el magnetismo, fuerzas ignoradas por su invisibilidad, mantienen los cuerpos celestes en un equilibrio perfecto; la fotosíntesis, un proceso invisible al ojo, produce el oxígeno que mantiene la vida. La creación parte del hecho que toda entidad o principio tiene su contraparte, lo visible complementario con lo invisible, lo gaseoso en oposición a lo sólido; lo temporal en oposición a lo eterno, dando como resultado la dualidad universal que los mayas llamaron *"Kab'Awil, dos rostros, dos formas, dos aspectos"* (Upún Sipac 1999, 21). No vivimos en un mundo enteramente sólido, tampoco en un mundo completamente visible; muchas esencias invisibles operan para hacer posible el funcionamiento de la realidad y la naturaleza, no sólo en el mundo microscópico o atómico que estudia la física cuántica sino en el mundo macrocósmico de la astronomía, también en *"la concepción del alma en el plano espiritual"* (Sánchez Pirela 2004, 72). Sin la esencia invisible que complementa la materia, en otras palabras, sin el espíritu que se alberga en el cuerpo físico o sin las fuerzas espectrales que se ejercen sobre la materia, no podría haber cosas ni para actuar ni para que se actúe sobre ellas, porque una es la fuerza que actúa y la otra la fuerza sobre la cual se actúa.

Contrario al hombre racional que recurre exclusivamente a la ciencia del hombre, donde siempre se puede estar aprendiendo sin llegar al conocimiento de la verdad, los mayas construyeron puentes entre la teología y la ciencia; cuando ambas son puras se conectan en una misma línea y no se contradicen porque ambas se rigen por las mismas leyes universales. Para ellos, toda disciplina del saber: la aritmética, la geometría, la astronomía, etc., procede de la Deidad, quien inspira al hombre a descubrir sus causas no sólo a través del llamado método científico sino a través de la revelación de los cielos.

## Dualidad moral

*Uolah «el albedrío»* (Pío Pérez 1866, 381), fue entendido por los mayas como el poder de decisión que el hombre ejerce continuamente para actuar por sí mismo según su voluntad y placer al ser atraído por fuerzas contrarias ya sea para hacer el bien, ya sea para hacer el mal. La libertad de elegir entre opciones de diversos matices se retiene al aprender a tomar decisiones correctas; por el contrario, al elegir el mal el sujeto pierde libertad y queda cautivo de sus malas decisiones. *Tumen-Et P'iz*, el principio *«causa-efecto»* indica que el hombre puede elegir pero no puede elegir las consecuencias de sus decisiones, al ser el único ser que puede ejercer su albedrío moral en contra del orden natural de las cosas; por ejemplo, si caza o tala fuera de temporada, si mata a la madre en época de crianza o si contamina la tierra, lo cual regresa como el búmeran en forma de escasez, enfermedades, alteraciones del ecosistema o extinción de las especies; por lo tanto, la Deidad no es responsable de las consecuencias de las elecciones humanas, privilegio concedido desde antes de la creación del mundo.

Quetzalcóatl, el perfecto modelo del correcto uso del albedrío moral se constituyó plenamente libre de las cadenas de la esclavitud y el pecado; por tal razón, es el único que puede asumir el rol de salvador y ofrecerse en pago por las demandas de la justicia que no puede ser robada; asimismo, puede ofrecer misericordia a todo aquel que viola la ley o puede asumir el rol de destructor si así lo desea. El *Popol Vuh* lo designa con los términos *Tzacol, Bitol* (A. Recinos 1960, 109); que según el lingüista maya Sam Colop significa *"El que construye, el que destruye"*; por lo tanto, Quetzalcóatl se constituyó como el Constructor o el Destructor, el que tiene poder sobre la vida y la muerte.

## Dualidad divina

El hombre y la mujer fueron la expresión idónea de la dualidad, cuyos cuerpos se conforman por dos hemisferios opuestos unidos por un eje que es la columna vertebral; aún el pulgar de la mano es opuesto al resto de los dedos. El cuerpo no fue concebido sólo como materia sino también como espíritu, una parte carnal, terrenal, mortal, tangible y visible, y la otra parte espiritual, inmortal, intangible e invisible al ojo humano. Según el *Popol Vuh*, el alma es la esencia que da vida al cuerpo, la cual proviene de *"los Progenitores"* (A. Recinos 1960, 25); esto es, los padres de los espíritus que, según los indios hopi, tienen precedencia sobre los padres del cuerpo mortal. *"Los entes universales eran sus verdaderos padres; sus padres humanos sólo eran instrumentos por los que se manifestaba el poder de aquéllos"* (Waters 1996, 24). *Ometéotl*, de *Ome* «dos», el dios dual de los aztecas, símil del hebreo *Elohim*, singular y plural de *«dios, dioses»*, es el término que designa a la pareja que gobierna desde el cielo con personalidad e identidad de género propio: *Ometecuhtli* y *Omecíhuatl* «Señor y Señora de la dualidad» o *Tonacatecuhtli* y *Tonacacíhuatl* «Señor y Señora de nuestra carne»*, llamados con familiaridad: *in Tonan in Tota* «nuestra Madre, nuestro Padre» (León-Portilla 2017, 172). De tal modo, la Deidad fue concebida como un Padre y una Madre celestiales.

No obstante que algunos conciben a Dios como una energía, el náhuatl *Teotl*, homófono del griego *Theos* y a la vez del latín *Deus* «Dios», confirma que dicho término entre las diversas lenguas es afín a todas. En el juego de la vida se requiere una parte aliada y otra opositora que generen un conflicto de fuerzas, sin la cual una no podría crecer sin la otra. Así, *Quetzalcóatl* fue *«la estrella de la mañana»* y *Xólotl* *«la estrella de la tarde»*; Quetzalcóatl fue frecuentemente emparejado con *Ehécatl* *«el dios del viento»* y con *Tezcatlipoca*, como su adversario. Si así fuere, el Lucifer bíblico sería considerado por los nahuas una deidad "gemela" a Jesús, pero antagónica y maligna. Por otro lado, tal como Jesús es llamado "el Cordero de Dios", "el Alfa y la Omega", "la Raíz de David" o "el León de Judá"; dichos títulos no refieren a cuatro dioses distintos, sino a uno mismo en sus diversas advocaciones. *Tonatiuh* *«el dios sol»*; *Nanahuatzin* *«el llagado»* o *Tloque Nahuaque* *«el que está cerca»*; todos ellos son Quetzalcóatl, Kukulkán o Gucumatz, según su diferente función.

Los mayas decían de Kukulkán: *"Tú, el centro del cielo y de la tierra, Tú, los cuatro lados, las cuatro esquinas... Tú el cielo... la puesta del sol... la gran estrella Ek'ok'ij"* (Carmack and Mondloch 1983, 185, 190).

### La lectura dual

Observe la imagen de la obra de Octavio Ocampo, la que define el autor como estilo metamórfico; técnica que consiste en que una imagen se desdobla en otra y desafía al espectador a descubrir su doble lectura. Cuando el ojo la descubre, el cerebro puede pasar de una a otra con mayor facilidad. La Estela 5 de Izapa fue tallada bajo la misma técnica que en el argot académico se conoce como *difrasismo*, método semejante al camuflaje que varios animales adoptan al imitar su entorno natural y ocultarse de sus depredadores.

**Figura 9. "El General"; Octavio Ocampo.**

Para descubrir las imágenes ocultas, generalmente invisibles a primera vista es requerido romper paradigmas ópticos y mentales, ya que el ojo identifica la figura más obvia a su alcance.

Más que ocultar, la mayor ventaja de la lectura dual o difrasismo consiste en comprimir la mayor cantidad de información dentro de un mismo espacio, lo cual es entendible en el limitado arte del tallado en la piedra cuyo objetivo fue transmitir mucha información con pocos glifos o símbolos. Dicha estrategia forma parte del código oculto de la Estela 5 de Izapa que muchos no alcanzan a ver, por ejemplo, los esbozos no hiperrealistas del mono, los cocodrilos, el perro o el venado, entre otros. Al implementar los difrasismos desdoblados a partir de una misma figura, la pretensión del autor fue mostrar el valor de lo que no se puede ver a simple vista, pero que al "abrir los ojos" se puede obtener la certeza de su existencia más allá de su invisibilidad. La óptica dual puede revelar verdades que no son obvias y ocultarlas para quienes, bajo un escrutinio puramente racional son incapaces de "ver" con otros ojos. La ceguera no se refiere a una persona con discapacidad visual, sino a una persona instruida con sus ojos perfectamente sanos que no está dispuesta o preparada para recibir verdades que generalmente se hallan escondidas a los ojos naturales.

## Clave 3: La lectura jeroglífica

La Estela 5 de Izapa se compone básicamente por **A)**. Pictogramas y **B)**. Logogramas o jeroglíficos delimitados en la imagen adjunta **(Figura 10)**. Un pictograma es un dibujo o imagen lo más cercano a la realidad que representa; no transmite formas gramaticales sino conceptos y puede ser leído con diferentes palabras en diversos idiomas. Por ejemplo, el dibujo de un árbol es el mismo concepto en inglés, chino o maya, aunque

Figura 10. Pictogramas y Logogramas; Estela 5 de Izapa.

escritural y fonéticamente se exprese en diversas formas; asimismo, los ocho personajes al pie del árbol son muy explícitos de forma; sin embargo, otros no lo son de fondo, como los personajes suspendidos en el aire que flanquean el árbol, los cuales son más complejos de interpretar porque a simple vista se desconoce su significado. En este caso, cuando la pictografía deja de ser algo concreto se convierte en una idea, o sea, en un ideograma.

### Logogramas o jeroglíficos

Si el ideograma adopta un formato estilizado como un logotipo, es decir, un signo que encripta y transmite un conjunto de conceptos e ideas con la posibilidad de transmitir palabras, se le conoce como logograma, la unidad mínima de un sistema de escritura. Un logograma es un glifo o jeroglífico cuyo origen procede de la pictografía, transita al ideograma y de éste al logograma o jeroglifo. Por ejemplo, cuando el dibujo reconocible de un hombre, un círculo para la cabeza y algunas líneas para el cuerpo transita paulatinamente hasta convertirse en un signo y mantiene su concepto original es jeroglífico; sus signos pueden scr miles y carecen de una lectura fonética fija. Por el contrario, cuando un menor número de signos adoptan una lectura y un sonido fijo se transforman en escritura fonética, los cuales se agrupan en lo que se denomina un alfabeto el cual no rebasa más de 30 signos, como el hebreo que cuenta con 22 o el latino con 26.

El chino, egipcio o el maya rebasan más de 400 glifos que al fusionar la consonante con la vocal resulta un sistema jeroglífico silábico, contrario al alfabeto latino que cuenta con una letra por cada vocal y consonante. Los jeroglifos egipcios similares a los amerindios *"escondían los secretos de los sacerdotes... eran, un grabado de lo sagrado... las palabras de Dios"* (Jacq 1998, 15-24, 114). Algunos ejemplos: *ANJ «vida»*, representado con la cruz con asa; *BIT «el reino del norte»* con la

Figura 11. Jeroglíficos egipcios.

abeja; *CHAU «aire»* con la vela del barco; *DUA «adorar»* con las manos alzadas; *HATY «jefe»* con el león; *HEM, «servidor»* con la estaca; *HEQA «gobernar»* con el cayado de pastor; *HUI «templo»* con un tabernáculo; *IMA «dulce, agradable»* con el árbol; *IT «padre»* con la serpiente; *MEDU «la palabra»* con el bastón; *MER «pirámide»*; *NETER «dios»* con la bandera en el asta; *REMICH «humanidad»* con una pareja; *TA «tierra»* con un rectángulo; *UN «existir»* con la liebre.

### Los difrasismos

El *difrasismo «dos frases, dos lecturas»*, según Mercedes Montes de Oca experta en lenguas indígenas, es una construcción gramatical a nivel textual o visual como la Estela 5 de Izapa, en la que dos conceptos diferentes al aparecer juntos constituyen un tercer significado a menudo no relacionado con los significados de los dos conceptos por separado. Dicho binomio no exclusivo de las lenguas uto-aztecas o mayenses *"se halla en lenguas tan antiguas como el hebreo... incluso en el sánscrito había pares que se consideraban como una unidad compuesta por dos entidades, donde dos entidades eran una"* (Montes de Oca 2019). Ángel María Garibay quien acuñó el término cita algunos ejemplos en castellano: "a tontas y a locas", "contra viento y marea", "a pan y agua". Algunos difrasismos en náhuatl son: *in tzonhuaztli in mecatl*, trampa-mecate para decir *«castigo»; yóllotl ehécatl*, corazón-aire para *«alma, vida»; in ehécatl in temoxtli*, viento-descenso para *«enfermedad»; in atl in tepetl*, agua-monte para decir *«pueblo, comunidad»; in pochotl in ahuehuetl*, ceiba-ahuehuete para nombrar *«consejo de ancianos»*.

## La transliteración

Transliteración es la migración de términos en su lengua natal para adecuarse al sonido de otro idioma que generalmente nace del lenguaje informal entre migrantes expuestos a dos lenguas. Dicho proceso, casi siempre con un margen de error preserva el significado original. Un ejemplo es el sufijo náhuatl *lan* «*tierra, lugar*» de Tenochtitlan o Aztlan, idéntico al *land* de England o Holland. ¿Es posible que las lenguas amerindias estén emparentadas con el Viejo Mundo? *"Desde los primeros días de la conquista... se dijo que los indios americanos judaizaban, que sus lenguas y dialectos se componían en su mayor parte de voces hebreas... el idioma de los aborígenes de Cuba era hebreo corrompido y Fray Juan José Bautista creía firmemente que el hebreo y el náhuatl son lenguas hermanas... el idioma de los aztecas presenta notables analogías con el hebreo en la formación de plurales, en los prefijos pronominales y en el futuro del verbo sustantivo"* (Vallejo 1906, 100). Otro autor añade: *"La fisonomía de los indios es muy semejante a la de los judíos. La nariz quebrada, la forma del ojo, sus aspecto melancólico, hasta la manera de usar el cabello. Y admira más todavía cuando se oye hablar a estos indios: tienen en su lenguaje el mismo sonido áspero y gutural del hebreo"* (Walker 1904, 155). Pablo Patrón afirmó: *"Del Eufrates y el Tigris han venido a América, en época remota, los quechuas y aymaraes, pobladores principales del Tahuantinsuyo. Esta profunda afirmación descansa en un hecho científico: los idiomas quechuas y aymará provienen del sumerio y del asirio"* (Patrón 1902, 3). Una evidencia sustancial de la transculturización entre ambos mundos son las pirámides.

## ¿Cómo leer la Estela 5 de Izapa?

Del mismo modo que lo hacían los mayas: al relacionar la pictografía con los glifos, o sea, los dibujos identificados con la letra 'A' con los jeroglifos señalados con la letra 'B' (**Figura 10**). Los glifos izapeños, antecedentes arcaicos de la escritura maya, se entrelazan unos y otros con el fin de ahorrar espacio en la piedra y transitan a una lectura distinta al añadir o ignorar alguno de los grabados enlazados, cuyo glifo estelar: la serpiente, puede adoptar una vista de perfil o aérea con el mismo trazado. Para descifrar su lectura, la cual se ampliará en cada capítulo, es necesario desmembrar o separar los glifos entrelazados tal como se observa en el siguiente logograma:

**Figura 12. Lectura jeroglífica del logograma de la Estela 5 de Izapa.**

| Glifo | Lectura |
|---|---|
| **a**. Cabeza y ojo. | La serpiente como cabeza y raíz principal (Quetzalcóatl). |
| **b**. Colibrí del norte (Reino de la colmena del norte). | Base del cuerpo del colibrí: Injerto 'S' (nativos gentiles). Pecho del colibrí: Crótalo de cascabel (linaje serpentino). Difrasismo *pico de colibrí-raíz principal* de la serpiente. |
| **c**. Peces gemelos (linaje gemelo) | Raíces gemelas injertadas en el Nuevo Mundo: el reino del noroeste: los hombres de maíz; y el reino del sureste: los hombres del cacao. |
| **d**. Tercer pez con gran cola. | El linaje serpentino mezclado con el reino de la colmena se injerta en el linaje de los peces gemelos. |
| **e**. Cabeza de serpiente. | La cabeza significa gobierno; ésta despliega su crótalo de cascabel al oriente, el emblema del linaje serpentino. |
| **f**. Ojo de serpiente c/delineado egipcio. | El ojo significa luz y conocimiento; éste con forma de 'U' o herradura despliega la cola del pez al occidente. |
| **g**. Quijada serpiente cuyos dientes se camuflan en frutos. | Emblema del anciano por quien se injertó el linaje gemelo en el Nuevo Mundo y cuyo hijo mayor preservó. 2 dientes separados de 3 alargan la quijada en la de un cocodrilo. |
| **h**. Crótalo cascabel. | Dos cascabeles se desdoblan en fuente de aguas 'S'. |
| **i**. Rectángulo vertical. | Representa un campo grande y espacioso al norte. |
| **j**. Injerto 'S'. | Colas de serpiente enlazadas sugieren el mestizaje. |
| **k**. Colas de serpiente en espiral. | Conforman la greca, sello o símbolo geométrico dual que evoca la tierra y las aguas, así como el sacerdocio. |
| **l**. Culebra en 'S'. | Culebra oculta entre los espacios vacíos de la greca. |
| **m**. Serpiente norte. | Su cuerpo se desdobla en caminos o senderos. |
| **n**. Colibrí del sur (Reino de la colmena del sur). | Difrasismo *colibrí-quijada* de serpiente. Difrasismo *pico de colibrí-estaca o barra* que corre junto al camino que conduce al Árbol de la Vida. |
| **o**. Río. | Río que corre junto al camino y la barra. |

## Clave 4: El quiasmo

*Q*uiasmo *«en orden de cruz o cruzamiento»*, es una fascinante figura literaria que tiene su origen en el dualismo hebreo donde una serie de ideas opuestas o complementarias se repiten en orden inversamente simétrico en disposición de 'x' y cuyo centro es la idea principal. Dicho paralelismo inverso podría pasar inadvertido a menos que se descubra su métrica mediante el análisis y la lectura. Su fin es fomentar la reflexión e impulsar el pensamiento abstracto al relacionar sus componentes para ampliar la perspectiva de la idea central. Para comprenderlo se recurrirá a uno sencillo y usualmente conocido cuyos paralelos son idénticos: "Los primeros serán los últimos; los últimos serán los primeros".

*a.* Los primeros serán

       *b.* los últimos;
       *b.* los últimos

*a.* serán los primeros

Note que la idea central es "los últimos" y los opuestos paralelos: "los primeros". Sin profundizar en el tema y bajo su propio contexto supongamos que se ha averiguado a quiénes se refieren los primeros y a quiénes los últimos, lo cual podría completarse así:

*a.* Los primeros serán                                *a.* los judíos serán

       *b.* los judíos,     *b.* los últimos,
       *b.* los últimos     *b.* los gentiles

*a.* serán los gentiles;                             *a.* serán los primeros

"Los primeros serán los judíos, los últimos serán los gentiles; los judíos serán los últimos, los gentiles serán los primeros". Advierta que el centro de la cruz es "los últimos" categorizados en judíos y gentiles. La idea es fascinante, porque a través del quiasmo se puede descubrir que tanto judíos como gentiles, es decir, todo el género humano según el canon bíblico, ambos son primeros y últimos. Quien se precie de conocer su historia sabrá que los judíos, el pueblo del convenio de Dios, al rechazar a Jehová encarnado en Cristo se tornaron en los últimos. Por otro lado, los gentiles, es decir, los paganos o extranjeros fuera del convenio se tornaron en los primeros al aceptar a Cristo y fueron injertados en el pueblo de Dios; de tal modo, los primeros son últimos y los últimos primeros. Según la profecía, los judíos serán los últimos en aceptar al Mesías cuando regrese por segunda vez.

Dado que el quiasmo y el difrasismo son figuras literarias del hebreo se utilizará la exégesis bíblica de Mateo 16 para ilustrarlos: *"¿Quién dicen los hombres que es el Hijo del Hombre?"* A lo que Simón afirmó: *"¡Tú eres el Cristo, el Hijo del Dios viviente!"*. Y Jesús le dijo: *"Bienaventurado eres Simón, hijo de Jonás, que no te lo reveló carne ni sangre sino mi Padre que está en los cielos"*, tras lo cual Jesús otorga un nombre nuevo a Simón. Mediante el análisis se deduce que la idea central de dicho quiasmo es la revelación:

**a.** ¡Tú eres el Cristo!

        **b.** no te lo reveló carne ni sangre,

        **b.** sino (te lo reveló) mi Padre que está en los cielos.

**a.** Tú eres Pedro

Del mismo modo que Simón supo por revelación que Jesús era el Mesías, un nombre nuevo le es dado por revelación: *Pedro «piedra pequeña»*, un difrasismo que juega con diversos significados entre ellos el Urim y Tumim, las piedras en aros de plata que portaban los profetas para recibir revelaciones. Por lo tanto, Jesús confirma que la piedra sobre la cual edificaría su iglesia sería la *revelación*, cuyos sucesores al igual que Pedro, serían profetas vivientes y *reveladores* para su iglesia.

### El centro del quiasmo

La Estela 5 de Izapa es un gran quiasmo en orden de doble cruz cuyo centro es el Árbol de la Vida, el representante supremo del reino vegetal (**Tabla 31**); del mismo modo, el Calendario Azteca es un gran quiasmo en orden de cruz cuyo centro es el Sol, el representante supremo del reino cósmico. Nada puede existir sin un centro; por lo tanto, el Árbol Cósmico equivale en valor simbólico al Sol, considerado por los mayas una estrella superior gobernante ubicada en el núcleo de la galaxia llamada *Kolop*, cuyo significado es *«Heridor»* (J. E. Thompson 1975, 255). Dicho Árbol Cósmico o estrella gobernante rige las medidas del tiempo de todo cuerpo celeste que pertenece a su mismo orden en el universo. El árbol conecta la tierra con el cielo; su copa señala el norte y sus raíces el sur; su tronco se divide verticalmente en dos hemisferios: al oriente se ubica el hombre-tronco y al occidente el hombre-rama. A su alrededor se distribuyen 52 figuras o elementos en un plano cartesiano, trece por cada cuadrante en dos grandes 'x', una sobre la otra, un quiasmo doble que domina la lectura total de la talla y que da la impresión de movimiento. Cada figura cuenta con cuatro paralelos asociados entre sí con el árbol; por ello, los glifos calendáricos pueden interpretarse hasta con cuatro lecturas diferentes debido a que fueron obtenidos de una cruz quiástica o quiásmica; por ejemplo, para los aztecas el vigésimo signo del calendario fue *Xóchitl* «*la flor*» y para los mayas fue *Ajaw* «*el sol*». La Estela 5 ha sufrido vandalismo y erosión propia del paso del tiempo, de tal modo, cuando algún trazo se ha dañado o es confuso, e incluso cuando es ausente, este puede deducirse a partir de su premisa quiásmica o paralela.

### Parejas quiásmicas o gemelas

*e*. Árbol
*d*. Hombre en árbol        *d*. Hombre en árbol
*c*. Incensario                    *c*. Libro de la Ley
*b*. Anciano sacerdote
                                          *b*. Rey del maíz
*a*. Mujer
                                          *a*. Siervo del rey

**Figura 13. Quiasmo; Estela 5 de Izapa.**

Una pareja quiásmica o gemela refiere a dos entes independientes vinculados entre sí por intercambios recíprocos de diferente naturaleza. Por ejemplo, la luna y el sol son cuerpos celestes complementarios, aunque también son opuestos al significar el día y la noche. En la Estela 5, el anciano y la mujer son géneros opuestos: masculino y femenino, pero son complementarios en una sociedad de naturaleza conyugal. Al considerar a cada pareja como una unidad, tenemos que el anciano y su mujer representan la ley de Dios, y el rey y su consejero la ley civil, su función de mando es opuesta a la pareja que vuelve sus espaldas contra el árbol. Al no contar con la fuerza física, los ancianos son opuestos a la vitalidad de los jóvenes a quienes complementan con su fuerza moral y experiencia. Ancianidad y juventud son condiciones antagónicas que en determinadas circunstancias son complementarias. La presencia de quiasmos, difrasismos y caracteres similares a los egipcios, aunado al atuendo oriental de los personajes barbados y la Geometría Sagrada de la Cábala, la clave y tema siguiente, consta la influencia del Medio Oriente en el autor intelectual de la Estela 5 de Izapa.

## Clave 5: La Geometría Sagrada

Geometría Sagrada, el idioma universal de la creación, parte de la premisa que lo creado precisó de un creador o una inteligencia superior; es decir, toda obra fue diseñada mental o espiritualmente antes de existir física o materialmente, tal como un arquitecto bosqueja sobre un plano la construcción de un edificio. Del caos, el mundo fue organizado y sigue un modelo

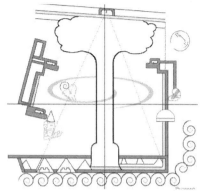

Figura 14. Geometría; Estela 5 de Izapa.

matemático que se halla desde los fractales del pétalo de una flor, los polígonos del caparazón de una tortuga, la estructura del cuerpo humano hasta las trayectorias planetarias. *"La geometría es sagrada porque no ha sido manipulada por la mano del hombre; aunque se conoce como una rama de las matemáticas no es un invento humano"* (Cuellar 2018). La mejor forma de esconder lo sagrado y que podría ser motivo de burla por parte de no creyentes o agnósticos fue mediante *"la práctica de la Geometría Divina [que] es la Cábala... palabra hebrea que significa «recibir», una clase de lenguaje oculto o secreto sólo para iniciados"* (Cox 2006, 91). Su fin fue *recibir* el valor de lo invisible y traer a la mente del iniciado al gran Arquitecto del universo, quien se vale de la escuadra y el compás para enseñar principios y leyes eternas. Es evidente que los nahuas no sólo vieron en ellos instrumentos de arquitectura, sino trascendieron en conceptos sagrados que tuvieron sus equivalencias en otras lenguas amerindias.

Fray Alonso de Molina, autor del primer diccionario náhuatl impreso en 1571, amplía sus significados: *Tlanacazononi «escuadra»*, incluye la raíz *nacaz* que significa *«oído»*, término asociado a *«rectitud»*. *Yolloana ni tlatamachihua «compasar o medir con compás»* incluye la raíz *chihua «medida»*, palabra asociada a *«justicia o armadura»*, pero también a *«burlar o excomunión»* (Molina 1571, 85, 164, 320). La escuadra y el compás fueron sinónimo de poner el oído en aquel investido con la armadura de la rectitud y quien no se ciña a su medida no podrá burlar la justicia divina y será separado.

Sin duda, el diseño del *Gigante de Tarapacá* de Atacama, Chile, con sus brazos en compás y las manos hacia arriba; asimismo, su tocado de doce barras e incluso la recta en sus rodillas son lectura sagrada reconocida por iniciados. No hay modo de leer la cuenta sagrada de 260 días en la Piedra del Sol sin recurrir a la geometría del tiempo, la cual resulta de trazar las veinte trecenas a partir de 1 Cipactli en sentido inverso a las manecillas del reloj, cuyas tangentes forman un polígono de veinte lados en cuyo centro se conforma la cara del Sol. Los trazos invisibles de la geometría no sólo se utilizaron en monumentos y edificios prehispánicos, sino algunos fueron trazados con cierta alineación astronómica, disciplina denominada Arqueoastronomía.

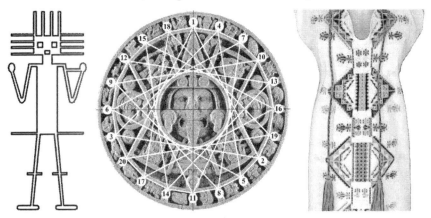

**Figura 15. Gigante de Atacama, Chile; Piedra del Sol, México; Huipil.**

## La recta

En la Geometría Sagrada cada trazo o figura geométrica conlleva un significado. La vertical es la columna vertebral, el eje, la línea de referencia de donde nace, parte o se alinean todas las cosas. Una vertical se resguarda en el tronco del Árbol de la Vida que divide la talla en dos hemisferios, la cual conecta lo de arriba con lo de abajo, lo inferior con lo superior, el supramundo con el inframundo, las raíces con la copa, el cenit con el nadir, la tierra con el cielo y el hombre con la Deidad, donde lo celestial puede descender y lo terrenal puede ascender. Si la vertical representa la Deidad eterna del cielo, la horizontal representa el hombre mortal de la tierra; este duerme en horizontal, pero al despertar se yergue en vertical, es decir, pasa de la posición terrenal a la condición celestial.

Según *El Fundamento de la Palabra* del etnólogo León Cadogan, para el guaraní *"mi calidad de ser erguido, vertical, me diferencia de los animales"* (Cadogan 1959, 45). En la talla, dos peces se disponen en vertical hacia arriba y dos hacia abajo; el cocodrilo camuflado en las raíces del árbol se halla en vertical hacia abajo y la serpiente se yergue hacia arriba. Por otro lado, una barra en horizontal se extiende en el panel superior y se conecta con la barra de la sombrilla en vertical. Cuando la horizontal y la vertical concurren, se genera un punto de origen en un plano cartesiano que genera dimensión en el espacio.

## El triángulo

Un triángulo se integra por lo menos con tres puntos, ya que uno o dos no pueden crearlo; por lo tanto, el triángulo fue la primera figura geométrica, sinónimo de creación que da forma concreta a algo. Siete triángulos flanquean las raíces del árbol en el panel inferior de la Estela 5 de Izapa; el autor no pretendió que estos se captaran como simples figuras planas, sino añadió

Figura 16. Pirámide clave; Estela 5 de Izapa.

caras laterales a dos de ellos para brindarles profundidad y volumen adquiriendo así forma de pirámides, sólidos derivados del triángulo.

De las siete, la pirámide central es clave porque a diferencia del resto su vértice superior fue prolongado y remarcado más allá de su ápice formando un pequeño ángulo de compás (Figura 16), cuyo propósito fue replicar el patrón con las otras pirámides. Al extender el compás se revela una segunda lectura la cual no se podría obtener sino por medio de la Geometría Sagrada. Por otro lado, las pirámides de los extremos delinean no uno, sino dos trazos angulares visiblemente remarcados en la piedra que también sugieren ser prolongados.

## El cuadrilátero

Tanto la Piedra del Sol, así como su antecedente la Estela 5 de Izapa se dividen en cuatro cuadrantes, tal como el *Popol Vuh* describió la concepción del universo: *"Habiéndose echado las líneas y paralelas del cielo y de la tierra, se dio perfecto a todo, dividiéndolo en paralelos y climas. Todo puesto en orden quedó cuadrado repartido en cuatro partes como si con una cuerda se hubiera todo medido, formando cuatro esquinas y cuatro lados"* (Saravia E. 1971, 1).

Los cuadrantes sugieren conceptualmente los rumbos cardinales: este, oeste, norte y sur; los cuatro elementos: agua, tierra, viento y fuego; las cuatro estaciones: primavera, verano, otoño e invierno y las cuatro partes del día: amanecer, mediodía, atardecer y medianoche, los cuales rotan en una secuencia cíclica generando combinaciones y variedad; como la hélice formada por los cuadros que circundan el sol en la Piedra del Sol. Es indispensable enfatizar la variedad y diversidad de la creación, aún en la unidad; y no la uniformidad.

En la Estela 5 de Izapa, la vertical resguardada en el tronco del árbol y la horizontal que enlaza el fruto en la boca del pez y el fruto bajo el glifo ceguedad y sordera forman los ejes de un plano cartesiano cuyo punto de origen es la intersección donde concurren los ángulos que se prolongan de las figuras piramidales. Mayas y egipcios vieron en el doble cuadrado o rectángulo la tierra o un segmento de la tierra, tal como los paneles rectangulares de la Estela 5 de Izapa. *"El rectángulo es un cuadrilátero con un lado mayor que el otro en una unidad de medida. Al existir una diferencia entre la longitud de sus lados, se pueden trazar ejes de crecimiento armónico y desarrollar una espiral de crecimiento. El rectángulo genera dinámica y movimiento, lo que no sucede con el cuadrado, que así considerado es estático"* (Martínes del Sobral 2000).

### La espiral

**Figura 17. Espiral.**

Del rectángulo se genera la espiral, designada por la ciencia como la *Espiral de Fibonacci* cuyo más destacado representante en la naturaleza es el caracol marino, el cual se reproduce en la Estela 5 a la altura del oído del ave y además se infiere en los gorros de los personajes con forma de conos, sólidos derivados del triángulo. Su enroscamiento se origina a partir del fino ápice en la punta del caracol, el cual *"anuncia que un ciclo de vida ha terminado y que sólo queda ahí la huella geológica que nos informa que existió y se completó"* (Calderón 1966, 24). El observatorio astronómico de Chichén Itzá: *"El Caracol"*, denominado así por la escalera en espiral dentro de la torre, además de conectar el cielo con el hombre cuyos cuerpos celestes se mueven en espiral, también recuerda el concepto maya que el tiempo es una constante cíclica y no lineal que nunca concluye; representa el proceso de volver al mismo punto una y otra vez, pero en un nivel diferente, de este modo todo se ve como un nuevo comienzo. El ADN también trae a la mente que todos los seres vivos estamos interconectados unos con otros en una espiral que nos lleva a un mismo origen, así como las invariables espirales de las huellas dactilares y las ondas en expansión del cosmos o la vibración en espiral del agua, el viento y el sonido.

### El círculo

El círculo de 360 grados sin principio y sin fin es un giro constante e ininterrumpido que sugiere lo infinito, lo celestial y lo eterno, como la gran esfera de la Piedra del Sol o los frutos del Árbol de la Vida multiplicados como pequeñas esferas en la copa. La esfera es la matriz universal donde caben los sólidos platónicos cuyos lados, ángulos y medidas iguales fueron vinculados con los elementos: la *tierra* al cubo, el más sólido; el *agua* al icosaedro, el más fluido; el *aire* al octaedro, una bipirámide; el *fuego* al tetraedro, el más ligero y móvil, y el dodecaedro, doce polígonos que recuerdan un panal de abejas.

En la cábala judía, *sefirot «la esfera»* es un centro de energía o poder donde confluyen las intersecciones geométricas cuyo sincretismo trascendió en la *mandala «el círculo sagrado»* del budismo, o el *chakra «el círculo»* del hinduismo. La Piedra del Sol es una gran mandala y Garth Norman también definió así a la Estela 5 de Izapa.

### La geometría y el cuerpo humano

Así como los mayas, Leonardo D' Vinci no erró al proponer el cuerpo humano como una estructura geométrica perfecta según la proporción áurea. En su dibujo, el hombre de Vitruvio, el ombligo es el centro del círculo que para los mayas fue el origen de la salud; y el centro del cuadrado son los órganos sexuales. El cuadrado indica tierra y el círculo cielo, el ápice del triángulo señala la cabeza; asimismo, el centro del

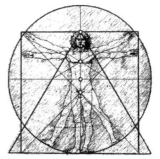

**Figura 18. Hombre de Vitruvio.**

rectángulo es el pecho donde se alberga el corazón (**Figura 18**). El cuerpo humano se divide en cuatro cuadrantes a partir del ombligo, formando una cruz quiásmica con sus extremidades superiores e inferiores.

Como se concluirá al término de la obra, el cuerpo humano en su dualidad materia-espíritu, susceptible de envejecimiento y de las enfermedades físicas y espirituales fue considerado el núcleo y centro del mismo universo.

### La geometría de la Estela 5 de Izapa

Garth Norman (1934-2021), el más reconocido arqueólogo de Izapa y autor del dibujo más preciso de la Estela 5, el cual elaboró antes del vandalismo y maltrato que sufrió la piedra, descubrió que al prolongar los ángulos de las figuras piramidales su trazado se dirige al ojo y oído de algunos personajes; coincidencia que sin duda surgió de la pirámide clave, cuyo remarcado en la piedra se prolonga poco más allá de su ápice y que

Figura 19. Garth Norman.

Norman replicó con el resto de los triángulos (G. V. Norman 2012). Cabe mencionar que desde el año 2010 mantuve contacto con Garth Norman con quien intercambié algunas observaciones, una de ellas fue que el panel inferior contaba con siete pirámides y no con seis, tal como mostraba su dibujo hasta esa fecha. Posterior a ello, Norman corrigió su dibujo y agregó un triángulo más en la sexta posición, el cual se distinguió del resto al observarse añadido. Sin embargo, la precisión de los ángulos de las pirámides son determinantes para la lectura del código geométrico de la Estela 5 de Izapa.

Quien descifrase el código geométrico debería considerar con exactitud los grados de alineación de las pirámides que concurren en el ojo y oído, no de algunos, sino de todos los personajes (**Figura 20**). Su objetivo fue destapar el oído para oír, y abrir el ojo de la mente para "ver" aquello que no puede revelarse sino mediante los trazos invisibles de la Geometría Sagrada. Los orificios en las ondas de agua son el punto de partida del trazado que da forma a las siete pirámides del panel inferior, de las cuales la número cuatro es clave; su trazado a la izquierda concurre en el ojo con un delineado estilo egipcio y a la derecha concurre en el oído del humanoide prolongándose hasta la pequeña barca o vela en la esquina superior del ideograma. ¿Cuál es, en este caso, el mensaje que el autor quiso transmitir al señalar el ojo y la barca por medio de la pirámide clave? Descubrámoslo.

Figura 20. Las 7 pirámides y su conexión con el ojo y el oído; Estela 5 de Izapa.

La Estela 5 de Izapa es una gran Matriz Tzolkin (Tabla 31), cuya lectura sólo se puede descubrir mediante la llave de la cábala, o sea, la Geometría Sagrada; razón por la cual los académicos no han podido descifrarla y cuyo significado puede permanecer oculto para quienes tienen ojos y no pueden ver. Su excepcional ingeniería no fue fortuita o al azar; todo indica que requirió de cálculos y trazos inferidos a partir del marcado visible en la piedra. Las siguientes figuras resultan de su trazado geométrico que a lo largo de la obra se irán descubriendo:

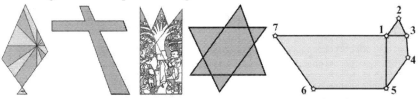

Figura 21. Figuras resultantes de la Geometría Sagrada; Estela 5 de Izapa.

## El ojo de la serpiente

La pupila en vertical de un gran ojo de serpiente se esboza con un énfasis más real en el centro del panel superior de la Estela 5 (**Figura 20**); ésta converge con el ápice superior de un gran compás imaginario que invita a mirar el escenario bajo su amplio ángulo panorámico. Según Alfredo López Austin, el ojo de reptil fue *"símbolo abstracto del tiempo"*. Para Laurette Séjourné en la Piedra del Sol *"la ceja que se extiende sobre la pupila del glifo ojo de reptil [fue] el emblema del dios del fuego, viejo y torcido..."* (Juárez O. 2017). Alfonso Caso identificó en Teotihuacán al glifo *Re «el ojo de reptil»*, que representó *"el ojo del Sol; un símbolo parecido al Udjat egipcio, el ojo del halcón llamado 'Ra'. Símbolos parecidos con nombres idénticos"* (Joseph 2007, 202). *"El ojo de Horus es el ojo creador... que mira de una manera mucho más intensa y precisa que el ojo humano; expresa la idea de... recibir conocimiento"* (Jacq 1998, 147). "El ojo que todo lo ve" invita a ver lo que otros no pueden, equiparable a aquel que lo contempla todo desde la cima de una montaña. El ojo simboliza luz y conocimiento, un tipo de lumbrera donde se contrae la imagen, color y perspectiva que interpreta el entorno gracias a los estímulos de luz. El ojo guía, asesora y corrige, medita las distancias, descubre y redescubre los objetos y su ubicación, los enfoca o ignora, discrimina lo que le agrada de lo que no; por lo tanto, el ojo es la ventana de los deseos del hombre.

Al considerar las civilizaciones bajo la mirada del gran ojo en el cielo, las piezas del rompecabezas toman el lugar que les corresponde. No se podría comprender a los aztecas sin los mayas, y estos sin los olmecas; tampoco se podría entender la América actual sin la conquista europea, y ésta sin la influencia de los imperios romano, griego, mesopotámico, egipcio y hebreo. El viejo paradigma y la necedad de considerar a cada nación totalmente separada de la otra, es como considerar la cabeza ajena a las manos y los pies; cada civilización aportó y añadió valor a la otra hasta influir y perfeccionar el mundo actual resultando en un sincretismo de variedad, mezcla y diversidad de culturas. La Estela 5 de Izapa descorre el velo que impide ver que toda la familia humana procede de un mismo cuerpo y origen, y es clave para entender las civilizaciones precolombinas y su correlación con otras del Viejo Mundo. Así que, abrid los ojos y ved, éste es el mensaje hacia donde nos dirige el gran ojo de la Serpiente Emplumada.

## Clave 6: Los números

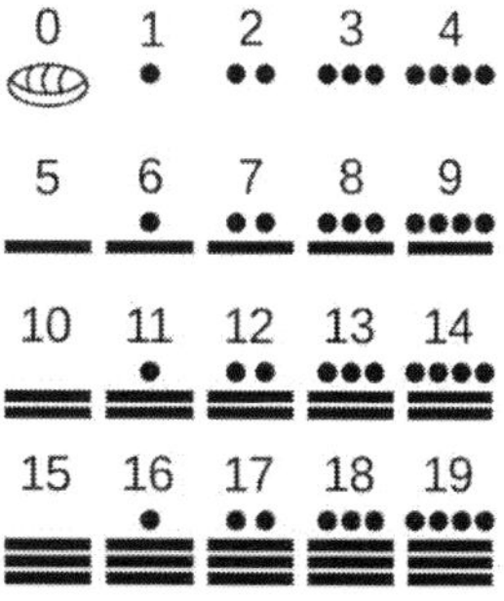

En 1832, Constantine Rafinesque dedujo cómo funcionaba el sistema numérico maya plasmado en el Códice Dresde. Contrario al sistema arábigo que recurre a diez símbolos, del 0 al 9; observó que el sistema maya sólo empleaba tres símbolos para representar cualquier cifra: un punto para la unidad, una barra para el cinco y una semilla o caracol para el cero. Es evidente que sus signos influidos por la simbología

Figura 22. Números mayas.

sagrada fueron tomados de la naturaleza. El punto o la esfera representó la unidad, redondo como el sol o el fruto del árbol; el cinco fue simbolizado con la barra a modo del plano terrestre o la serpiente; y el cero fue expresado con la semilla, el caracol o el puño de la mano, cuyo valor no fue considerado como ausencia de cantidad, sino como plenitud exponencial sin principio ni fin.

El lenguaje matemático no sólo representó cantidades o medidas cuantitativas —por ejemplo, la medida aproximada de un kilogramo se componía por 400 semillas de cacao— sino cada número expresó significados cualitativos en relación con la naturaleza, el cosmos y la divinidad, cuyas combinaciones al igual que las notas musicales crean diversas armonías. Los iniciados podían leer cada forma pictográfica por su carga numérica sin necesidad de conocer la lengua de quien produjo la obra. Por ejemplo, el tres representó el cielo y el cuatro la tierra, bajo dicha premisa se puede interpretar el dibujo de un río con cuatro corrientes de agua y otro con tres. Por lo tanto, el arte de saber leer los números, bastante similar al hebreo, jugó un papel determinante en la lectura de la Estela 5 de Izapa y la Piedra del Sol.

Veinte y trece —cuya suma es 33, el número maestro— son las cifras con que los mayas describieron el todo galáctico. 20x13 es igual a 260 días del calendario sagrado; 20-13 es igual a 7, donde el siete es la media de la trecena que indica un nuevo inicio; su doble antagónico es el catorce. Trece números —la base de la veintena calendárica— fueron llamados *tonales*, de *tonalli* «*sol, día, tiempo*»; y los veinte glifos fueron llamados *nahuales*, en particular los subsecuentes siete caracterizados con animales u objetos con formas humanoides.

Tabla 5. **Serie numérica de la veintena**

| Superior | 1 | 13 | 20 – 0 |
|----------|---|----|--------|
|          | 2 | 12 | 19     |
|          | 3 | 11 | 18     |
| Media    | 4 | 10 | 17     |
|          | 5 | 9  | 16     |
|          | 6 | 8  | 15     |
| Base     | 7 |    | 14     |

## La trecena maya/nahua

*Uno, Jun/Ce*. La unidad, el origen, el principio, la cabeza, el punto de partida de todas las cosas. Entre los quichés el uno fue asociado con *"el crecimiento… 'algo que brota'. Jun Ixim, es 'la primera semilla'"* (Mex A. 2021, 65-66).

*Dos, Ka'/Ome*. Dualidad, oposición, número par que *"expresa la idea de división"* (Patrón 1902, 131). Su glifo maya es una cabeza femenina contraria al uno que es una cabeza masculina. Si el uno es masculino, el dos es femenino; si el uno es vertical, el dos es horizontal.

*Tres, Ox/Yei*. *"Lo que se ramifica"* (Mex A. 2021, 68). Del uno y el dos surge el tres, número asociado con el triángulo, la primera figura geométrica, símbolo de creación y edificación.

*Cuatro, Kan/Nahui*. La tierra dividida en cuatro partes o esquinas según los rumbos cardinales: *"cuatro son sus caminos… algo… parado en cuatro sostenes; lo que está firme, fijo, estable"* (Mex A. 2021, 69).

*Cinco, Ho'/Macuilli*. Tal como el centro rige sobre cuatro esquinas, la cabeza rige sobre cuatro extremidades y el oído es el rector de los cinco sentidos; la mano representó el cinco, un conjunto parcial e independiente del todo, y su pulgar, el eje rector de los dedos. Ello indica que el cinco fue separado para regir al cuatro. Stirling asignó a la Estela del Árbol de la Vida el número cinco, ignorando que su protagonista rector es la serpiente, el quinto glifo calendárico.

*Seis, Wak/Chicuace*. Sinónimo de incompletud; número asociado a *"la decapitación, el sacrificio y la guerra"*, cuyo glifo fue el pedernal (Mex A. 2021, 73). Tres seises integran las hélices de la Matriz Tzolkin: un seis señala el pedernal, otro el cocodrilo y otro más la cabeza de la bestia jaguar. Su geometría son dos triángulos invertidos, un vértice señala al supramundo y el otro señala al inframundo.

***Siete**, Huk/Chicome*. La suma de tres y cuatro, lo *"intermedio, el centro o corazón de las cosas"* incluida la trecena; *"algo que se ha calentado al punto que hierve o efervesce"* (Mex A. 2021, 73). Siete son los tiempos de la creación; siete son las dispensaciones que sellan la conclusión de un todo con un énfasis de plenitud o perfección.

***Ocho**, Waxak/Chicyei*. El doble cuadrado o rectángulo con el que lo mayas retrataron la tierra, del cual se genera la espiral logarítmica, una constante en crecimiento como la octava nota de la escala musical que es igual a la primera, pero más grave o aguda. Significó *"lo que retorna, algo que llega de vuelta"* (Mex A. 2021, 76); un nuevo ciclo, un nuevo orden o convenio, un nuevo comienzo, un renacimiento.

***Nueve**, Balun/Chicnahui*. Los nueve niveles del inframundo y los nueve grados del cielo a los que se harán acreedores los hombres según hayan ejercido su albedrío moral, propiamente un juicio. Próximo al diez que simboliza culminación, el nueve anuncia un intervalo antes del fin, *"algo que se gesta"* (Mex A. 2021, 78).

***Diez**, Lajun/Matlactli*. Se asocia *"con el fin y completamiento de las cosas"* (Mex A. 2021, 79). Según los mexicas, el conteo vigesimal inicia con las palmas de las manos y concluye con los dorsos que representan los pies. En un sentido cualitativo más no cuantitativo, el todo se divide en dos conjuntos de diez: manos y pies.

***Once**, Buluk/Matlactli ihuan ce*. Significa *"disolverse, diluirse, dispersión"* (Mex A. 2021, 81). También indica regresión o progresión, degeneración o continuidad, donde se asciende o se desciende.

***Doce**, Lajka'/Matlactli ihuan ome*. El doce es representativo del pueblo de Dios; los mayas lo asocian con *"los árboles y la riqueza de [sus frutos]"* (Mex A. 2021, 82). Evocó el gobierno patriarcal plasmado en la geometría amerindia con diversas figuras de doce lados.

***Trece**, Uhxlajun/Matlactli ihuan yei*. La ley divina que sostiene el orden natural y social que, si es quebrantada acarrea el castigo y si es obedecida se obtiene el cetro de justicia. Su glifo maya es *Kukulkán "el pájaro serpiente o el dios del número trece"* (Mex A. 2021, 83). El trece resulta de los números que le anteceden sumados en quiasmo: 12+1; 11+2; 10+3; 9+4; 8+5 y 7+6. La suma del 1 al 13 resulta en el período estacional de 91 días. 13x4 es igual al ciclo de 52 años; 13x20 es el ciclo sagrado de 260 días y 13x140 es un *Hotun* de 1820 tiempos.

## Clave 7: El calendario sagrado

Hoy en día se parte de una fecha hacia el pasado o hacia el futuro de forma lineal, contrario a los antiguos mayas "los dueños del tiempo" quienes consideraron que el tiempo es cíclico y no lineal; cada ciclo del tiempo representó un fin y un nuevo comienzo que tendía a repetirse como la espiral de un caracol. Los acontecimientos son recurrentes, es decir, lo que es ya fue y lo que fue será; bajo dicha lógica *"los mayas consideraban que los mismos hechos se repetían durante los katunes del mismo nombre"* (Baudez 1994, 299). Los videntes y profetas podían anticipar sucesos más allá de su generación tomando como premisa hechos ocurridos en el pasado.

Mayas y egipcios estimaron que la tierra revoluciona alrededor del sol en una espiral progresiva de 360 días con una desviación de cinco días adicionales ¿es casual que los 3.60 metros de diámetro de la Piedra del Sol haya sido calculada según el círculo de 360 grados? En el calendario gregoriano, el ciclo solar de 365 días, 6 horas y 9 minutos se ajusta a 365 días y la diferencia se compensa con el año bisiesto cada cuatro años, ajuste innecesario en el calendario maya. Según los mayas, el sol mantiene su órbita bajo la fuerza de atracción de una estrella regente ubicada en el núcleo de la galaxia llamada *Kolop «Heridor»* (J. E. Thompson 1975, 255), la cual es representada con el árbol cósmico donde todo gira a su alrededor incluido nuestro sistema solar que pertenece a su mismo orden, pero revoluciona más despacio. Al comparar días con años la proporción sería uno a 365 mil, es decir, 365 días en el núcleo de la galaxia equivalen a 365 mil años de la tierra, por lo tanto, siete mil años de la tierra equivalen a siete días de Kolop. En tanto en el centro de la galaxia ha transcurrido un día, en la tierra han transcurrido mil años según la proporción espacio tiempo.

Suele pensarse que los amerindios desconocían la semana hebrea; sin embargo, los *Anales de Xahil* cita su alternancia con la trecena: *"cada séptimo día, cada decimotercio día…"* (G. Raynaud 1946, 53). El 7 y el 13 fueron cifras base para el cómputo del tiempo. Ellos vieron los siete tiempos de la creación y los siete milenios de la Tierra en los siete períodos de 52 días del año, espejo de las 52 semanas de siete días. Cada 52 años, con cuatro *Tlalpillis* de 13 años, los nahuas celebraron el *Xiuhmolpilli «el atado de años de Fuego Nuevo»*, un símil del jubileo hebreo, que tras siete veces resulta un "Sol" de 364 años (Tabla 36).

48

El año de 52 semanas es la conjunción de 13 lunaciones de 28 días o 4 semanas; y cuatro estaciones de 91 días o 13 semanas: la primavera y el otoño inaugurados por dos equinoccios que actúan como el eje vertical; y el verano y el invierno inaugurados por dos solsticios que actúan como el eje horizontal. Al centro "un día fuera del tiempo" que completa el ciclo solar de 365 días.

## La rueda calendárica

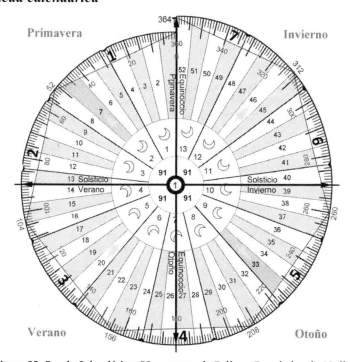

**Figura 23. Rueda Calendárica: 52 semanas de 7 días o 7 períodos de 52 días.**

Tabla 6. **Ciclos que coexisten con el ciclo solar de 365 días**

| Unidad de tiempo | Duración | Veces al año | Ciclo lunisolar | Uayeb rector | Ciclo solar |
|---|---|---|---|---|---|
| Semanal | 7 días | x 52 = | 364 | + 1 = | 365 |
| Trecenal | 13 días | x 28 = | 364 | + 1 = | 365 |
| Veintena (mes) | 20 días | x 18 = | 360 | + 4 + 1 = | 365 |
| Ciclo lunar o "Luna" | 28 días | x 13 = | 364 | + 1 = | 365 |
| Atado de días/años | 52 días | x 7 = | 364 | + 1 = | 365 |
| Ciclo Estacional | 91 días | x 4 = | 364 | + 1 = | 365 |
| Ciclo solar o "Sol" | 365 días | x 1 = | 364 | + 1 = | 365 |

49

La unidad básica del tiempo entre los mayas fue el *kin «día»* y entre los aztecas *tonalli «día»*, que además significa *«sol, tiempo, años»*. La veintena o mes compuesto por 20 kines fue llamado *Uinal* o *Metztli* que tras dieciocho meses completa un *tun «año»* de 360 días denominado *Haab* en maya o *Xiuhpohualli* en náhuatl; más un período de 5 días llamados *uayeb* en maya o *nemontemi* en náhuatl —integrado por dos equinoccios, dos solsticios y un día fuera del tiempo— resulta el año solar de 365 días. Cinco años, lo que hoy es un lustro, equivale a un *hotun* de 1820 días; 20 años conforman un *katún* de 7,200 días y 20 *katunes* conforman un *baktun* de 144,000 días, espejo del número de minutos del día que en el sistema sexagesimal es 1440 = (24x60). La cuenta larga maya comprende 13 *baktunes*, un ciclo solar milenario de 5200 años proporcional al "Fuego Nuevo" de 52 años o al ciclo anual de 52 semanas. La altura de casi 2.60 mts. de la Estela 5 de Izapa, incluida la base enterrada evoca la cuenta sagrada de 260 días, el 52 multiplicado 5 veces o la trecena por la veintena que coexiste con el ciclo solar de 360, 364 y 365 días; por ejemplo, del año 600 a.C. al año 2000 de nuestra era han transcurrido 2600 años; pero según la cuenta sagrada ha transcurrido un ciclo solar milenario de 3650 tiempos.

Tabla 7. **Unidades de tiempo maya**

| Kin | Día | 1 día | 1440 minutos |
|---|---|---|---|
| *Uinal* | Mes (veintena) | 20 días | 20 kines |
| *Tun* | Año | 20 x 18 = 360 días | 18 uinales |
| *Hotun* | 5 años lunisolares | 364 x 5 = 1820 días | 5 tunes |
| *Katun* | 20 años | 20 x 360= 7,200 días | 20 tunes |
| *Baktun* | 400 años | 400 x360= 144,000 días | 20 katunes |
| *Cuenta larga* | 5200 años | 5200 x360= 1'872,000 días | 13 baktunes |

## Origen del calendario sagrado

*Historia de los mexicanos por sus pinturas*, atribuida a fray Andrés de Olmos que data de 1531, menciona varias veces la singular cifra de 600 años entre el nacimiento de Quetzalcóatl y la aparición de sus ancestros, los ancianos de la Estela 5 a quienes se atribuye la cuenta del tiempo: *"Pasados seiscientos años del nacimiento de Quetzalcóatl... hicieron a un hombre y una mujer, Cipactonal y Oxomoco, y mandáronles que labrasen la tierra... luego hicieron los días, y los partieron en meses, dando a cada mes veinte días, y así tenía dieciocho y trescientos sesenta días en el año"* (García Icazbalceta 1882, 86).

Una de las primeras evidencias arqueológicas del calendario bajo el sistema punto y barra es la *Estela 12 de Monte Albán* fechada entre el 600-550 a.C. según Alfonso Caso, la cual cuenta con los glifos de la mitra, la quijada superior, el pulgar, el bulto sagrado y la vasija (Arellano 2008, 431). La *Estela C de Quiriguá*, Guatemala, registra la famosa cuenta larga maya que comprende 5200 tunes entre el 3113 a.C. y el 2012 d.C., cuyo eje cero, la mitad de ella, nos remite al año 600 a.C. La pregunta es: ¿qué ocurrió en el año 600 a.C. para ser considerado el eje cero del ciclo de 5200 años? Con la conquista el calendario azteca dejó de ser y los europeos transfirieron su conteo del tiempo a partir del nacimiento de Cristo. Lo sorprendente es que los mexicas contaban 600 años a partir de la aparición de sus primeros padres hacia el nacimiento de Quetzalcóatl, o sea, el año cero del calendario gregoriano, el mismo año del nacimiento de Cristo; por lo tanto, Quetzalcóatl y Cristo o son el mismo personaje o es terriblemente coincidente su advenimiento en ambos hemisferios.

**Figura 24. Estela 12 Monte Albán, Oax.**

### La cuenta de 260 días

Siete *xiuhmolpillis «atado de 52 días/años»*, cada cual conformado por cuatro trecenas o trecenios suman el ciclo lunisolar o 'Sol' de 364 días/años compuesto por dos cifras desiguales: 260 y 104, más "un día fuera de tiempo" totaliza el ciclo solar de 365 días/años. De los siete, cinco períodos de 52 días forman la cuenta sagrada de 260 días llamada el *Tzolkin* maya, el *Piye* zapoteco o el *Tonalpohualli* azteca; y dos períodos de 52 días forman la cuenta de 104 días llamada *Huehuetiliztli «edad vieja o edad última»*, marcada entre el primer y segundo paso cenital del sol. Dicho fenómeno astronómico "cuando el sol devora su sombra" y ocupa el lugar más alto en el cielo de mediodía sin proyectar sombras laterales, ocurre sólo dos veces al año con una diferencia de 104 días (**Figura 25**).

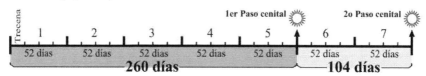

**Figura 25. Paso cenital del sol.**

**Figura 26. Paso cenital del sol; Xochicalco, Morelos.**

104 días transcurren precisamente entre el 23 de diciembre, el solsticio de invierno y el 6 de abril, ésta última fecha acaecida en las veintenas llamadas *Tozoztontli "pequeña vigilia"* y *Huei Tozoztli "gran vigilia"*, la víspera de una gran festividad religiosa prehispánica durante los meses de marzo y abril que coincidía con la Pascua judía y la semana santa cristiana. El paso cenital del sol en la franja del Ecuador difiere según la latitud e inclinación de la Tierra y según los solsticios y equinoccios; en la Ciudad de México dicho prodigio ocurre el 15 de mayo. En Izapa, durante cuatro trecenas el sol se desplaza hacia el trópico de cáncer y coincide con el solsticio de verano, y tras otros 52 días regresa al trópico de Capricornio y concluye con el segundo paso cenital el 13 de agosto, el día de origen de la cuenta larga maya. El primer y segundo paso cenital del sol fue capturado en cuevas y cenotes por los prehispánicos al incidir una columna de luz tan brillante como el sol que desciende gradualmente sobre la tierra justo sobre la cabeza de cualquier observador (**Figura 26**). La columna de luz une al cielo con la tierra anunciando la primera y segunda venida del dios sol, o sea, Quetzalcóatl, quien descenderá a la tierra en las dos últimas dispensaciones de los tiempos. La primera venida de Quetzalcóatl a partir del año cero nos conduce —tras 7 ciclos sagrados de 260 años o *5 Soles* de 364 años— a la dispensación del cumplimiento de los tiempos en el año 1820 de nuestra era, la culminación del llamado *Quinto Sol*, según la Matriz Tzolkin (**Tabla 30**).

### Los veinte glifos sagrados

No tendría ningún sentido denominar "sagrado" al calendario si sus glifos sólo fuesen cartas astrológicas u horóscopos para designar el nombre y destino de una persona según su día de nacimiento como algunos clásicos mencionan, lo que seguramente surgió por la apostasía en que se encontraban los aztecas. El calendario no fue sólo un medio para calcular los cómputos del tiempo según los días, meses y años que rigen el sistema solar, sino además fue una herramienta espiritual compleja que actúa como un gran engranaje que marca la cuenta regresiva de eventos proféticos esperados por iniciados, comprendidos durante la cuenta larga maya hace 5200 años, en particular, el último *Hotun* de 1820 años (Tabla 36). Nikolai Grube indica que *"los gobernantes mayas tenían otro nombre antes de su entronización. Éste era su primer nombre, el que usaron durante su niñez. El cambio de nombre probablemente formaba parte del conjunto de ceremonias que acompañaban la entronización y, con él, el niño, el joven príncipe, se transformaba en rey"*. Tal iniciación *"puede entenderse como un rito de transformación, un proceso mediante el cual se crea una nueva personalidad"* (Grube 2001). El nombre nuevo se observa en varias sociedades del mundo, pero entre los egipcios *"debía guardarse con el mayor celo [el] nombre secreto"* (R. Vinett 2010, 27). El calendario ritual arroja por lo menos 260 combinaciones de nombres, cuyas variantes en cada grupo indígena *"sólo son la expresión regional o lingüística del mismo calendario"* (De la Cruz 2007, 150).

Los veinte capítulos de esta obra están dedicados en orden secuencial a cada uno de los veinte glifos del calendario sagrado según su fuente de origen y significado primigenio: la Estela 5 de Izapa tallada en el Preclásico, ésta recientemente valuada una era más avanzada de lo que se pensaba. *"La escritura azteca fue inferior a la de los mayas"* (Hidalgo 1998, 179), lo cual muestra una caída en la civilización del Posclásico con el Preclásico; no obstante, pese a la apostasía azteca su pictografía permite comprender la compleja iconografía maya. La nominación de los veinte días por representantes endémicos de los reinos animal, vegetal y mineral de la zona maya, no actúan precisamente como figuras literales sino como ideogramas de una escritura jeroglífica, los cuales no se pueden estudiar de manera aislada sino se requiere de la lectura de otros para comprender su significado integral ya que todos se encuentran íntimamente entrelazados, tal como en la Estela 5 toda figura se halla enlazada. En la imagen adjunta de la Piedra del Sol se han agregado los equivalentes mayas de la veintena cuyo objetivo principal fue preservar *"el plan perfecto [del] perfecto... nuestro Padre"* (Waters 1996, 22), y mantener vivo el recuerdo del dios de los muchos nombres desdoblado en el Árbol Cósmico o en *Tonatiuh*, el dios solar del tiempo. Asimismo, sobresalen los cuatro Portadores o Cargadores del año coronados con los cuatro rayos solares a modo de panales o colmenas, mismos que rigen los cuatro *tlalpillis* o trecenios del ciclo de 52 años y que son enunciados en la siguiente tabla:

Tabla 8. **Los 4 Portadores del año y los 4 trecenios**

| 3. Calli, el Templo | 18. Técpatl, el Pedernal |
|---|---|
| *Ley de consagración* | *Ley de sacrificio* |
| 8. Lamat, la Brújula | 13. Ácatl, la Barra |
| *Ley de obediencia* | *Ley de Quetzalcóatl* |

1. Imix-Cipactli
2. Ik-Ehécatl
3. Akbal-Calli
4. Kan-Cuetzpallin
5. Chikchan-Cóatl
6. Kimi-Miquiztli
7. Manik-Mazatl
8. Lamat-Tochtli
9. Muluk-Atl
10. Oc-Xólotl
11. Chuwen-Ozomatl
12. Eb-Malinalli
13. Ben-Ácatl
14. Ix-Ocelotl
15. Men-Cuautli
16. Kib-Cozcacuautli
17. Kaban-Ollin
18. Etznab-Técpatl
19. Kawac-Quiahuitl
20. Ajaw-Xóchitl

Figura 27. Los 20 glifos de los calendarios maya y azteca.

# Capítulo I. Glifo día 1

## *Imix "la Ceiba Sagrada"*
## *Cipactli "Quijada"*

**Regente**: *Cipactli "el señor Quijada"*

*"Ya se levantó la Gran Madre Ceiba, en medio del mundo, se asentó recta y alzó su copa, pidiendo hojas eternas".*
Chilam Balam de Chumayel

*Imix*, el primer glifo calendárico maya, cuyo equivalente azteca es *Cipactli* y en zapoteco es *Chilla*, fue caracterizado en la Estela 5 de Izapa con la ceiba *pentandra*, llamado *pochote* en lengua náhuatl y *ya'ax che'* en lengua maya; árbol endémico de Mesoamérica y emblema nacional de Guatemala, el cual puede alcanzar más de 70 metros de altura. La ceiba es corpulenta y pesada en suelos poco profundos bajo una gruesa capa de agua, por lo que produce un tipo de raíces denominadas aéreas o tabulares las cuales difieren de las raíces subterráneas. Dichas raíces aéreas con formas serpentinas crecen por encima del ras del suelo en la parte baja y laterales del tronco favoreciendo el anclaje contra la fuerza del viento tendiente a doblar su eje y así mantener la verticalidad o rectitud del tronco, el cual se adorna con gruesas espinas cónicas de diversos tamaños que aumentan el grosor en los sitios débiles para enfrentar los cambios morfológicos y permanecer saludable y vigente en una edad avanzada. Bajo dicho preámbulo descubramos la anatomía de *Imix «la Ceiba Sagrada»*.

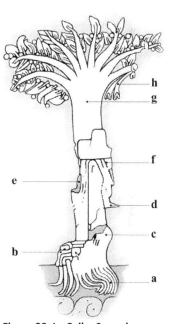

Figura 28. La Ceiba Sagrada; Estela 5 de Izapa.

a. Raíces subterráneas
b. Raíces aéreas
c. Tocón (primer gran poda)
d. Raíz aérea o espina
e. Hueco (segunda poda)
f. Heridas en la corteza
g. Copa del árbol
h. Injertos atados con vendas en rama estéril

55

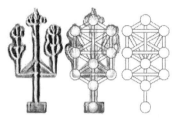

**Figura 29. Candelabro de Paracas.**

Otros sugieren que el árbol es el *Ramón, Brosimum alicastrum*, común en los bosques tropicales de Centroamérica y el Caribe. *Ox* es su nombre maya y en Belice se le conoce como *nut «nuez»*, alimento de gran variedad de frugívoros eficientes en la dispersión de semillas que mantienen la regeneración de la selva. El *Candelabro de Paracas* en Perú, propiamente un árbol cabalístico dicta bajo cualquier ángulo la influencia judía precolombina. Sea el haya, el olivo, la higuera, la acacia, el álamo, el ramón o la ceiba, la Deidad seleccionó al árbol como representación de sí mismo y la familia humana. Él como la raíz principal y el tronco, y su familia como sus raíces, ramas, hojas y frutos. El árbol tiene pues, personalidad humana, similar a los humanoides que flanquean ambos lados del árbol, pero no con atributos de bestia o ave, sino con los atributos de un árbol. En el *Libro de los antiguos dioses* se lee: *"Ya se levantó la Gran Madre Ceiba, en medio del mundo, como recuerdo de la destrucción de la tierra. Se asentó recta y alzó su copa, pidiendo hojas eternas. Y con sus ramas y sus raíces llamaba a su Señor"* (A. Mediz Bolio 2001, 88-89).

### *Los tres niveles cósmicos*

Según la cosmovisión maya, el mundo fue concebido en un plano cartesiano cuyo eje: el Árbol de la Vida, crece en el centro de la tierra y se replica en otros cuatro árboles orientados en los cuatro rumbos cardinales. El Árbol Cósmico une los tres niveles del cosmos: el *Xibalbá «el inframundo»* por medio de sus raíces; *Kaban «la tierra»*, por medio del tronco; y *Kan «el cielo»* a través de su copa. Las raíces se camuflan en reptiles, las bestias circundan el tronco, las aves se posan en sus ramas y los astros se elevan sobre su copa. El Sol, la Luna y Venus, análogos a la copa, el tronco y las raíces, simbolizan en ese orden los niveles celeste, terrestre y teleste. *Teleste* del latín *tellus* *«tierra»*, cuyo significado es *«inframundo o subterráneo»* (Smith 1867), será utilizado para concordar la semántica con los términos teleste, terrestre y celeste, los tres grados o niveles de gloria más un estado de tinieblas fuera del ángulo recto en el que se puede internar el hombre durante su vida mortal o una vez que deje la vida mortal.

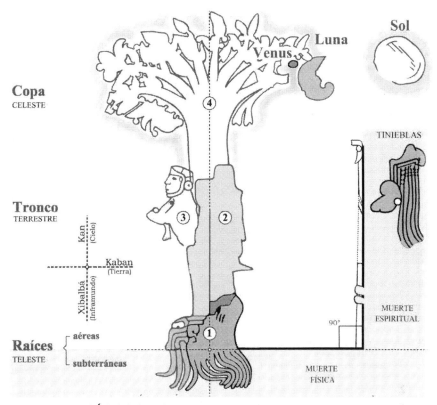

**Figura 30. El Árbol de la Vida, sus partes y niveles cósmicos; Estela 5 de Izapa.**

La Ceiba Sagrada, el eje rector de los *tunes «años»*, se delimita según su ciclo natural en cuatro diferentes etapas: 1. *Las raíces* que nos remiten al inicio de los tiempos; 2. *El tronco*, la mitad de los tiempos; 3. *La rama principal* que señala los últimos tiempos y 4. *La copa*, la consumación final de todos los tiempos. Cada etapa es enmarcada por un ángulo procedente de las figuras piramidales: el ángulo inferior; el ángulo medio y el ángulo del compás, excepto el ángulo recto delineado por la barra de la sombrilla y que fuera de sus límites se ubican las tinieblas de afuera que acompañan el glifo ceguedad y sordera.

Tabla 9. **Los ángulos del árbol**

| 1. Ángulo inferior | Las raíces | Árbol amarillo: *Kan Imix Che'* | Sur |
|---|---|---|---|
| 2. Ángulo medio | El tronco | Árbol rojo: *Chac Imix Che'* | Este |
| 3. Ángulo del compás | Rama principal | Árbol negro: *Ek Imix Che'* | Oeste |
| 4. Ángulo recto | La copa | Árbol blanco: *Zac Imix Che'* | Norte |

## Las doce raíces

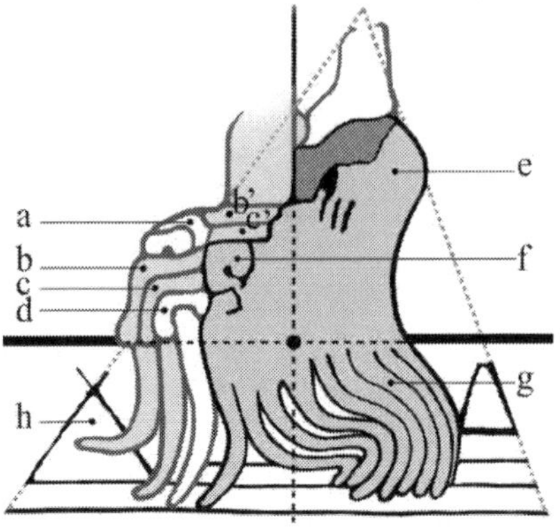

El ángulo inferior delimitado por las dos pirámides adyacentes demarca con exactitud las doce raíces del Árbol de la Vida, las cuales nos remiten al origen de los tiempos, al pasado remoto, cuando el árbol fue plantado en medio de la tierra y su raíz principal se ramificó en otras once raíces completando un total de doce. Núñez de la Vega, de inicios del siglo XVIII, informa que los mayas de Chiapas *"tienen por muy asentado que en las raíces de aquella ceiba son por donde viene su linaje, y en una manta muy antigua la tienen pintada"* (Núñez de la Vega 1988, 275).

Figura 31. Las 12 raíces; Estela 5 de Izapa.

a. Raíz cabeza de la serpiente
b. Raíz aérea superior, 3er. escalón
c. Raíz aérea inferior, 2º escalón
d. Raíz principal, 1er. escalón

e. Tocón camuflado en cabeza de cocodrilo
f. Injerto con forma de 'S'
g. Raíces subterráneas
h. Pirámide clave

El joven árbol nació en el oriente, pero en algún punto del tiempo su tronco fue podado casi al ras del suelo; esta "gran poda" se remonta al período comprendido entre la conquista de Israel por los asirios en el 721 a.C. y la deportación de los judíos a Babilonia en el 587 a.C., lo cual provocó que las doce raíces unidas fuesen separadas o dispersadas *"incluso hasta el otro lado del mundo"* (Waters 1996, 31); es decir, al lejano occidente o la antigua América tal como lo enuncia el *Título de Totonicapán*: *"Somos descendientes de los israelitas, nosotros la gente quiché vinimos de Babilonia, donde sale el sol"*. El texto añade que *"diez parcialidades se fueron de Asiria por orden de Salmanasar... y allí desapareció la historia de ellos"* (Carmack and Mondloch 1983, 175, 73); o sea, diez de las doce raíces se perdieron o secaron las cuales son representadas en la Estela 5 bajo el gran tocón camuflado en cabeza de cocodrilo. Por otro lado, las raíces aéreas que crecen por encima del ras de la tierra a modo de escalones se camuflan en cabeza y quijada de serpiente cuyos filamentos subterráneos semejan largos colmillos que se posan en el centro y esquina inferior de la pirámide clave.

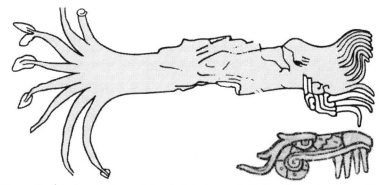

Figura 32. Árbol en horizontal; Estela 5 de Izapa; Quijada; Códice Borgia, p. 25.

¿Por qué el primer día del calendario maya fue representado con un árbol mientras el calendario azteca lo hace con la quijada del reptil? El árbol de la Estela 5 es un difrasismo, posee una doble lectura si se visualiza en horizontal (**Figura 32**). Debido al afán de imitar a la Serpiente Emplumada, su adversario el dragón se camufla en el inofensivo tronco de un árbol flotando sobre las aguas, cuyas raíces aéreas se desdoblan en sus largos falanges a modo de huesos y las raíces subterráneas se desdoblan en los nueve dientes de la quijada superior del cocodrilo que evocan las nueve partes en que los mayas dividieron el inframundo de los muertos, el cual se halla interconectado con el mundo de los vivos.

Al volver el árbol en vertical, los tres filamentos subterráneos se camuflan en colmillos de serpiente bajo las tres raíces aéreas a modo de escalones; y una segunda serie de tres escalones suman nueve partes en total (**Figura 31**). Las ramas del árbol también son nueve: ocho en la copa y la rama principal camuflada en el hombre con un fruto en su mano. Las raíces y ramas son análogas en la progresión del ser humano de lo teleste a lo celestial. Bajo un contexto

Figura 33. Raíces-Quijada; Códice Nuttall; Códice Borgia.

espiritual, el hombre natural es cegado por las tinieblas del mundo teleste y desde su abismo siente pesar por las transgresiones cometidas por su causa y es limpiado al renacer de las aguas; entonces el hombre iniciado se desprende de las fauces del cocodrilo y asciende las raíces aéreas para posicionarse como un firme tronco en un nivel terrestre.

Cuando es podado por la muerte sólo queda esperar el día en que el espíritu tome nuevamente su cuerpo, y como hombre inmortal, sea asignado según sus obras, a uno de los nueve niveles del mundo celeste, tres grados por cada gloria simbolizados por el Sol, la Luna y Venus.

### La raíz principal

La raíz principal es el primer filamento que brota de la semilla, la cual crece verticalmente hacia abajo y fija el árbol a la tierra al proveer resistencia al doblez para otras raíces laterales. En un proceso denominado ósmosis, dicha raíz primaria se injerta en la tierra para succionar el agua y los nutrientes que serán conducidos al tronco, ramas, hojas, flores y frutos; y mediante la fotosíntesis reciclará los compuestos orgánicos en oxígeno. Pese a las podas, mientras la raíz original no sea destruida, el árbol podrá renacer o "resucitar".

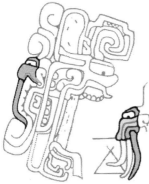

¿Cuál de las doce raíces del árbol de la Estela 5 de Izapa es la raíz principal? Por supuesto se descartan las raíces subterráneas camufladas en la quijada del cocodrilo; por lo tanto, la raíz que dio vida al resto de las raíces es una de las tres raíces aéreas camufladas en la quijada y colmillos de la serpiente que es identificada con su cabeza y ojo (**Figura 34**). Dicha raíz se ubica entre las raíces gemelas y las raíces subterráneas, y es el único filamento que sobresale por encima del ras del suelo amparado bajo el primer

**Figura 34. Raíz principal de la serpiente; Estela 5 de Izapa.**

escalón. En el logograma, el pico del colibrí se desdobla en dicha raíz camuflada a la vez en el largo colmillo de la serpiente que se inyecta en lo profundo de la tierra, respecto a la cual Isaías 14:29 se refirió, según la manera de profetizar de los judíos: *"...porque de la raíz saldrá la serpiente, y su fruto será una ardiente serpiente voladora"*; es decir, de la raíz principal entre las doce raíces surgirá la Serpiente Emplumada, de la cual crecerá el Árbol de la Vida que dará su fruto. Como órgano vital, dicha raíz asume un valor doble al repartir su linaje en ambos hemisferios; es la tercera raíz al occidente y la décima raíz al oriente; por consiguiente, el título al centro superior del logograma es "La raíz de la Serpiente", o sea, la raíz de Judá.

### Las raíces gemelas

Si la raíz de la serpiente corresponde al linaje de la tribu de Judá, ¿a cuál linaje corresponden las otras dos raíces aéreas cuyos filamentos se conectan con la pirámide clave? Sin mayor preámbulo, no hay otra tierra de pirámides de la cual procedan las raíces gemelas que el antiguo Egipto. Pero ¿por qué dos de las doce raíces proceden de Egipto, no acaso

Figura 35. Raíces gemelas y muro de doce ángulos; Estela 5 de Izapa.

son doce raíces hermanas? Excepto la raíz cuya punta se coloca en el centro de la pirámide clave, once de las raíces conectan su punta con el camino inferior que conduce a un muro de doce ángulos (Figura 35). Por medio del lenguaje de la Geometría Sagrada los antiguos iniciados plasmaron su origen proveniente de las doce tribus, como *La Piedra de Doce Ángulos* de Cuzco, Perú; asimismo, en los jeroglíficos egipcios el triángulo identificó a Egipto y los cuadrángulos identificaron una ciudad amurallada que tuvo estrechos vínculos con Egipto: la antigua Jerusalén. Por consiguiente, el muro de doce ángulos nos remite a la tierra de origen de las doce raíces del Árbol de la Vida incluida la raíz principal, pero una de las raíces que asume un valor doble por causa de su primogenitura tuvo además cuna en el antiguo Egipto: la tierra de nacimiento de Efraín y Manasés, los "gemelos" de José con sangre egipcia o gentil que fueron adoptados en las doce tribus.

### Los peces gemelos

Mostrar el linaje de los personajes es trascendental en la narrativa de la Estela 5 de Izapa, ésta insiste en comunicar el origen de las doce raíces por medio del lenguaje jeroglífico y pictográfico. Tres raíces aéreas sobresalen por encima del ras del suelo camufladas en una tríada de escalones en la zona mandibular de la serpiente al occidente que corresponde al Nuevo Mundo, mientras el resto de las raíces se alinean en la zona mandibular del cocodrilo al oriente que corresponde al Viejo Mundo. La raíz principal mimetizada en serpiente representó el linaje de la tribu de Judá y los peces gemelos asociados a las otras dos raíces aéreas, peces ampliamente ignorados en la iconografía maya, representaron los linajes de las tribus de Efraín y Manasés.

61

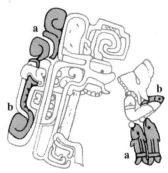

Figura 36. Peces gemelos y el tercer pez; Estela 5 de Izapa.

Al momento del tallado, tres linajes de las doce raíces habían sido injertados en América, lo cual respalda el *Título de Totonicapán*: *"llegaron a la orilla del mar… los primeros quichés… los tres grupos de parcialidades"* (Carmack and Mondloch 1983, 176); es decir, las tribus de Judá, Efraín y Manasés; la primera representada con la serpiente y las dos últimas con los peces gemelos. En el logograma, la pequeña cabeza y ojo de la serpiente al enlazarse con la figura a su derecha se convierte en la cola del pez y junto con el pez con una gran cola integran los peces gemelos (**a**). Un tercer pez aislado extiende su larga cola sobre la cabeza de la serpiente (**b**), lo cual concuerda con la pictografía, es decir, los peces gemelos más un tercer pez que acompañan al ave humanoide (**Figura 36**).

Figura 37. Cola de pez enlaza gorros; Estela 5 de Izapa.

Varios eruditos coinciden que el cetro o báculo en la mano derecha de la mujer se adorna con la cola de pescado que además hace contacto con los lomos del anciano; por lo tanto, el emblema de los peces gemelos identificó a la familia, es decir, confirma que los ocho protagonistas al pie del árbol descienden del linaje de José cuyas raíces gemelas conectan con la pirámide que simboliza a Egipto. Esto se ratifica con el joven de espalda al árbol y el niño de pie sobre la raíz camuflada en cabeza de serpiente o cola de pez según el logograma, y cuyos gorros se enlazan con la cola del pez que salta a la altura de sus cabezas (**Figura 37**). Dicho ensamble muestra que, tanto el niño como el joven, así como la mujer y el anciano pertenecen al linaje de los peces gemelos. Al respetar la métrica quiásmica se deduce que los otros cuatro personajes a la diestra del árbol, incluido el rey del maíz que en los códices mayas siempre se acompaña *"con el pez, su nahual"* (Girard 1952, 220), también pertenecen al linaje gemelo, avalando que los ancianos son los padres de los cuatro jóvenes y los dos niños bajo la ceiba de doce raíces.

Otro asunto revelador es la capucha del niño que se conecta con el extremo de la cola del pez lo cual indica que él es "la punta" o el hijo menor de la pareja; mientras el gorro del joven apunta al centro o nacimiento de la aleta caudal ubicándolo como el hijo mayor; dicho minúsculo detalle

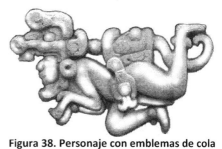

**Figura 38. Personaje con emblemas de cola de pescado y serpiente; el Mirador, Petén.**

indica los extremos en el orden de nacimiento de ambos hermanos. La escena sugiere que antes de dejar este mundo el anciano se dirige a su línea generacional inmediata con el fin de transmitir su patrimonio familiar y religioso. Sin embargo, la familia del anciano no constituyó el único grupo de los doce linajes del árbol que migró al Nuevo Mundo, lo cual acaeció según los nahuas alrededor del 600 a.C., año cercano al exilio o dispersión del reino de Judá tras su caída ante Babilonia.

Un segundo grupo de migrantes que desembarcó en la América antigua fueron los judíos cuyo *"nahual [era] la imagen de la víbora"* (A. Recinos 1957, 45); animal que identificó a la tribu de Quetzalcóatl. Estos al mezclarse con la llamada cultura madre, los nativos olmecas, perdieron en cierto grado su identidad. *"Los incas comparten con los aztecas y los mayas la creencia en una raza legendaria de hombres sabios, de piel clara, considerable altura y largas barbas que vestían túnicas hasta los tobillos de color blanco y llegaron a sus tierras en tiempos remotos"* (Iñigo F. 2021). De tal modo, el linaje de la serpiente previamente mezclado con los nativos se injerta en el linaje de los peces gemelos dando origen al pueblo de los hombres de maíz retratado con el tercer pez al occidente. En general, tres linajes de la ceiba de doce raíces preservaron la religión de Quetzalcóatl; sin embargo, el linaje gemelo de José se posicionó como el linaje dominante de la América antigua. La mujer sostiene en su mano derecha el báculo de cola de pescado y en su mano izquierda el cetro con anillos de cascabel que evoca su parentesco con el linaje serpentino; ambos emblemas se replican en el logograma titulado: "La raíz de la serpiente y las raíces de los peces gemelos", refiriéndose a la raíz de Judá y a las raíces de Efraín y Manasés. Dicho encuentro entre migrantes y nativos se aprecia en el punto de unión cuádruple de las raíces aéreas (**Figura 39**).

## Las cuatro esquinas en las raíces

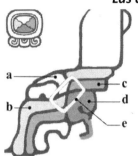

Las cuatro esquinas en las raíces aéreas (**e**) se conforman por: **a)**. La raíz de Judá; **b)**. La raíz de Efraín; **c)**. La raíz de Manasés y **d)**. El injerto con forma de 'S', o sea, los nativos olmecas de linaje gentil. Dichas raíces injertadas en la Mesoamérica de antaño a la mitad de la cuenta larga maya crecieron en un gran árbol que culminó con la visita de Quetzalcóatl a las Américas quien reunió en un

**Figura 39. Las cuatro esquinas; Estela 5 de Izapa.**

solo pueblo a los cuatro grupos. Acontecer replicado en el Oriente Medio, frontera y epicentro de tres continentes y cuatro grupos que aún permanecen distanciados: cristianos, judíos, musulmanes y gentiles, los cuales unirá Quetzalcóatl tras su segunda venida. Después de una encarnizada persecución contra los discípulos de Quetzalcóatl, el imperio de la loba se abandera con su doctrina y establece su cabecera en el Poniente Medio: Roma. Dado que los acontecimientos tienden a repetirse según la cosmovisión maya, la Estela 5 de Izapa vaticina un último gran centro de recogimiento de los discípulos de Quetzalcóatl previo a su segunda venida, otra vez dentro de un imperio poderoso tal como fue el egipcio, el maya y el romano, pero esta vez en un campo grande y espacioso al norte de América, cubriendo así cuatro árboles plantados en los cuatro rumbos de la tierra.

### *Cipactli «Quijada»*

*Cipactli*, el primer glifo del calendario azteca ha sido traducido incorrectamente como cocodrilo, ya que en náhuatl existe un término específico para dicho reptil: *acuetzpallin «cocodrilo»* o *cuetzpallin «lagarto pequeño»* (Molina 1571, 229). Mariano Veytia confirmó que Cipactli era una serpiente; y Boturini citó *"que en la mayor parte de los mapas… se ve pintado con la figura de un pez a modo de serpiente"* (Veytia 1836, 95). *Cipactli* no es serpiente, tampoco pez o cocodrilo, entonces ¿por qué se ha posicionado como cocodrilo? En códices y monolitos, la iconografía de *Cipactli* no es categóricamente un reptil, sino la *quijada* o *mandíbula* de un reptil camuflada en las raíces del árbol; la cual no hubiese sido fácil de identificar a menos que se ubicase en las fauces del reptil, animal que ganó más terreno que la quijada.

64

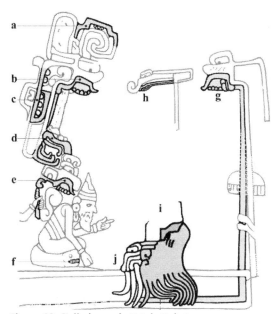

a. Quijada en la greca.
b. Quijada serpiente del norte (N).
c. Quijada con cinco frutos desdoblados en dientes.
d. Quijada conformada por las colas de las serpientes del norte y del sur.
e. Quijada serpiente del sur (S) conectada con el cetro en mano de la mujer.
f. Quijada en el cojín.
g. Quijada serpiente del oriente (E) con cuatro dientes y un colmillo.
h. Quijada serpiente del poniente (W).
i. Raíces camufladas en quijada de cocodrilo.
j. Quijada serpiente del centro (C) camuflada en las tres raíces aéreas.

**Figura 40. Quijadas en la Estela 5 de Izapa.**

La quijada, el glifo más recurrente al occidente de la Estela 5, el rumbo del Nuevo Mundo se delinea de manera independiente bajo la cabeza de cada una de las serpientes distribuidas en los cinco rumbos cardinales, generalmente caracterizada como un hueso descarnado con cinco dientes siendo el objeto que más camuflajes adopta; tal como los frutos del árbol al centro del logograma se camuflan en los dientes de una quijada. Nahuas y mayas diferenciaron la quijada superior de la inferior, pero ¿qué peligro existe en el hueso de una quijada superior sin la presión ejercida sobre una mandíbula inferior? En el sentido funcional ninguno, ya que toda mordida requiere de su opuesto para aprisionar e inyectar el veneno; además, los dientes no corresponden con los de una serpiente cuyos colmillos son puntiagudos y filosos, y en la talla son más redondeados que incisivos lo cual los sugiere inofensivos, aunado al tamaño pronunciado de la encía que igual puede corresponder a la quijada de un asno, animal que representó a la tribu de Isacar, *"símbolo de personas o grupos que llevan pesadas cargas"* (R. Vinett 2012, 20). Asimismo, una mandíbula descarnada supone la ausencia de vida; de tal modo, la quijada independiente fue un emblema genérico puramente simbólico asociado con el anciano profeta.

**Figura 41.
Quijada tras
lomos; Códice
Florentino.**

*El Título de Totonicapan* refiere que la quijada, ese hueso plano y simétrico situado en la parte inferior del cráneo con forma de *cauayocactli «herradura»*, *"llegó del oriente y se asociaba con la autoridad, sin duda fue un hueso de trofeo que tenía sentido sagrado"* (Carmack and Mondloch 1983, 241, 8). Su exponente supremo fue Quetzalcóatl, el único ser capaz de destruir a la culebra enemiga con el poder de su mandíbula. De tal modo, *"estas señales de señorío vinieron de donde sale el sol: junto con las guirnaldas y los chalchihuites, la quijada colgada"* (Carmack and Mondloch 1983, 190); la cual se refiere al concepto y no al objeto.

### El enigma de la quijada

¿Cuál es el origen del emblema de la quijada? Ello se revela en el acertijo que Sansón de la tribu de *Dan «el juez»* cuyo símbolo fue la serpiente, propuso en su fiesta de bodas a los filisteos, hoy palestinos, los enemigos del pueblo de Israel. Antes de su boda, Sansón despedaza un león que se disponía a atacarlo; después de algunos días ve en su cadáver una colmena con miel de la cual come y convida a sus padres sin decirles cómo la había obtenido. Sansón ofrece una recompensa a quien descifre el enigma dentro de los siete días del banquete nupcial: *"Del devorador salió comida, y del fuerte salió dulzura"*. ¿Quién podría imaginar que saliese miel de una bestia? El día siete Sansón confía la respuesta a su desposada quien sobornada por los filisteos pierde la apuesta, lo cual acarrea una serie de disputas que, para detenerlas, los de Judá entregan a Sansón en manos enemigas. Debido a su gran fuerza física las ataduras caen de sus manos y tomando una quijada de asno mata con ella a mil filisteos. Al concluir la batalla clama teniendo sed, y Dios abre un manantial en aquel lugar al cual Sansón llamó *Ramat-Lehi «la colina de la quijada»* en lengua hebrea.

La historia de Sansón situada cerca del 1100 a.C., cuyo sincretismo trascendió al Hércules de la mitología griega, es similar a la historia de David que vence al enemigo con una honda; pero en este caso, Sansón lo hace con una quijada, la cual fue adoptada como emblema de poder y legitimación en lugares y nombres propios; asimismo, dicho pasaje bíblico sólo entendido por iniciados fue figura de señales proféticas.

Al igual que Sansón Jesús es entregado por los suyos, pero dotado de gran poder espiritual vence la muerte por medio de su expiación; sin embargo, su pueblo lo desconoce como el mesías porque pensaron que los salvaría del yugo romano tal como antes lo había hecho del egipcio. Jesús y Sansón fueron caudillos sin éxito militar que desilusionaron a su pueblo; ellos vieron sólo el aspecto temporal y olvidaron la misión del Salvador que era salvarlos de la muerte física y espiritual; por ello, para completar su victoria requiere una Segunda Venida para derrocar a los reinos simbolizados con la bestia de donde surgirá su reino dulce como la miel sin que los ancestros sepan de dónde floreció ese pueblo a la cabeza de los montes que librará la última gran batalla donde el juez de toda la tierra vencerá a la bestia con los dientes de una quijada.

### El anciano llamado "Quijada"

Wells E. Jakeman, el académico que en los años cincuenta tomó la punta de la hebra para desenredar la madeja de hilo de Izapa y que sufrió incluso la burla de sus colegas, propuso que el glifo tras la cabeza del anciano en la Estela 5 es *"la mandíbula superior en vista lateral de*

**Figura 42. Estelas 5 y 11 de Izapa.**

*una quijada; este glifo, en esencia, es el nombre del anciano el cual es «Quijada o Mandíbula»"* (Jakeman 1958). Dicho vínculo se reafirma en las Estelas 6 y 11 de Izapa, donde el anciano emerge de las fauces del reptil como si éste representase la quijada ausente. En su *Estudio sobre la Piedra del* Sol, Alfredo Chavero rescata que *"la mandíbula inferior es el glifo de Tonacateuhtli, el primer hombre"* (Chavero A. 1886, 55). Brasseur de Bourbourg, otro arqueólogo pionero sostuvo que *"Cipactonal fue el primero que condujo una colonia al continente americano. El término se compone por Ce «uno», ipan «sobre», tlactli «el cuerpo humano» y tonacayo «nuestra carne». Cipactonal quiere decir: un hombre superior a otros o el que trae su origen del primero de nuestra raza"* (De Bourbourg 1851, 71). Lorenzo Boturini, otro cronista indigenista del siglo XVIII, *"le asentó mejor el tomar la etimología de su vocablo que dice ser síncopa de las palabras ce, ipan y tlatli, que significa: el padre superior a todos. Así Cipactli es el primer padre de toda la humana generación"* (Veytia 1836, 94-96).

**Figura 43. Anciano barbado, tocado cónico y quijada de pez; Museo de Guatemala.**

Boturini no halló razón para relacionar *Cipactli* con un padre ancestral; sin embargo, su declaración concuerda con la de Jakeman: *"Si yo hubiera de buscarle otro significado, lo sacaría de las voces cihua, mujer... haciendo consonancia al nombre que le daban a Oxomoco... la primera madre"* (Veytia 1836, 94-96). De tal modo, la pareja primigenia del *Códice Boturini* identificó a los padres del génesis americano en una posición similar a Abraham y Sara, pero en el Nuevo Mundo.

*Cipactli «Quijada»,* fue entonces el patriarca del linaje de la tribu perdida de José, cuyas derivaciones: *Cipactonal, Chipana, Cipac, Chipak, Capac, Capoc, Capach, Camach, Cipacná o Itzamná,* se hallan dispersas en todo el continente. Para los nahuas fue *Xiuhtecuhtli* y en Teotihuacan fue *Huehuetéotl «el señor viejo del fuego»* quien, al igual que el anciano de la Estela 5 se acompaña con un incensario que porta el *"ojo que todo lo ve"* definiéndolo, según el diccionario

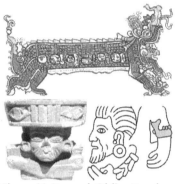

**Figura 44. Itzamná, Códice Dresde; Huehuetéotl; Brazalete de quijada.**

de Motul, como un vidente e *«intérprete»* (Motul 1577, 138); un *Chilam «el que es boca»* (González and Martín 2010); un portavoz y profeta de Quetzalcóatl, quien invita a cumplir para ese entonces con la Ley Mosaica. ¿Por qué además *Cipac «el señor Quijada»* fue asociado con su análogo *Imix «la Ceiba Sagrada»*? Eric Thompson señaló que *"Imix podría ser un difrasismo quijada-árbol"* (E. Thompson 1978), lo cual concuerda con *capoc*, que además de *«quijada»* significó *«ceiba».* Dicho binomio ceiba-quijada se retrata en las Estelas 2, 11 y 25 de Izapa y en el *Códice Dresde,* donde *Itzamná* camuflado en árbol desdobla sus raíces en mandíbulas o el hombre barbado de Lambityeco con una quijada en el brazo (**Figura 44**). Por lo tanto, la visión del Árbol de la Vida revelada al anciano profeta cuyo nombre y emblema fue la quijada o mandíbula, trascendió como el foco central de la cosmovisión prehispánica y el origen del calendario maya y la Piedra del Sol.

## La visión del Árbol de la Vida

**Figura 45. Velo o lienzo geométrico; Estela 5 de Izapa.**

Los colibríes de la Estela 5 no injertan sus picos precisamente en una flor. El colibrí a la derecha injerta su pico en la cabeza de la serpiente y el colibrí a la izquierda en su ojo, los órganos que identifican a la serpiente. De tal modo, los injertos en la cabeza, el receptáculo de la mente; y el ojo, el órgano para recibir visión y luz, son la expresión metafórica de extraer de la serpiente su pensamiento y visión hacia donde enfoca su ojo, o sea, la Ceiba Sagrada y todo lo que circunda.

¿Y quién es el beneficiario de dicha visión? El anciano profeta en cuya frente se despliega el velo o lienzo geométrico como un holograma o portal hacia otra dimensión (**Figura 45**). *Nino tzonthahuitzotinemi «dar vueltas en la cama»*, incluye la voz *huitzo «colibrí»,* asociada a *cochtlachicliztli «visión en sueños»* (Molina 1571, 56, 376). Por lo tanto, fue mediante un sueño que en calidad de mensajeros celestiales los colibríes revelan en la mente del profeta la

**Figura 46. Colibrí frente a personaje maya.**

visión del Árbol de la Vida, la cual se extrae de la mente y el ojo de la Serpiente Emplumada tal como se succiona el néctar de las flores; visión que conecta la frente de *Cipac «Quijada»* con el talón del pie del ave nahual y el resto de las figuras suspendidas en el aire que forman parte de dicha visión, no así los ocho personajes firmemente asentados en la tierra. Para los guaraníes *"es por la coronilla de la cabeza que la sabiduría penetra... de la divina coronilla excelsa, el pájaro primigenio, el colibrí... sustentaba a Ñamandu, el Primero, con productos del paraíso"* (Cadogan 1959, 7-10). El Espíritu se manifiesta en la forma de un ave paradisíaca, un colibrí o una paloma, siendo como el ángel cuyo vuelo deja un halo fugaz de divinidad para llevar la dulce miel de la revelación al vidente de Quetzalcóatl, quien se deleita en el sueño o visión del Árbol de la Vida el cual comparte con su familia.

Por regla general las tierras llevan el nombre de su descubridor, como Colón de *Columbus «Paloma»*, el descubridor de América cuyo nombre parece inaugurar una era de libertad y espiritualidad; o el Valle del Nilo descubierto por Mizraim *Egyptus* que en caldeo significa *«aquello que está prohibido»*; o Américo Vespucio, nombre acuñado por cartógrafos a América. A falta de escritura canónica en períodos de apostasía, los profetas y personajes notables fueron elevados al rango de dioses a la usanza de los egipcios; este es el caso del anciano *Cipac «el señor Quijada»*, el colonizador del Nuevo Mundo en el Preclásico a quien *"píntanlo como dios de la tierra"* (García Icazbalceta 1882, 86-87); asimismo, *imox «tierra»* en quiché juega con el binomio *imox-cipactli «dios de la tierra»* (Thompson, 1975, p. 272). Mesoamérica fue vista como una hondonada o cuenca con forma de quijada; topónimo que sobrevivió en el náhuatl *Tecamachalco*, de *tetl «piedra»* y *camach: «la quijada en la piedra»*. De tal manera, el emblema de la *quijada* trascendió, por ejemplo, en los héroes gemelos de *El Mirador*, cuyos rostros emergen de quijadas de serpiente (**Figura 38**); o entre los caballeros jaguar mexicas cuyos rostros emergen de mandíbulas de jaguar, una forma de honrar y emular a su ancestro común.

Tabla 10. **Métrica quiásmica de la quijada y la barra**

| Serpiente del norte Quijada y barra | | Serpientes del oriente Quijada y barra |
|---|---|---|
| | Serpiente del Centro Quijada (raíces) y barra | |
| Serpiente del sur Quijada y cetro | | Tabernáculo (sombrilla) y barra |

En la Estela 5 de Izapa cada una de las quijadas se conecta con la barra (**Figura 40**). La quijada del oriente (E) se conecta con la barra de la sombrilla que corre paralela al cuerpo de la serpiente en el interior del rectángulo conectándose con las raíces camufladas en quijadas de reptil. El mismo patrón ocurre con la quijada de la serpiente del sur (S) conectada con el cetro en mano de la mujer; y la quijada de la serpiente del norte (N) se conecta con la barra con forma de estaca. Por lo tanto, *ácatl «la barra»*, el glifo que simboliza la ley de Quetzalcóatl, ligado con el emblema del anciano profeta: *camach «quijada inferior»*, voz nahua idéntica al quechua *kamachiy* cuyo significado es *«Ley»* (Kinti-Moss 2005, 36), resulta en el binomio *barra-quijada* que para los entendidos en el lenguaje jeroglífico significó *la ley y los profetas*.

### El tronco del árbol

El tronco, el soporte principal de ramas, hojas y frutos cuyos anillos del tiempo en su interior evocan el formato de la Piedra del Sol, es el mediador que conecta las raíces con la copa, la tierra con el cielo, los ancestros con los hijos, la mortalidad con la inmortalidad y el pasado con el futuro del árbol. Después de la gran tala que dejó al descubierto el tocón podado, del pie al oriente retoña un nuevo y

**Figura 47. Anillos del tiempo del tronco.**

robusto tronco desdoblado en aquel que revela un antiguo texto nahua: *"Quetzalcóatl es un árbol... porque [ha] alcanzado el cielo"* (García Icazbalceta 1882, 89). ¿De dónde nació el corpulento tronco dado que las raíces al oriente estaban secas? *Netzer «retoño»* en hebreo, raíz de *nazareno*, sugiere que el nuevo tronco retoñó de la raíz de la serpiente, la única raíz viva entre las raíces del oriente, o sea, la raíz de Judá.

Asimismo, el tronco delimitado por el ángulo medio, separado de la copa y dividido por una vertical sugiere que los pueblos del oriente y del occidente se desarrollan separados cada cual por su lado en los dos hemisferios de la tierra. El árbol se acompaña con el niño erguido sobre sus pies y posado sobre las raíces aéreas, ¡qué mejor figura, la de un niño el hijo menor del anciano, para simbolizar un pie o retoño, una nueva generación en el ciclo natural del árbol!

**Figura 48. El Tronco y el ángulo medio; Estela 5 de Izapa.**

Los pies del niño nos enfocan en los "pies humanos" en la base del tronco: el primero sobre el tocón al oriente; y el segundo flexionando sobre sus "dedos" o segunda serie de escalones al occidente (**Figura 51**).

Las raíces gemelas sobre las que se posa el niño sugieren que el linaje de Efraín y Manasés se desarrolla en mayor medida al occidente; en tanto las diez tribus incluido el linaje serpentino crecen en mayor medida al oriente, la tierra de origen de Quetzalcóatl. El velo que cubre el rostro del niño sugiere que la descendencia de José permanecerá escondida del conocimiento de los del otro lado del mundo, recreando el desconocimiento del paradero de José de Egipto por los suyos, lo cual parece formar parte del plan de una mente superior. Sin embargo, los pies unidos por el talón proyectan el encuentro de ambos mundos.

### La Serpiente Emplumada

La más precisa traducción de Quetzalcóatl se expresa en Isaías 14:29: *"De la raíz de la culebra saldrá una ardiente serpiente voladora"*, ya que el quetzal con su hermoso plumaje verde tornasol

Figura 49. Quetzal "serpiente voladora".

semeja una serpiente en pleno vuelo. Los antiguos migrantes israelitas vieron en la inigualable belleza del *quetzal, «plumas preciosas»* en náhuatl, a la serpiente del cielo que Moisés levantó sobre un asta. El lenguaje de la naturaleza con el que se expresaron posicionó, sin duda, al ícono más poderoso de la América antigua, el cual fue adoptado por los imperios de la época para referir al Dios de los muchos nombres, cuyo impronunciable nombre dejó como alternativa la atrayente fusión de dos criaturas antagónicas: la *Serpiente Emplumada*.

Su transformación de ave a raíz, de raíz a serpiente y de serpiente a árbol —el ave *el cielo*, la serpiente *el inframundo* y el árbol *la tierra*— sugiere que Quetzalcóatl deja su condición divina de ave para injertar su raíz serpentina en el inframundo y crecer como un árbol en el centro de la tierra, para que todos se deleiten bajo su sombra y saboreen el fruto de su palabra. El maya *Imix*, podría ser la contracción del hebreo *Immanuel «Dios con nosotros»*; como hijo de una madre mortal y un padre inmortal, Quetzalcóatl condesciende a lo más bajo del mundo teleste, o sea, el inframundo, para unir a este con el cielo. Al ingresar en los dominios de la culebra maligna le arrebata el poder sobre la muerte y rescata a los muertos de su yugo.

Fernando de Alva Ixtlixóchitl así lo describe: *"Llegó a esta tierra un hombre a quien llamaron Quetzalcóatl… hombre bien dispuesto, de aspecto grave, blanco y barbado. Su vestuario era una túnica larga… teniéndolo por justo, santo y bueno; enseñándoles por obra y palabra el camino de la virtud y evitándoles los vicios y pecados, dando leyes y buena doctrina; y para refrenar sus deleites y deshonestidades les constituyó el ayuno. El que [fue colocado en] la cruz que llamaron Quiahutzteotlchicahualiztéotl… Árbol del sustento o de la Vida".*

*"El cual habiendo predicado las cosas referidas en todas las más de las ciudades de los ulmecas… se volvió por la misma parte de donde había venido, que fue por la de oriente… y el tiempo que se iba despidiendo de estas gentes les dijo, que… en un año que se llamaría Ce Ácatl, volvería, y entonces su doctrina sería recibida y sus hijos serían señores y poseerían la tierra, y que ellos y sus descendientes pasarían muchas calamidades y persecuciones; y otras muchas profecías que después muy a las claras se vieron. Quetzalcóatl por interpretación literal, significa "serpiente de plumas preciosas"; por sentido alegórico varón sapientísimo; y Huémac, dicen unos que le pusieron este nombre porque imprimió y estampó sobre una peña sus manos, como si fuera en cera muy blanda, en testimonio de que se cumpliría todo lo… dicho. Otros quieren decir que significa el de la mano grande o poderosa. Y después… edificaron un templo a Quetzalcóatl, a quien colocaron por Dios del aire, por haber sido causa de su destrucción el aire… que fue enviad[o] de su mano… Y según parece por las historias referidas y por los anales, sucedió lo suyo referido algunos años después de la encarnación de Cristo Señor Nuestro; y desde este tiempo acá entró la… última edad del mundo [que] se ha de acabar con fuego"* (Alva Ixtlilxóchitl 1640).

El *Popol Vuh* dice de *Gucumatz* en lengua quiché: *"era un rey prodigioso. Siete días subía al cielo y siete días caminaba para descender a Xibalbá… todos los demás señores se llenaban de espanto ante él. Esparcióse la noticia de la naturaleza prodigiosa del rey y la oyeron todos los señores de los pueblos; no se perdió su imagen en la memoria de hijos y nietos… los abuelos y padres de toda la nación quiché… no… tenían diferente dios"* (A. Recinos 1960, 149-150; 152).

Entre los chibchas de Colombia existe el mito de *Bochica*, un ser de larga barba y túnica que llegó del este para enseñar sus leyes a los indígenas, el cual recogió Lucas Fernández Piedrahita en su *Historia general de las conquistas del nuevo reino de Granada*: *"Ese tal, dicen tenía la barba muy crecida… los cabellos recogidos con una cinta como trenza puesta a la manera que los antiguos fariseos usaban las filacterias o coronas con que se rodeaban las cabezas, trayendo colocados en mitad de la frente los preceptos del Decálogo… y traía una almalafa puesta, cuyas puntas juntaba con un nudo sobre el hombro"* (Iñigo F. 2021).

Figura 50. Quetzalcóatl; Mural de Diego Rivera.

Enrique Florescano así se expresó: *"Quetzalcóatl fue un dios blanco, procedente de un país remoto cuyo mandato fue difundir la civilización y la instauración de un nuevo reino. Fray Servando Teresa de Mier revivió la leyenda del apóstol y héroe legendario…* *el dios dispensador de la civilización; el reciclador del tiempo… el calendario y la escritura"* (E. Florescano 2017).

### El golpe en el talón

Figura 51. "Pies humanos" del árbol; Estela 5 de Izapa.

Un enorme pie asesta un golpe en el talón de uno de los "pies humanos" delineados en el tronco del árbol, un pie en contacto con el talón del otro (**Figura 51**). Según la lectura glífica de la talla, el hebreo *ya'aqev «calcañar, talón»* le da nombre al árbol de doce raíces como el "Árbol de Jacob". Un golpe en el calcañar, la parte más vulnerable del cuerpo fue considerado desde tiempos antiguos una traición por parte de alguien allegado a la víctima. En el mito de Aquiles, Thetis, el gemelo que nace en segundo lugar sujeta a Aquiles por el talón para sumergirlo en las aguas estigias que corrían por el Hades. El conflicto bélico aún vigente entre judíos y musulmanes se remonta a Isaac e Ismael, los hijos de Abraham que según el Corán —el libro sagrado del islam— afirma por revelación a Mahoma que fue Ismael y no Isaac el hijo de la primogenitura, por ello la disputa por la Tierra Santa. Rivalidad que continuó con los mellizos de Isaac: Jacob el menor toma para sí la primogenitura de su hermano mayor al sujetarlo del talón desde el vientre de su madre; privilegio que Esaú menospreció por un potaje de lentejas y que desde Abraham, Isaac y Jacob continuó con José a través de Efraín y Manasés, israelitas con sangre egipcia o gentil, los únicos hermanos entre quienes no hubo disputas por la primogenitura. Jacob cruzó sus brazos que desde arriba forman la figura del pez —dos arcos que se intersectan— y puso su mano derecha sobre Efraín, el menor, y la izquierda sobre el mayor.

El *Popol Vuh* narra la enemistad entre dos parejas de hermanos retratados en la Estela 5; el hermano menor se apropia en buena lid de la primogenitura del mayor, lo que acarreó el rencor del despojado sobre quien ganó el derecho a ser el primero. Dicha rivalidad se infiere también en el concilio de los dioses, antes de la fundación del mundo; el orgulloso *Tecuciztécatl* desea ser el enviado de los dioses para ganar la gloria del sol; sin embargo, *Nanahuatzin* es escogido primero para efectuar el gran sacrificio expiatorio a favor de la humanidad:

> *"Cuando todavía no salía el sol se reunieron los dioses allá en Teotihuacán. "¿Quién asumirá la obra?, ¿quién se encargará de brillar y dar luz?" "Oh dioses, yo seré". Otra vez dijeron los dioses: "¿quién más?", nadie se atrevía a presentarse, retrocedían. "Tú serás Nanahuatzin". Los dioses se pusieron de un lado y de otro, y en medio Tecuciztécatl y Nanahuatzin en torno al fogón. "Vamos pues Tecuciztécatl, salta, échate al fuego", pero retrocedió, volvió atrás. Y Nanahuatzin se echó al fuego de una sola vez; luego se pusieron a esperar por donde iba a salir. Cuando ya hubo pasado mucho tiempo, en todas partes rodeó la aurora... y allá por el oriente fue a salir el sol"* (P. Johansson 1994, 93-123).

La culebra maligna se enojó y la guerra iniciada en los cielos siguió en la tierra al asestar su golpe mortal en el talón de Quetzalcóatl por medio del gran pie de la bestia-jaguar que representó la generación más sanguinaria del cuerpo de la humanidad, logrando que el Árbol de la Vida fuese talado sin alcanzar a producir el fruto esperado.

### La poda

La Estela 5 de Izapa no es sólo una evidencia arqueológica, sino una parábola a la posteridad: *"Vivía en Canadá donde había comprado una granja un tanto deteriorada. Una mañana salí y vi el grosellero que por poco estaba llegando a ser material para leña. No había ningún retoño ni grosellas. Había sido criado en una granja frutal y sabía lo que tenía que sucederle a ese grosellero, de manera que tomé unas tijeras podadoras, fui hasta el arbusto y lo corté, lo podé y volví a cortarlo hasta que no quedó nada, excepto un montón de tocones. Cuando terminé, me pareció ver en cada uno de esos tocones algo que parecía una lágrima, y pensé que el grosellero estaba llorando. Un tanto ingenuo, lo miré, sonreí y dije: ¿Por qué estás llorando?"*

*"Pensé oír al grosellero responder: ¿Cómo pudiste hacerme esto? Estaba creciendo maravillosamente, casi tan alto como el árbol de sombra dentro de la cerca, y ahora me has talado. Toda planta del huerto me mirará con desprecio. Creí que tú eras el jardinero aquí. Estaba tan convencido de haberlo oído que le respondí: Mira, pequeño grosellero, yo soy el jardinero aquí y sé lo que quiero que seas. No quería que fueras un árbol silvestre o de sombra; quiero que seas un grosellero, y algún día, cuando estés cargado de fruto, me dirás: Gracias señor jardinero, por quererme lo suficiente para talarme".*

*"Pasaron los años y me encontré en Inglaterra; era comandante de una unidad de caballería en el ejército británico y me sentía orgulloso de mi puesto. Luego se presentó la oportunidad para ser general. Había pasado todos los exámenes y además tenía antigüedad. Con la muerte de un general, pensé que esa oportunidad se había hecho realidad cuando recibí un telegrama desde Londres: 'Preséntese en mi oficina a las diez de la mañana', firmado: general Turner. Salí rumbo a Londres. Entré con gallardía en la oficina del general y me dijo: Siéntese, Brown, y añadió: Lamento no poder hacer el nombramiento; usted lo merece y ha pasado todos los exámenes; tiene antigüedad y ha sido un buen oficial, pero no me es posible hacer el nombramiento; regresará a Canadá como oficial de entrenamiento. Aquello por lo que había estado esperando durante diez años quedó repentinamente fuera de mi alcance. Él dijo: Es todo, Brown. Lo saludé no con tanta gallardía, y salí. Abordé el tren con amargura en el alma. El rechinido de las ruedas parecía decir: Eres un fracasado".*

*"Cuando volví a mi tienda tiré la capa y el cinto sobre el catre. Elevé los puños hacia el cielo y dije: ¿Cómo pudiste hacerme esto? He hecho todo lo que estaba de mi parte para prepararme; no hay nada que podría haber hecho, que no hubiera hecho. Luego oí una voz, y reconocí su tono. Era mi propia voz diciendo: Yo soy el jardinero aquí, y sé lo que quiero que seas. La amargura abandonó mi alma y caí de rodillas. Me puse de pie convertido en un hombre humilde. Ahora, cincuenta años más tarde, miro hacia arriba y digo: Gracias Señor por talarme, por quererme lo suficiente como para herirme. No era prudente que yo llegara a ser general en ese tiempo, hice más de lo que habría hecho si el jardinero me hubiese dejado ir en la dirección que yo quería"* (Brown 1973, 14).

### La cruz prehispánica

**Figura 52. Chakana.**

La cruz señaló los cuatro rumbos cardinales cuyo centro, el quinto punto cardinal es el mismo Árbol de la Vida. La Piedra del Sol forma una cruz con las cuatro eras o soles a semejanza de la *chakana*, la cruz andina de cuatro escaleras cuyo centro es el sol; o la cruz de Albarradas, Oaxaca, labrada con grecas.

El conquistador Hernández de Córdoba, dijo con asombro *"cómo los autóctonos tenían cruces pintadas clavadas en el suelo"*, para ellos *"la cruz sustituy[ó] al árbol"* (Somohano 2015, 53). Así se observa en el tablero de la cruz de Palenque cuyo centro es un árbol con forma de cruz; de igual modo, la lápida de la tumba del rey Pakal retrata el *"árbol que brilla"* según el glifo *Lem*, con forma de cruz y cabezas serpentinas en ambos brazos. En la base un rostro senil con una gran quijada —emblema de *Cipac*, su ancestro común— se asume como las raíces del árbol. La escena sugiere el ascenso de Pakal del mundo teleste a la gloria celeste, o sea, su paso de la muerte a la resurrección, cuyos brazos y manos con formas angulares revelan significados sacros sólo entendidos por iniciados.

**Figura 53. Lápida tumba de Pakal; Palenque, Chis.**

En la Estela 5 de Izapa, el golpe del gran pie de la bestia-jaguar en el "talón del pie del árbol" se traduce en la crucifixión de Quetzalcóatl; pie que además parece aplastar al niño de rodillas identificado en la Matriz Tzolkin con el número doce que representa genéricamente a la Casa de Jacob (**Tabla 31**). El golpe provoca que el Árbol de la Vida camuflado en el hombre con su brazo extendido al oriente, sea talado de sus ramas quedando únicamente su grueso y desnudo tronco, el cual no se eleva más allá de su media sin alcanzar a producir el fruto esperado; sin embargo, este se yergue incólume, firme, con la dignidad de quien sabe que sólo es cuestión de esperar para desplegar sus ramas por segunda vez. La poda que aparentemente lo destruiría, sólo retardaría la abundancia de un mejor fruto para la estación final.

De acuerdo con la Geometría Sagrada de la Estela 5 de Izapa, al prolongar los ángulos de las siete pirámides y las rectas de los siete frutos con las 'U' o herraduras, los peces, la barca, el ojo con delineado egipcio, el jaguar, el cráneo, el niño en hombros y el glifo ceguedad y sordera, resultan diversas figuras geométricas. Entre ellas, una cruz sitúa a Quetzalcóatl en su centro, su brazo extendido con una atadura en su muñeca y dos heridas en su pecho corren como *itz «sangre de árbol»* en maya. Por otro lado, el brazo del humanoide adopta la función de un mazo que golpea un clavo; *tetzotzona «martillar»* comparte la raíz náhuatl *otzo* con *ocotzo «pez»* (Molina 1571, 250, 296). Asimismo, el niño postrado de rodillas al pie del árbol esboza con su cuerpo una cruz esvástica, el código para descifrar dicha escena.

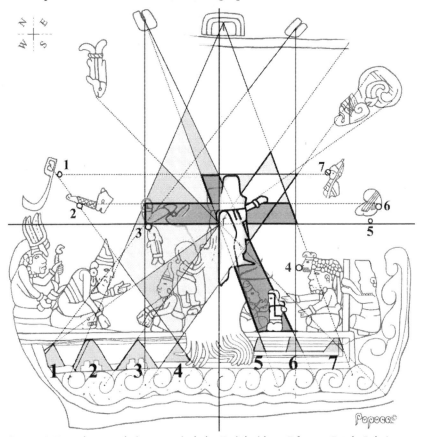

Figura 54. Trazado geométrico a partir de las 7 pirámides y 7 frutos; Estela 5 de Izapa.

En los *Anales de Cuauhtitlán "decían los viejos que... cuando murió Quetzalcóatl... cuatro días no apareció, porque entonces fue a morar al Mictlán entre los muertos"* (Velázquez 1992, 11). La tala del tronco ocasionó un beneficio imperceptible en el mundo subterráneo: la savia que debería fluir hacia las extintas ramas fluye ahora como un torrente sanguíneo hacia las raíces logrando que reverdezcan, siendo la raíz principal la primera en "resucitar". *Izcalli «resurrección»,* es el decimoctavo mes del calendario nahua que evoca dicho acontecimiento con la llegada de la primavera. Al injertarse en el inframundo, la raíz camuflada en serpiente arrebata el dominio de la muerte a la culebra maligna y al resucitar asciende como un ave al cielo para visitar a sus otras ovejas en el Nuevo Mundo, hallando allí mayor consuelo a sus heridas que las endurecidas raíces de sus propios hermanos en el oriente. Después de manifestarse en los dos hemisferios durante algún tiempo, Quetzalcóatl *"habiendo llegado a la orilla celeste... se paró, lloró... luego que se atavió, él mismo se prendió fuego... se dice que cuando ardió... se encumbraron sus cenizas, y que aparecieron a verlas, todas las aves preciosas que se remontan y visitan el cielo... Según sabían, fue al cielo y entró en el cielo"* (Velázquez 1992, 11).

### Las trece sefirot del Árbol de la Vida

¿Cuerpo o cabeza? Algunos afirman que el tronco del árbol delinea el rostro perfilado de un hombre; otros defienden que perfila el cuerpo de un personaje con su brazo izquierdo extendido (**Figura 55**). Debido a ello, el tronco del árbol ha sido motivo de las más grandes controversias porque no se ha comprendido que la Estela 5 contiene lecturas duales, es decir, difrasismos, y su núcleo tiene la doble

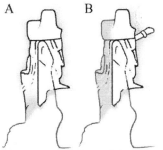

**Figura 55. Difrasismo del tronco; Estela 5 de Izapa.**

función de representar simultáneamente la cabeza y el cuerpo de aquel que según el historiador Enrique Florescano *"se convirtió en uno de los árboles que sostenían la bóveda terrestre"*, o sea, Quetzalcóatl (E. Florescano 2016). La óptica dual permite que algunos vean la cabeza y otros el cuerpo, figuras no hiperrealistas que cuando el cerebro las capta, se puede migrar de una a otra con mayor facilidad.

Del mismo modo que el centro del Calendario Azteca es el sol con rostro humano, el tronco de la Estela 5 perfila el rostro de un hombre barbado el cual, como el zoom de una cámara fotográfica, se desdobla además en un personaje de pie con el brazo extendido y cuya cabeza cubre con un velo que cae hasta sus hombros. Las dos percepciones son deliberadas y lógicas, y ninguna compite con la otra; si no fuese así, dejaría de cumplirse el quiasmo y el trazado piramidal, o sea, el brazo extendido con su contraparte el hombre con su brazo en escuadra; asimismo, al eliminar el brazo extendido y visualizar el tronco como cabeza, los trazos piramidales concurren en el ojo y oído del personaje central. El ángulo del compás sobre la pirámide clave proyecta un rombo de cuatro esquinas con doce ángulos cuyas intersecciones señalan con exactitud trece diversas partes del cuerpo o cabeza de Quetzalcóatl, según se mire; algunos sugieren que se trata de las trece articulaciones del cuerpo, es decir, el cuello, los hombros, los codos, las muñecas, las caderas, las rodillas y los tobillos; sin embargo, la Geometría Sagrada del Árbol de la Vida revela trece centros de energía clave del cuerpo humano considerado un templo de Dios, e identificados con un pequeño círculo llamado *sefirot* por los judíos, *mandala* por los budistas o *chakra* por los hinduistas.

### La cabeza de Quetzalcóatl

La cabeza de Quetzalcóatl, el centro de gobierno del cuerpo humano se perfila hacia el oriente coronada con el *xiuhuitzolli*, la mitra utilizada por los reyes aztecas cuyo frente es más alto que la parte posterior. Dos diagonales irregulares desembocan a la altura del ojo y corren por su sien como si fuesen heridas, mientras al centro se delinea su oreja y detrás su cabello. Su recta nariz permite entrever más abajo la zona de la barbilla adornada con una puntiaguda barba incipiente; fisonomía que concuerda con los dos personajes principales al pie del árbol quienes también son barbados: el anciano de larga barba y el joven rey con barba rala. Según el mito del *Popol Vuh* al ser decapitado el dios *Hun-Hunahpú*, su cabeza fue puesta en un *"árbol que jamás había fructificado [y] se cubrió de frutas; pero no se distinguía [su] cabeza"* (A. Recinos 1960, 57). Aunque no parece distinguirse la cabeza de Quetzalcóatl, el rombo de cuatro esquinas sobre la pirámide clave identifica los primeros seis sefirot o centros de energía:

**1. *La cabeza*.** *Pol*, en maya; el centro de gobierno del cuerpo y los cinco sentidos; incluye el *cabello,* así como la *coronilla "el sitio por el que entra y sale la vida"* (Waters 1996, 240); asimismo, la *frente*, el espacio entre las cejas donde la *mente* germina el pensamiento que precede a la acción. En náhuatl, el cerebro es *Cuatextli*, de *cóatl «gemelo»* y *textli «blanco»*, cuya morfología semeja un frondoso árbol que une ambos hemisferios por miles de ramificaciones nerviosas. El gemelo izquierdo controla la parte derecha del cuerpo y responde a la lógica y la razón; el gemelo derecho controla la parte izquierda y responde a las emociones, las funciones cognitivas y anímicas, así como el instinto, el sueño, el hambre y los movimientos funcionales del cuerpo. En la doctrina hinduista la

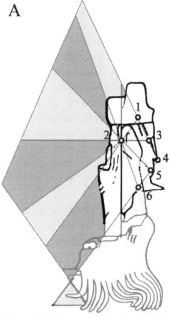

Figura 56. Cabeza de Quetzalcóatl; Estela 5 de Izapa.

cabeza es el primer *chakra* o centro de energía denominado *"la corona"*, que evoca la mitra o tocado de Quetzalcóatl (**Figura 56**). Quien se gobierna a sí mismo mediante la ley de Dios y la revelación que proviene del Espíritu lo gobierna todo y es digno de portar la corona de un rey.

**2. *El oído*.** *Xikin*, en maya. Además de receptor y decodificador del sonido, el oído proporciona el sentido del equilibrio del cuerpo, el cual permite mantener su postura recta y caminar sin caerse; su ausencia provocaría desorientación, mareos o falta de conciencia espacial. Todo trazo geométrico confluye en el hélix de la oreja, el órgano capaz de escuchar la voz del Espíritu y que representa los cinco sentidos, porque la fe comienza por escuchar.

**3. *El ojo*.** *Ich*, en maya, además significa *«rostro o cara»*. La luz del cuerpo es el ojo que representa el conocimiento por medio del cual se materializan las imágenes que comprenden aún las cosas invisibles. La mente, el oído y el ojo son la tríada gobernante del cuerpo humano que conforman un triángulo equilátero, donde la coronilla es su ápice.

**4. La nariz.** *Nih*, olfato en maya, asociado al sistema respiratorio y a *Ik «aire o aliento»*, es el sentido encargado de recibir oxígeno, detectar y procesar los olores, lo cual se observa en la Estela 5 durante el rito de la quema del incienso, cuyo aroma el copal, la madera del árbol utilizada para esta ceremonia llega a la nariz del sacerdote.

**5. La boca.** *Chi*, en maya. El sentido del gusto refiere a la cavidad responsable de engullir el alimento, aún el fruto del Árbol de la Vida. En la Piedra del Sol, Quetzalcóatl dibuja su boca con veinte dientes, además, el pedernal camuflado en su lengua sugiere el habla, la palabra y la Ley de Dios, un arma de doble filo que puede traspasar el corazón. Lo que entra y sale por la boca también es una forma dual y antagónica de caminar por la senda de la rectitud o alejarse de ella.

**6. El cuello.** *Cal* en maya. El eslabón que une la cabeza con el cuerpo incluye la garganta cuyas cuerdas *"vocales producen sonidos diversos en forma de habla y canto"* (Waters 1996, 26). En la Estela 5, los personajes adornan sus cuellos con cascabeles que evocan al ser que sostiene sus cabezas. Entre los iniciados decapitar la cabeza o cortar la garganta era a semejanza de violar un juramento o convenio sagrado, lo cual equivalía a ser separado de quien le es por cabeza.

### El cuerpo de Quetzalcóatl

Quetzalcóatl se perfila suspendido en el aire sin que sus pies toquen tierra; su brazo izquierdo parece extender una invitación a toda persona, pueblo y nación. Su muñeca, *u kal moch' «garganta de la mano»* en maya, se adorna con una pulsera o atadura. Un velo o cofia que oculta su rostro cae desde su coronilla hasta sus hombros; dicho pedazo de tela común en la indumentaria del Medio Oriente es análogo al velo que cubre el rostro del niño. Una túnica o manto de una sola pieza sostiene su hombro derecho a la vez que un par de pliegues a la altura de su pecho ubican más abajo su cinto o faja. Para los nahuas *"el axis del universo era el cuerpo del rey, es decir, el cuerpo del soberano equivalía simbólicamente al árbol"* (López Austin 1996, 482). En maya *Kukutil «cuerpo»* deriva de *cucut «tronco de árbol»*. Para los hopis del cuerpo de su jefe de tribu *"surge el abeto en que se transformó al morir"* (Waters 1996, 67). La Geometría Sagrada precisa que el rombo de cuatro esquinas incluya la horizontal que enlaza dos de los frutos cuyas intersecciones señalan los restantes siete sefirot:

**7. Los hombros.** *Kelembal* en maya, cuyo equivalente es el oído. Sugiere sobrellevar las cargas propias y las del prójimo, tal como en la Estela 5 un personaje lleva un niño en sus hombros. En el hombro derecho descansa el manto del rey; *"el lado derecho del cuerpo a menudo significaba 'puro, poderoso o superior', y la izquierda simbolizaba 'más débil o subordinado'"* (Palka 2002).

**8. La espalda.** *Pach* en maya. El eje del cuerpo con 33 vértebras, un número maestro; *"la espina dorsal, la columna vertebral que controla el equilibrio"* (Waters 1996, 25). Quetzalcóatl alinea su espalda a la recta que divide el tronco en dos partes evocando actitudes opuestas, como los personajes de espalda al árbol.

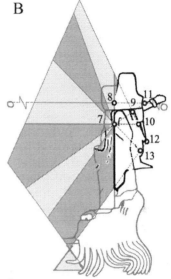

Figura 57. Cuerpo de Quetzalcóatl; Estela 5 de Izapa.

**9. El pecho.** *Tzem* en maya, del cual emana el sustento y alberga el corazón donde se manifiesta el Espíritu y los sentimientos. La mente y el corazón son los dos centros de gobierno de orden celeste.

**10. El ombligo.** *Tuch* en maya. El llamado chakra del plexo solar después de la cabeza y el corazón; la evidencia externa de las entrañas y órganos internos del cuerpo, el conducto de nutrición asociado con la salud, el origen de la vida y el alimento del cuerpo.

**11. Los brazos y manos.** *Kab* en maya. El codo es la coyuntura del brazo que con la mano indica *zaap «la brazada»*, una medida de longitud entre otras, ya que el hombre fue la medida de todas las cosas. Brazos y manos indican cielo cuya base terrenal son los pies.

**12. Los órganos sexuales.** A la altura de los lomos, en la esquina este del rombo se infiere el llamado chacka raíz o chacka sacro; dicha "raíz sagrada" comparte con el Árbol de la Vida el poder de crear vida que, según la ley de Dios, debe reservarse sólo para el matrimonio entre un hombre y una mujer. Los genitales y el ombligo son centros de energía de orden terrestre que deben ser gobernados por la mente y el corazón. En la Piedra del Sol la nariz de Tonatiuh es su equivalente.

**13. *Las piernas y pies*.** *Ok* en maya. El sostén del cuerpo que transita en el recto y angosto camino de la serpiente o en el ancho y espacioso camino que conduce a la perdición. Cuando la rodilla, *u pol piix «cabeza de la pierna»*, se dobla y forma un ángulo recto, indica humildad y sujeción ante quien lo gobierna todo. *Chol, Cuy, It ok, «talón del pie»*, conlleva significados religiosos (Hofling 2012, 576).

### *La rama principal*

El ángulo del compás sobre la pirámide clave resguarda a tres personajes del linaje de los peces gemelos: el joven de espalda al árbol cegado por el humo, el niño de pie con el velo que cubre su rostro y el hombre camuflado en la rama principal del árbol; dicha secuencia sugiere tres fases del linaje de la primogenitura el cual transitará de un estado de rebeldía a la condición vulnerable de un niño hasta que finalmente llegue a la etapa en que producirá el fruto del árbol. Contrario al joven y el niño cuyos gorros se conectan con la

Figura 58. Angulo de compás y ángulo recto; Estela 5 de Izapa.

cola del pez, el hombre-rama provee del fruto a los peces que comen de su mano, lo cual significa que en los últimos días los linajes de Efraín y Manasés de los cuales desciende el indígena americano dejarán de ser cola para tomar su posición como cabeza llegando a ser gobernantes y líderes entre las naciones, tal como su ancestro José llegó a gobernar Egipto. No obstante, el golpe infringido por la bestia en "el talón del pie del árbol" se replica en el talón del pie al occidente cuyos "dedos" se camuflan en la raíz de Efraín de la que nace el hombre-rama, lo que sugiere que dicho efrainita será herido en su pierna y talado por el poder político y apóstata de la época, así como sucedió con su antecesor. Pero, contrario a lo esperado, las podas e injertos en vez de debilitar han fortalecido al árbol cuyas ramas cargadas con fruto se despliegan en los límites del ángulo recto delineado por la barra de la sombrilla.

Tabla 11. **Paralelismo entre la rama principal y el tronco**

| El *hombre-rama* al occidente | El *hombre-tronco* al oriente |
|---|---|
| Nace del segundo "pie del árbol", de la raíz gemela sobre el injerto e inaugura la dispensación de los últimos días. | Nace del primer "pie del árbol", de la raíz principal de la serpiente e inaugura la dispensación a la mitad de los tiempos. |

## *La copa del árbol*

Tras la poda de la rama principal, o sea, la muerte del hombre-rama, el tronco crece sin división y sus ocho ramas se encuentran listas para producir fruto en las ocho direcciones de la tierra: cuatro ramas al occidente con 20 frutos y cuatro ramas al oriente, tres de ellas con 13 frutos, suman en total 33 frutos, el número maestro del

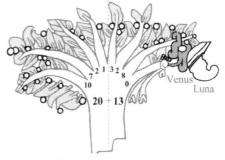

Figura 59. Árbol con 33 frutos; Estela 5 de Izapa.

grado más alto en las logias masónicas que evoca la plenitud de la estatura del Maestro. Siete ramas con fruto y una sin fruto retratan los ocho clanes surgidos de los ocho integrantes de la familia del anciano que migraron al Nuevo Mundo. Los injertos atados con vendas que penden de la rama sin fruto envuelta por la culebra que configura la cabeza del perro, representa a los gentiles adoptados en el linaje del Árbol de la Vida. El poblamiento de América se sugiere por el viento que dispersa las hojas y frutos de la rama al occidente. Así *"comenzó todo hace muchos años en el centro de este vasto continente. Todos los clanes [terminaron] sus migraciones y se [instalaron] en pueblos permanentes"* (Waters 1996, 127). Hoy en día los nativos aún se organizan en siete etnias más una, ocho en total; un símil de las doce tribus israelitas más una, trece en total, al adoptar a los hijos de José. Los yaquis están organizados en ocho pueblos. *Crónica Mexicana* relata que cuando los nahuas salieron de Aztlan *"eran de siete barrios"*, las llamadas siete tribus nahuatlacas. (Alvarado Tezozómoc 1598, 20). Oaxaca se divide en siete regiones más una, ocho en total. Durante la fiesta de la *Guelaguetza «dar, compartir»* en zapoteco, se celebra en lo alto del cerro la *Gran Fiesta de los Señores*, nombre de la veintena que corresponde al mes de julio. Dicha celebración originada desde tiempos prehispánicos en honor a *Centéotl «el señor del maíz»*, recuerda que para recibir los favores del cielo primero se requiere dar. El Códice Boturini registra ocho clanes de los cuales se separaron cuatro; la dinastía colhua nombra a algunos de sus reyes *Nauhyotzin «el que posee cuatro»*. Ocho personajes parecen salir de la cueva primigenia en el *Lienzo de Jucutacato* y en la cerámica de Nazca ocho rostros humanos se dibujan sobre un gran pez u orca que sugiere su migración por mar. Alva Ixtlilxóchitl escribió que los primeros olmecas *"según por sus historias, vinieron en navíos o barcas de oriente"* (Alva Ixtlilxóchitl 1640, 12); eran *"siete navíos o galeras en que vinieron los primeros pobladores de esta tierra"*, aclara Fray Bernardino de Sahagún (López-Austin 1993, 51).

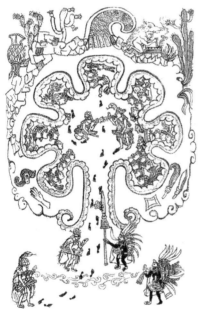

Figura 60. Árbol de las 7 cuevas; Códice Chicomostoc, fol. 29.

El *Códice Chicomostoc* retrata el origen tolteca-chichimeca con la serpiente que configura el árbol de las *siete cuevas*, *Púpsövi* en lengua hopi, cuya cola se desdobla en *Culhuacán «el cerro torcido»* acompañado con el lobo. Al pie se ubican las parejas "gemelas", los cuatro hijos de *Cipac «Quijada»*, líderes de los siete clanes primigenios que arribaron al Nuevo Mundo durante la caída olmeca y se separaron en dos grupos: cuatro clanes permanecieron al sureste con la pareja de hermanos esbozados con piel obscura y tres fueron al noroeste con la pareja de hermanos con tocado de grano de maíz-serpiente, cuyos símbolos nodales fueron la mano derecha y el oído

(**Figura 60**). *"El monte Hakavitz Chipak... fue el centro de reunión de las tres parcialidades de quichés"* (A. Recinos 1957, 39). El clan de la serpiente, o sea los judíos, que también arribaron al Nuevo Mundo y se mezclaron con los nativos, posteriormente se injerta con los hombres de maíz y completan otros cuatro clanes (**Figura 220**).

### Los nahuales humanoides

Una faja ceñida a la cintura forma parte de la indumentaria de casi todos los personajes de la Estela 5 de Izapa; *"la faja ocupa la parte media del cuerpo, cerca del ombligo; en términos simbólicos la faja... simula una serpiente"* (Báez Cubero 2021). El cinto transmite la idea de ceñirse a la ley de la rectitud de la Serpiente Emplumada, lo cual concuerda con el cinto del rey conectado a la barra. El cinto del anciano bastante ancho hace contacto con el cetro serpentino en mano de la mujer. Por otro lado, el delantal y la faja que rodea los lomos del nahual al oriente forman una gran serpiente, lo que se aprecia en todo su esplendor en la piedra original.

Del mismo modo que se obtuvo información al prolongar los ángulos piramidales, al prolongar los cintos de los humanoides que flanquean el árbol se obtiene una elíptica imaginaria que semeja una gran serpiente que rodea el árbol. De acuerdo con la mitología maya, la Vía Láctea fue concebida como una gran serpiente que gira alrededor del *axis mundi*: el Árbol de la Vida, epifanía de *Kolop*, la estrella gobernante cuya última medida del tiempo

**Figura 61. Elíptica que circunda el árbol; Estela 5 de Izapa.**

rige las órbitas que pertenecen al mismo orden que el sol. Los egipcios llamaron *Apofis* a dicha serpiente, la cual interrumpía el recorrido nocturno de la barca piloteada por *Ra*, el dios sol, para evitar que consiguiera alcanzar el nuevo día y así destruir el orden cósmico (Jacq 1998, 156). La serpiente nunca era aniquilada, sólo sometida, de otro modo los ciclos del tiempo no podrían llevarse a cabo. De tal modo, los nahuales que flanquean el árbol representan dos estados en el tiempo, uno de luz, el otro de oscuridad; una bestia humanoide de orden *teleste* y un ave humanoide de orden *terrestre*, ambos girando alrededor del árbol de orden *celeste*.

Dado que los humanoides flanqueando el árbol se hallan suspendidos en el aire, contrario a los ocho personajes firmemente asentados en la tierra, algunos autores asumen que son espíritus, querubines o deidades; sin embargo, tales imágenes de grandes dimensiones están subordinadas al árbol y no al revés, es decir, el árbol no rinde culto a esas supuestas divinidades, tampoco los personajes al pie del árbol; en dado caso, son todos quienes rinden culto al árbol. Como paralelos quiásmicos los personajes principales, uno el sacerdote y el otro el rey, uno el padre y el otro el hijo, extienden sus brazos en señal de autoridad del mismo modo que el hombre-tronco, formando el triángulo dominante de la talla.

Un detalle ampliamente ignorado es la vírgula de la palabra en la boca del rey la cual se conecta con el talón del humanoide, lo que claramente indica que dicha imagen es el motivo de su narración y no de su adoración (**Figura 61**). Asimismo, la imagen del humanoide al occidente se conecta con la frente del anciano, el espacio donde se germina el pensamiento abstracto; de tal modo, el rey y el anciano comparten un común: uno narra lo que ocupa el pensamiento del otro; siendo el árbol y lo que le circunda, el tema de lo que Garth Norman denominó una *"supernarrativa"* (G. Norman 1976). Por lo tanto, los nahuales humanoides fungen como figuras literarias de la narrativa de los personajes principales cuyo tema es el sueño o visión del Árbol de la Vida proyectado por la serpiente en la mente del anciano (**Figura 45**).

El objetivo no fue presentar humanoides de grandes dimensiones que emitieran un mensaje único, sino más bien presentar diversos símbolos nodales: cabeza, brazos, pies, posición, vestimenta, etc., que al desmembrarse ofreciesen una narrativa. Dichos híbridos hombre-animal se remontan al arte egipcio, como Sobek con cabeza de lagarto, Anubis con cabeza de chacal o Ra con cabeza de halcón; su posición erguida con apariencia humana *"producían seres sobrenaturales de aspecto perturbador"* (Drew 2002, 138). Tal sincretismo trascendió en la literatura hebrea, por ejemplo, en las visiones de Daniel y Juan quienes describen a dichos nahuales como bestias. Izapa retomaría dicho modelo con el fin de transmitir verdades ocultas en el lenguaje de la naturaleza. Hacia el Posclásico, por desconocimiento, superstición e idolatría, aunado a la desaparición de los iniciados, dichos nahuales perdieron su significado original.

# Capítulo II. Glifo día 2
## Ik "el Espíritu"
## Ehécatl "el Viento"

**Regente**: *Ehécatl "el dios del viento"*

*"Y tras el viento, un fuego; y tras el fuego,*
*una voz apacible y delicada".*
*El Tanaj; 1 Reyes 19:11-12*

*E*hécatl para los aztecas e *Ik* para los mayas es el glifo dos de la Matriz Tzolkin traducido en ambas lenguas como *«aire o viento»*; en zapoteco es *Quij Laa «fuego»,* elementos atmosféricos opuestos a la tierra y el agua. En la Estela 5 de Izapa el viento sopla como ráfagas o lenguas serpentinas de fuego y acaricia el rostro del personaje mimetizado en la rama principal del Árbol de la Vida **(Figura 62)**. Sin embargo, su significado sagrado

**Figura 62. Viento;**
**Estela 5 de Izapa.**

precedió sobre su concepto literal y para descubrirlo se debe cuestionar ¿qué concepto religioso fue comparado con el viento? Fray Alonso de Molina revela la respuesta en su diccionario del idioma náhuatl: *Ehécatl «Espíritu, soplo»* (Molina 1571, 167). De tal modo, el significado sagrado del viento fue "el Espíritu", el cual los iniciados compararon con el aire seguramente por su condición etérea e invisible, mientras los *no* iniciados persistieron en su obvio significado natural.

El maya *Ik* significó: *«espíritu, respirar, aliento, vida»* (Pío Pérez 1866, 156); y el hebreo *ruah* tiene dos significados: *«espíritu, aire».* Basta tapar la nariz para saber lo esencial que es el aire para la supervivencia del cuerpo cuya ausencia significó la muerte; del mismo modo el espíritu, el soplo de vida, es la parte dual, invisible, refinada y pura llamada por los nahuas la *"materia sutil de los dioses"* que da vida a todo ser (López-Austin 1993, 23). En guaraní *"ñe'eng, es el espíritu que envían los dioses para que se encarne en la criatura próxima a nacer"* (Cadogan 1959, 25); principio que armoniza con la tribu amazónica de los yaminahuas quienes *"insisten en la existencia de esencias animadas o espíritus comunes a todas las formas de vida"* (Narby 1997, 68).

Los antiguos diferenciaron el espíritu de todo ser viviente de los malos espíritus y del Dios manifestado en el Espíritu, es decir, el Santo Espíritu o Espíritu de Dios, el tercer miembro de la Tríada Divina que, a diferencia del Padre y el Hijo no posee un cuerpo de carne y huesos, sino es un personaje de espíritu; de otro modo, no podría morar en el hombre. La incapacidad del hombre de entablar comunicación con el Espíritu de Dios significó la muerte espiritual. Un autor así lo expone: *"la religión mesoamericana no era un conjunto de pautas... de conducta, dogmas, o la proyección de la importancia personal; sino que era una serie de prácticas que tenían como objetivo mantener al hombre en contacto con el Espíritu"* (Sánchez 1996, 14).

### El ave y el viento

Figura 63. Las aves y el viento; Estela 5 de Izapa.

¿Cuál de los cuatro elementos fue el más apropiado para simbolizar el Espíritu? ¿y si fuese asociado con un animal, lo sería con una bestia, un pez o un ave? Para los guaraníes el Espíritu asume *"la forma de aves [que] se trasladan por el espacio"* (Cadogan 1959, 17). Dos colibríes se posan sobre la cabeza del ave nahual en la Estela 5 mientras ráfagas de aire parecen desprender cuatro de las hojas y cuatro de los frutos del Árbol de la Vida; considerando que, si las raíces presumen ser los ancestros, las hojas y frutos serían los descendientes de los doce linajes dispersos por los cuatro vientos de la tierra influidos por el Espíritu (**Figura 63**). En murales y códices prehispánicos los personajes adornan sus cuerpos con plumas de aves, una forma de mostrar que se han investido con los atributos del Espíritu. Para los nahuas, la *"serpiente cubierta con plumas verdes [representó] la unión del espíritu y la materia"* (Días Porta 1992, 172). Las plumas de quetzal que adornaron el penacho de Moctezuma equivalen al glifo egipcio *MAAT*, la pluma de avestruz que significó la revelación que procede del firmamento celeste, *"la verdad en lugar de la mentira"* (Jacq 1998, 151); ya que una de las funciones del Espíritu es dar testimonio de la verdad. Asimismo, en la mitología huichol, los pájaros diurnos *"particularmente los que vuelan alto, supuestamente son capaces de ver y oír todo"* (Williams and Weigand 1995, 100).

En la zona maya de Ek Balam se hallan estatuas de hombres alados ubicados en la parte superior del templo. *"La acción de alzar el vuelo se aplica al espíritu en su aspiración a un estado superior. Las alas expresan el carácter celeste o elevación de los personajes por encima del plano natural de la existencia; un impulso hacia la trascendencia de la condición humana, la cual constituye también el sentido de las iniciaciones"* (Uriarte and Staines 2004, 211). "Los voladores de Papantla" o "La danza de la escalera hopi" transmiten el mismo significado ritual.

Figura 64. Hombre alado; Ek Balam.

### El caracol en el oído

Un caracol, representante natural de la espiral, es sostenido por la garra del ave humanoide en la Estela 5, el cual simula ser una serpiente enroscada a la altura del oído que se conecta con el ojo del ave a semejanza de las serpientes del templo de Quetzalcóatl en Teotihuacán. El *caracol marino*, *hub «bocina»* en maya y *atecocolli* en náhuatl, se compone por las voces *atl «agua»*; *tetl «piedra»*; *cocotl «tubo»* y *ollin «movimiento»*: *«piedra del agua donde circula el movimiento»*; instrumento de viento utilizado por su sonido grave y profundo para atraer la atención de los escuchas; función semejante al *shofar* o cuerno usado por los hebreos, muy similar al plasmado en los murales de Bonampak. En la *Leyenda de los soles*, cuando aquel cuyo aliento otorga la vida, Quetzalcóatl, emprende su viaje al *Mictlán* en busca de los huesos preciosos para anunciar la resurrección de los muertos *"suena soplando [el] caracol cuatro veces"*, o sea, en los cuatro rumbos de la tierra (F. Del Paso y Troncoso 1903, 29). ¿Por qué el caracol fue asociado con el viento y con escuchar? La espiral del caracol marino reproduce en su interior un eco que se escucha como el silbido del aire, el prototipo ideal de la cóclea, la estructura interna del oído humano que transforma los sonidos conducidos por el aire en impulsos nerviosos que decodifica el cerebro, el cual puede prestarles atención o no, de acuerdo con el interés o desinterés del receptor.

Figura 65. Caracol en el oído de la serpiente; Teotihuacán.

91

Uno de los ornamentos utilizados por los prehispánicos fueron las orejeras cuyo uso finalizó con la conquista, seguramente prohibidas por la nueva fe cristiana. El portar pendientes distinguió a las deidades y la nobleza; estas se fabricaban en turquesa, obsidiana, serpentina y jade, pero sobresalen ejemplares en concha de caracol. Según Sahagún, el distintivo de Quetzalcóatl fueron sus orejeras, *epcolilli «concha encorvada»* y el pectoral de caracol marino, emblema de Ehécatl, el dios del viento, ambos usados por Tonatiuh en la Piedra del Sol. Los personajes de la Estela 5 de Izapa se adornan con orejeras de gancho, incluido el pendiente del anciano con forma de 'U' o herradura, pero más que fomentar su uso literal como joyas ornamentales, las orejeras fueron glifos que invitan a prestar atención a la voz del Espíritu, la cual circula en el oído como el apacible soplido del aire en el interior de un caracol. Los antiguos egipcios indicaron que *"la vida penetra a través de las orejas. Si están abiertas y perceptivas vivimos, si están cerradas somos incapaces de vivir bien"* (Jacq 1998, 52). Según la *Relación de Michoacán*, escrito alrededor de 1540 por Fray Jerónimo de Alcalá, para los sacerdotes purépechas *"la espiral del caracol marino, donde se produce el sonido cuando es usado como trompeta... representa el soplo, la palabra creadora"* (Williams and Weigand 1995, 99).

Tal como el sol, el Santo Espíritu reside en un lugar, pero su influencia llega a todo rincón a semejanza de la señal inalámbrica que se origina desde algún punto del espacio, la cual transfiere datos, imágenes y sonidos a ciertos dispositivos inanimados. Si bien, muchos no comprenden cómo llega la información a su dispositivo móvil, no dudan que ese proceso invisible al ojo humano sea verdadero. El Espíritu es "la señal inalámbrica" que la deidad utiliza para comunicarse con toda persona de manera individual con todo aquel que desee escuchar su voz. Así como es necesario que el dispositivo electrónico se encuentre encendido y tenga señal; del mismo modo, el receptor debe tener "encendidos o abiertos" sus sentidos para recibir la voz del Espíritu, la cual procede de una dimensión distante y se desplaza como el aire contrayéndose en esa pequeña espiral que es el oído humano. Una sintonía real y poderosa entre dos seres que ocurre generalmente mediante la meditación y la oración, la cual permite discernir la verdad sobre el error y recibir revelación personal bajo ciertas condiciones y hasta donde el mismo receptor lo permita.

No obstante que ambos nahuales se adornan con orejeras, el ave dirige su puntero de caracol hacia adentro del oído, lo cual sugiere que escucha la voz del Espíritu; en tanto la bestia humanoide dirige el puntero de su orejera con forma de gancho hacia afuera del oído.

### La serpiente de fuego

*Viento* es sólo una de las traducciones de *Ehécatl*, la más difundida por historiadores que ha desbancado otros significados. Su equivalente en el calendario zapoteco fue *Quij, Laa*, que significa *«Brasa o fuego»* (De la Cruz 2007, 151). El Espíritu no sólo se manifestó como aire sino también como fuego, su asociado natural; ambos elementos atmosféricos, ingrávidos y livianos, contrarios a la tierra y el agua, generalmente elementos tangibles, grávidos y pesados. Químicamente el fuego no puede existir sin el aire u oxígeno, que es energía calorífica a su máxima intensidad, contraria al frío que es la ausencia de calor en el aire. El hielo puede congelar bacterias, pero sólo el fuego como elemento purificador puede destruirlas. De tal modo, el Espíritu, en su sentido sagrado fue concebido como un elemento purificador.

*Pillaa «Espíritu»* en zapoteco, incluye el sentido de *«lumbre, brasa, iluminación o luz»*; la sílaba *pi* que se sonorizó a *be* significó *«viento, aire, aliento»*; la segunda sílaba *llaa «calor»*, contiene la consonante larga *ll*, que en el zapoteco emigró a los fonemas *nd* como *pella* que pasó a *beenda «serpiente»* o *benda «pez»*; de tal modo, serpiente, pez y fuego son sinónimos (De la Cruz 2007, 157). El glifo de una serpiente de fuego significó el fuego o calor del Espíritu; difrasismo hallado en la Estela 5 donde las llamas del incensario o brasero se camuflan en

Figura 66. Flamas como serpientes bicéfalas; Estela 5 de Izapa.

serpientes bicéfalas con forma de 'U' o herradura, forma similar al pendiente del anciano, quien escucha la voz del Espíritu y puede discernir la verdad del error. Por tal razón, Quetzalcóatl y Ehécatl, ambos son personificados indistintamente como serpientes de fuego en la iconografía nahua. Los iniciados concibieron el Espíritu de la Deidad como una voz apacible y delicada que habla al oído; una ráfaga de aire que refresca la mente con inteligencia pura, o un fuego abrasador que llena el corazón con amor puro.

Las serpientes de fuego que circundan la Piedra del Sol evocan el llamado *Fuego Nuevo* o *Xiuhmolpilli «atadura de años»*, un símil del año del Jubileo judío, pero aún más preciso. *"Cada 52 años la cuenta de 260 días coincidía de forma exacta con el calendario solar de 365 días; y para conmemorarlo se efectuaba la ceremonia del Fuego Nuevo que incluía la quema de un haz de cincuenta y dos flechas, simbolizando la marcha de un ciclo viejo para la apertura de uno nuevo"* (Bonewitz, Kiel and Karhan 2000, 94). Era la oportunidad de comenzar nuevamente en un estado puro, una muda o transformación. Dicha fiesta fue similar al ritual de ofrendar sacrificios de animales, los que después de asarse al fuego eran comidos por sus oferentes como emblema del cuerpo sacrificado de Quetzalcóatl, en el entendido que el fuego del Espíritu santificase el corazón del hombre viejo con el fin de renacer en un hombre nuevo. No obstante, la práctica se tergiversó de manera literal por los idólatras, quienes extrajeron corazones humanos para quemarlos al fuego y dejaron de lado el sacrificio animal. El objetivo del adversario de la serpiente de fuego es confundir.

### El Espíritu

El glifo maya *Ik «Espíritu»*, representado con el símbolo geométrico de la 'T', la vertical que conduce a la horizontal celeste, generalmente fue posicionado en el oído, pero también en el pecho donde se alberga el corazón (**Figura 67**). El glifo sugiere que para escuchar el susurro del Espíritu no basta con tener sano el oído, sino supone un esfuerzo adicional que tiene relación con la condición del corazón. En los diccionarios mayas no hay entrada alguna que indique que el corazón sea un órgano que haga bombear la sangre, más bien fue categorizado como *"corazón mental"* (Ochiai 2006, 111); lo cual se traduce en la capacidad de sentir o percibir una verdad, testimonio o certeza en la mente y el corazón; lo que comúnmente se denomina intuición, inspiración o revelación personal, a veces llamada la conciencia; el sentido interior sobre el cual los hombres toman sus decisiones de carácter moral al discernir el bien sobre el mal, lo cual acarrea gozo o remordimiento de conciencia.

**Figura 67. Glifo Ik, la "T" en el pecho; Mérida, Yucatán.**

La influencia del Espíritu es semejante a sentir la frescura del viento bajo la sombra de un árbol en un día caluroso; es una experiencia exclusivamente personal e intransferible; como el amor, que sólo se puede percibir en el corazón, uno de sus frutos. Entre los cinco sentidos, lo más parecido a "sentir" sería el tacto, aunque la comparación queda muy por debajo. El tacto concretamente no puede tocar el aire o el fuego, solamente puede percibir su frescura o calor. Por ello, no está fuera de lugar que los antiguos comparasen el Espíritu con ráfagas de aire o lenguas repartidas de fuego que traspasan las más recónditas hendiduras. El amor, un don casi exclusivo del ser humano, determina sus relaciones en base a las emociones y el intelecto, y para ello conecta la mente con el corazón que, a diferencia de los animales responden básicamente por instinto. El amor filial hacia un hijo, un padre o un amigo tiene variadas formas; sin embargo, el amor a la pareja enciende todo tipo de emociones en el cuerpo y en el alma. Cuando el hombre o la mujer se enamoran utilizan expresiones que van más allá del plano temporal: "te amo con toda el alma" o "te amo eternamente". Sin estar plenamente conscientes de ello, dichas expresiones proceden de la naturaleza eterna de su espíritu. ¿Es posible trasplantar el amor tal como se implanta quirúrgicamente un órgano a otro ser humano? Al ser una manifestación del Espíritu, el amor únicamente se puede sentir y no hay otra manera de comprobar su existencia. Los antiguos recurrieron a los actores de la naturaleza: el aire, el ave, el caracol y el fuego para explicar el inefable don del Espíritu que no se puede explicar en términos de la ciencia. El siguiente relato quizás pueda ayudar a comprender su función en un ámbito actual:

*"Tras recibirlos en su hogar, un hombre aceptó escuchar a un par de jóvenes misioneros. Después de acomodarse y para iniciar la charla, uno de ellos formuló la primera pregunta básica: ¿Cree usted en Dios? Tras una pausa, el hombre les hizo saber que era un prestigiado docente en la Universidad Estatal en la rama de la química; y como tal, únicamente aceptaba como una verdad aquello que pudiese comprobarse. Entonces, devolviendo la pregunta con cierto tono intimidatorio dijo: Ustedes misioneros ¿pueden mostrar evidencia en este momento de la existencia de un Dios? Al borde del sillón el joven lo miró fijamente y exclamó: ¿Tiene usted una familia? Sí, afirmó el académico, ¿la ama?, agregó".*

*"Entonces el profesor dirigió su mirada al portarretrato erguido sobre una pequeña repisa mientras decía: ¡Por supuesto que los amo! ¿Puede usted mostrarnos en este momento el amor que dice tener por ellos? cuestionó el joven. Un calor pareció inundar los corazones en aquella sala y después de un reflexivo silencio el hombre dijo: Sé que amo a mi familia. A lo cual el misionero agregó con serena humildad: De la misma forma que usted da testimonio del amor que dice tener por su familia sin poder mostrar evidencia de ese amor; yo sé que Dios vive, pese a que no puedo comprobar su existencia".*

### El velo

Según el *Popol Vuh*, la deidad *"echó un velo sobre los ojos [de los hombres], los cuales se empañaron... se velaron y sólo pudieron ver lo que estaba cerca [y] claro para ellos. Así fue destruida su sabiduría"* (A. Recinos 1960, 107). El hombre es como el niño en un jardín de infantes que no alcanza a percibir el vasto multiverso del que forma parte más allá de las paredes de su pequeña escuela; sin embargo, cuando está dispuesto a creer como un niño, puede descorrer el velo que cubre sus sentidos y ver, porque el creer tiene ojos y oídos.

El niño con el rostro cubierto es el único de los ocho personajes puesto de pie sobre las raíces del árbol; uno de sus pies descalzos golpea el talón del otro, la señal glífica de referir el linaje de la Casa de Jacob. Su altura es proporcional a los personajes principales de la talla y es el más cercano al árbol, como si él mismo hubiese jalado hacia sí el gorro que perdió su forma cónica para jugar un juego de niños que le impide ver; un modo de aludir al representante de las tribus perdidas. Un cinto ciñe sus pantaloncillos que cubren hasta sus rodillas, mientras sus brazos hacia arriba y sus manos ausentes desvanecidas en el tronco parecen reproducir el acto sagrado de descorrer el velo que lo separa de aquel que se desdobla en el Árbol de la Vida. La escena sugiere que en algún punto de la existencia es necesario volverse como un niño pequeño, limpio y carente de maldad; despojándose de las sandalias para pisar terreno sagrado y subir algunos peldaños para conocer personalmente a Quetzalcóatl.

**Figura 68. Niño con velo; Estela 5 de Izapa.**

Los enigmas de la humanidad son misterios hasta que se descubre su explicación lógica, racional o científica; y aunque la creencia parece estar peleada con la ciencia, ésta la utiliza continuamente a su favor. Por ejemplo, alguien creyó en la redondez del planeta que mantenía limitados a quienes no se arriesgaban a ir más allá del horizonte por temor a caer al vacío; si bien no se podía comprobar cabalmente, la creencia fue el motor que condujo al conocimiento perfecto. La fe es el conocimiento imperfecto de aquello que no puede comprobarse, sino que únicamente se puede saber sin poder ver y la llave para descorrer ese velo fue *Ik «el Espíritu»*, la fuente de todo saber y toda ciencia, la esencia invisible que proporciona sabiduría en una espiral más amplia que la limitada función de los sentidos y cuya influencia permitió el desarrollo de toda civilización; por ello, el Espíritu se ubica en segundo lugar después del Árbol de la Vida; y su contraparte, los vapores de tinieblas, en segunda posición antes del vigésimo. La incredulidad y la idolatría, o sea, el no creer o creer en lo incorrecto, tal como quienes creyeron en una tierra plana o en falsos dioses; así como la falsa religión y las falsas teorías de los hombres, únicamente se pueden discernir por medio de la influencia del Espíritu, el cual insta al hombre a aspirar a la estatura de la divinidad y a saber que leyes superiores o celestiales rigen sobre leyes inferiores o terrenales, y que lo celestial es espejo de lo terrenal, una esfera mayor en poder y gobierno.

### El gran barco

El *Popol Vuh* inicia con estas palabras: *"Pintaremos lo que pasó antes de la palabra de Dios, antes del cristianismo... porque no se tiene ya más el Libro del Consejo, donde se veía claramente la venida del otro lado del mar..."* (A. Recinos 1960, 21). ¿Cómo pues llegaron los ancestros de los mayas del otro lado del mar? La teoría del estrecho de Bering ha sido por décadas la única alternativa de contacto con el Nuevo Mundo, pero ¿por qué se ha negado a los antiguos la capacidad de migrar por otros medios y rutas? Los *Anales de los Xahil*, documento de Guatemala escrito entre 1560-1583 por descendientes de los mayas cakchiqueles recopila las crónicas épicas de sus antepasados venidos *"allende el mar, del lugar llamado Lugar de la Abundancia... ¿Cómo atravesaremos el mar, oh, hermano menor nuestro? Y nosotros les dijimos: Atravesemos en los barcos"* (G. Raynaud 1946, 1-2; 17).

La Estela 5 de Izapa es una panorámica dual, o sea, un difrasismo; su escenografía más obvia muestra un grupo de ocho personas bajo un árbol plantado junto a un río que procede de una fuente de aguas; sin embargo, una segunda escenografía convierte el deliberado diseño inferior de la talla en la armazón de una canoa o cayuco que se complementa con el lenguaje oculto de la Geometría Sagrada. Al prolongar sobre el plano cartesiano los ángulos de las siete figuras piramidales —que de otra manera no tendrían razón de ser— sobre la pirámide clave se dibuja la perfecta figura de una vela de cuatro esquinas que, unida al armazón, despliega la silueta de un gran barco.

Figura 69. El gran barco; Estela 5 de Izapa.

La vela de cuatro esquinas segmentada en doce ángulos alude significativamente a las doce raíces del árbol. Las tres ondas de agua en vertical se camuflan en la aleta de la nave, o sea la popa, cuyo diseño de arco de violín evoca una embarcación antigua. Las ondas de agua en horizontal marcan la división entre la parte a flote y la parte sumergida del navío; además, la línea inferior sugiere ser la quilla, la columna vertebral de la nave, una pieza alargada de hierro o madera que va de proa a popa en la parte inferior donde se apoya toda la armazón.

Como calificó Garth Norman, la Estela 5 de Izapa es una supernarrativa (G. Norman 1976), la cual no sólo detalla el gran acontecimiento sagrado que es la visión del Árbol de la Vida revelada al anciano profeta; sino debido a la Geometría Sagrada una segunda narrativa ocupa el mismo espacio en la piedra. Esta segunda lectura de carácter histórico es el viaje de la colonia de migrantes hacia la América de antaño en un gran barco,

Figura 70. La barca; Estela 5 de Izapa.

el cual se descubre al relacionar el glifo de la pequeña barca ubicada junto al sol con el gran cayuco de la pictografía donde se asientan los ocho personajes principales (**Figura 70**). La pequeña barca en espiral se dibuja con una vela de cuatro esquinas, la cual propone que el cayuco se adorne también con la vela que resulta del trazado geométrico sobre la pirámide clave transformando la escenografía en un gran barco en altamar. El *Códice Matritense* arroja mayor luz sobre el tema:

*"He aquí la relación*
*que solían pronunciar los ancianos:*
*en un cierto tiempo*
*que ya nadie puede contar,*
*del que ya nadie ahora puede acordarse,*
*quienes aquí vinieron a sembrar*
*a los abuelos, a las abuelas,*
*éstos, se dice, llegaron, vinieron...*
*Por el agua en sus barcas vinieron,*
*en muchos grupos*
*y allí arribaron a la orilla del agua,*
*a la costa del norte,*
*y allí donde fueron quedando sus barcas,*
*se llama Panutla, quiere decir,*
*por donde se pasa encima del agua,*

*ahora se dice Pantla.*
*En seguida siguieron la orilla del agua,*
*Iban buscando los montes,*
*algunos montes blancos*
*y los montes que humean.*
*Además, no iban por su propio gusto,*
*sino que sus sacerdotes los guiaban,*
*y les iba hablando su dios.*
*Dice el Señor nuestro, Tloque Nahuaque,*
*el dueño del cerca y del junto,*
*que es noche y viento,*
*aquí habréis de vivir,*
*aquí os hemos venido a sembrar,*
*esta tierra os ha dado el Señor nuestro..."*

( M. León Portilla 1994)

Nathan Wachtel, experto contemporáneo en temas indígenas dice: *"Cronistas, teólogos y cosmógrafos propusieron que... el poblamiento de América sería el resultado de migraciones diversas... egipcios, fenicios, cartagineses, vikingos, tártaros y aún chinos, sin embargo, la teoría más persistente... fue aquella que hacía de los indios los descendientes de las diez tribus perdidas de Israel"* (Wachtel 2015).

### La vela

La vela, la pieza de tela utilizada para propulsar una embarcación mediante la fuerza del viento representó el jeroglífico egipcio *CHAU* *«viento»*, el cual coincide con el náhuatl *Acalquachpantli* *«vela de barco»*, término compuesto por *acalli* *«casa de agua»*; *quach* *«manta o lienzo para tienda de campaña»* y *pantli* *«estandarte, pendón o bandera»* (Molina 1571, 56, 358, 370). Dado que los glifos revelan conceptos religiosos que preceden sobre su significado literal ¿cuál es el significado sagrado de la vela que, como un estandarte, pendón o bandera es impulsada por el viento para conducir el barco a su destino? La vela es del mismo material con el que los israelitas levantaron una tienda de campaña o tabernáculo portátil en el desierto, o sea, el templo, un lugar sagrado cuyas cortinas separaban el lugar santo del lugar santísimo. Ubicado en los límites de la vela, el niño que cubre su rostro con un velo asciende las raíces a modo de escalones y sus manos se alzan en señal de adoración hacia el árbol desdoblado en Quetzalcóatl. Por lo tanto, la vela simboliza un velo o lienzo, es decir, una delgada cortina que separa al hombre de las cosas espirituales o sagradas incluida la Divinidad, a menos que el hombre suba ciertos peldaños y permita que el viento, o sea, el Espíritu, descorra ese velo para "abrir los ojos y ver" las cosas invisibles del Gran Creador, tal como el anciano vidente vio en una visión el Árbol de la Vida, o tal como las figuras de Nazca sólo pueden ser entendidas desde el cielo.

El punto de origen de las intersecciones de la vela confluye en el oído de Quetzalcóatl. ¿Cuál es el magno asunto que se nos invita a oír? ¿es el Árbol de la Vida ese asunto y por qué lo es? ¿y quiénes son los ocho personajes en su travesía sobre el gran barco? Si el lector está dispuesto a descorrer el velo que cubre los sentidos para "ver y oír" con la mente y con el corazón, y no solamente con el sentido de la razón, seguramente descubrirá más de lo que revela la Estela 5 de Izapa.

# Capítulo III. Glifo día 3

## Akbal "la Noche"
## Calli "el Edificio"

**Regente**: *Teocalli "la casa de Dios"*

*"Y proyectaron construir un gran edificio cuando*
*fueron corregidos por nuestro Dios".*
*Título de Totonicapán*

Un gran y espacioso edificio bajo la luna parece elevarse en el aire a gran altura de la tierra sobre el alto tocado del nahual humanoide en un orgulloso intento por competir con la estatura del Árbol de la Vida en la escena más confusa de la Estela 5 de Izapa, la cual se comprende al comparar el gran panel rectangular donde se yergue el árbol, con este panel menor que en vez de albergar un árbol sostiene una ciudad donde sobresale un alto edificio.

Figura 71. Gran edificio bajo la luna; Estela 5 de Izapa.

*Calli*, el tercer glifo del calendario azteca ha sido traducido como "casa"; sin embargo, su diseño escalonado con alto tejado lo identifica más con un recinto público, ya que el *hogar* tiene su propio vocablo: *chantli*, y al conjunto de casas unidas en una comunidad se denomina *calpulli*, lo que es un barrio. Por lo tanto, la más adecuada traducción de *calli* es *«edificio»* y no "casa", adjudicación que seguramente provino de los traductores españoles. *Calli* conlleva un significado dual porque define también a su anverso el templo; por ello, los nahuas no denominaron a este signo *teocalli «templo o casa de Dios»*, lo llamaron *calli* porque alude además a cualquier otra construcción genérica antagónica al templo. De tal modo, la ciudad con un gran edificio sobre la tierra de la serpiente del poniente asentada en el hemisferio oriental y sostenida por la bestia-jaguar bajo la penumbra de *Akbal «la noche»*, alude a un centro de poder instruido en la religión y en la ciencia que se remonta a la mitad de los tiempos, aún al inicio de los tiempos.

101

### El injerto

Figura 72. 'S', el injerto; Estela 5 de Izapa.

No es casual que el alto edificio se conecte con la rama sin fruto mediante el glifo con forma de 'S', el cual enlaza dos vendajes o amarres de los que penden dos pequeñas ramas o yemas; dicho signo se replica en las raíces, en el delantal del nahual, en la base del colibrí logográfico y en la greca. ¿Qué simboliza este peculiar signo con forma de 'S' asociado con el gran edificio y la bestia-jaguar?

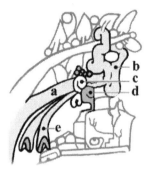

Figura 73. Los dos injertos; Estela 5 de Izapa.

Para salvar un árbol o evitar frutos de baja calidad se requiere inyectar savia nueva por medio de la unión artificial de otro organismo: un injerto. La presencia de dos injertos atados con vendas en la rama estéril que funge como el portainjerto ilustra la clase de árbol que es el Árbol de la Vida: un árbol cultivado y frutal, y no un árbol silvestre o de ornato, el cual requiere del cuidado de un experto *"Sembrador"*, tal como los mayas calificaron a la deidad (Mex A. 2021, 151). El injerto debe ser una experiencia dolorosa para el árbol porque para injertar hay que cortar; sin embargo, el vendaje le añade un hermoso significado.

| a. Rama sin fruto o portainjerto | b. Culebra envuelve rama | c. Vendajes o cintos | d. 'S', signo del injerto | e. Dos yemas o injertos |
|---|---|---|---|---|

Por lo tanto, *ts'ak «edificio»* en maya quiché, que identificó la casa de cada linaje (Carmack and Mondloch 1983, 204), significó el mundo gentil o extranjero representado con un árbol silvestre cuyas ramas fueron injertadas en el árbol cultivado. Del gran edificio surge la culebra que envuelve la rama estéril, emblema del linaje judío; además, envuelve la hoja del árbol de la rama fructífera, es decir, el linaje de la Casa de José, los dos linajes que serían injertados doble vez en el Nuevo Mundo para crecer en un gran árbol que produciría frutos de mayor calidad y en mayor cantidad al final de la estación.

La serpiente simbolizó a los de su linaje como a quienes no lo son; los de su linaje son su cabeza y los extranjeros denominados gentiles son su cola. Sin embargo, quienes pertenecen a la familia de Quetzalcóatl por linaje de carne y sangre, y no lo reconocen o han perdido su relación de convenio con él, se tornan silvestres o gentiles y se vuelven cola; o viceversa, los extranjeros amparados en el gran edificio al ser injertados en el Árbol de la Vida son adoptados en la familia de Quetzalcóatl, y los que eran cola ahora son cabeza y los que eran últimos ahora son primeros. Este es uno de los significados de la 'U' o herradura, un glifo dual, representado con la serpiente de dos cabezas **(Figura 74)**. El cometido de la Serpiente Emplumada es lograr que tanto su simiente: la Casa de Israel, así como los gentiles del gran edificio formen parte de su reino como cabezas y no como colas.

**Figura 74. Serpiente bicéfala; Códice Vindobonensis.**

Quetzalcóatl invita a todos a dejar atrás al hombre natural o silvestre y efectuar convenios sagrados con él mediante sus ordenanzas, a fin de guardar sus leyes en rectitud y llegar a ser semejantes a un árbol cultivado y fructífero. Para evitar la esterilidad, la yema de un árbol silvestre se injerta en el árbol cultivado, y mediante abonos, podas y cuidados comenzará a dar fruto, pero no alcanzará su plena productividad sino hasta después de muchos años. El árbol cultivado no puede producir buen fruto por sí mismo, sino que, al igual que el maíz, requiere de los cuidados de un experto horticultor. El olivo — símbolo de la tribu de Aser— requiere años de esmero para alcanzar su máxima fructificación y luego produce durante siglos; cuando envejece y comienza a morir, las raíces echan nuevos brotes que, si se injertan y podan correctamente producirán nuevos árboles durante milenios.

La conquista azteca fue en cierto modo un injerto; los gentiles provenientes del edificio grande y espacioso mezclan o diluyen su sangre en la savia del linaje cultivado que se había tornado silvestre, o sea, el indígena americano o la descendencia de José a través de Cipac, dando como resultado el mestizaje; un mal necesario que a la larga produciría un fruto de mejor calidad que benefició tanto a la rama silvestre como a la rama del árbol cultivado que se había secado; ambas fusionándose para formar parte del linaje de Abraham.

## El gran edificio bajo la luna

*Calli, "la casa de las tinieblas o la casa de la oscuridad asociada con las fases de la luna"* (Wolff 1963, 95), tuvo su equivalente maya en *Akbal «oscuridad o cosa confusa»* (Chavero 1903, 402). En el calendario zapoteco es *pelaala*, de las raíces *pe «aire»* y *laala «noche»*: *«aire nocturno»*. El gran edificio amparado bajo la luna parece referir una era de oscuridad que bien podría aplicarse al oscurantismo, un período entre *"la caída de Roma fechada en el año 476 d.C."* y el Renacimiento (Ferrill 2007, 272); seguido por el descubrimiento de América y la Reforma Protestante. Mil años de la también llamada Edad Media que en el contexto religioso correspondió a la gran apostasía, un largo período ausente de revelación y profetas. *Bal* de *Akbal* en lengua quechua significa *«engañar, oprimir»* (Patrón 1902, 38); homófono de *Baal*, el dios pagano de Babilonia donde se erigió *Babel*, el gran edificio inconcluso cuyo significado es *«confusión, dispersión»*, de lo cual relatan los indios hopi *"empezaron a dividirse unas de otras las personas de diferente raza e idioma, las que recordaban el Plan de la Creación y las que no"* (Waters 1996, 28).

El gran edificio —el orgullo del hombre— parece elevarse en el aire para competir con la estatura del Árbol de la Vida, el cual alude a una cabecera o matriz al poniente del hemisferio oriental favorecida por la serpiente benigna, pero bajo el dominio de la culebra maligna camuflada en el cinto de la bestia-jaguar. El edificio sobre la bestia representa la oscura alianza entre los gobiernos de la tierra abanderados por el falso poder religioso, el uno sosteniéndose y amparándose en el otro. Al elevarse por el aire y carecer de cimientos, las agrietadas paredes del viejo edificio evocan lo próximo a caer o derrumbarse, resultado de los impredecibles movimientos de la bestia jaguar que en maya quiché llaman *cabrakán*, que significa *«piernas de serpientes»*; o Tepeyóllotl, una de las manifestaciones de Tezcatlipoca o Votan para los mayas, asociado con el Telpochcalli, el recinto militar de los caballeros jaguar dedicado al dios de la guerra y que, de las páginas del *Popol Vuh* este dice: *"Yo soy el que sacudo y remuevo toda la tierra"* (A. Recinos 1960, 35), porque manifestaba su violencia y enojo al sacudir sus piernas. La sabiduría consiste en diferenciar la burda parodia del gran y espacioso edificio a punto de derrumbarse con el tabernáculo o templo de Dios, porque la astuta culebra todo lo imita.

### El tabernáculo o templo

El Templo Mayor de Tenochtitlan en la antigua capital azteca era el cruce de cuatro calzadas que corrían en dirección a los cuatro rumbos cardinales. *"De estos cuatro caminos, uno era rojo, otro negro, otro blanco y otro amarillo… Yo soy el que debéis tomar porque yo soy el camino del Señor"* (A. Recinos 1960, 54). Todo camino conducía al templo considerado el centro y eje de la ciudad; del mismo modo, las montañas fueron los altares naturales más elevados de la tierra donde el hombre podía encontrarse con la divinidad; por ello, los templos eran orientados hacia una montaña. *"Las masas de agua y las cuevas representan el inframundo, las montañas y templos a ellos asociados representan el cielo"* (Franco 2017). Asimismo, la pirámide triangular parodiaba el cielo y su base cuadrangular el mundo; esto es, la deidad reinando sobre la tierra, tal como los arcos mayas conjugan el triángulo sobre el rectángulo, y el ápice de su coronamiento sugiere el espacio que ocupa "el ojo que todo lo ve", la tríada o presidencia de los cielos. Al igual que el templo de Salomón, los templos en Mesoamérica fueron el núcleo religioso de varias ciudades estado que según los ciclos repetitivos del tiempo cubrirán la tierra a una escala mundial en los últimos días, para que todo hombre y mujer tenga acceso a las ordenanzas necesarias para regresar a la presencia de Dios.

Los centros ceremoniales fueron complejos arquitectónicos cuyo atrio era el sitio destinado a ciertos rituales exteriores tales como el sacrificio de animales expiatorios durante la ley mosaica; sin embargo, la más alta y santa ordenanza: el matrimonio, precisó un lugar especial para llevarla a cabo. Los escalones conducían al pináculo del templo que, según Laurette Séjourné, la parte más elevada del templo fue un salón reservado que por su tamaño no podía ser accesible más que a pocos participantes. *"Esta sala principal adquiere en la zona maya el carácter secreto de un tabernáculo finamente labrado; cualquiera que sea la realidad, el templo en su papel de recinto sagrado implicaba una iniciación"* (Séjourné 2002, 120). Fray Juan de Torquemada describe tales santuarios: *"eran de diversas y varias formas, aunque eran unas de madera y otras de paja, como de centeno, eran muy primamente labradas, unas cubiertas piramidales, y cuadradas y redondas; y hacían tanta y tan vistosa labor que no parecía de la materia dicha, sino de muy primo y delicado pincel"* (Torquemada 1615, 218).

**Figura 75. Tabernáculo; Estela 5 de Izapa.**

En la Estela 5 de Izapa, la sombrilla no sólo proyectó protección contra el sol y la lluvia, sino como la mayoría de los glifos de la talla conlleva una doble lectura. Su geometría a modo de una jícara o caparazón de tortuga parodió la bóveda celeste, ya que el círculo simbolizó la eternidad y el medio círculo la comunión del hombre con la Deidad. Seis herraduras o 'U' caen como doce cortinas o velos de la cúpula, de las cuales una enrosca sus laterales como si fuese la entrada principal de una tienda de campaña portátil que en náhuatl fue *Teonacayotzpialon* «*Tabernáculo*»; dicho recinto sostenido por estacas o clavos injertados en la tierra fue el emblema de la tribu de Gad; término compuesto por la raíz *teo* «*lo sagrado o divino*»; *nacaztli* «*oído*»; un determinativo que indica «*administrar*» y *pialon* «*cosa que ha de ser guardada*», cuyo resultado es «*administrar lo sagrado que se dice al oído y que ha de ser guardado*» (Molina 1571, 351, 373). En tal lugar, los discípulos de Quetzalcóatl recibían instrucción y efectuaban convenios sagrados; al respecto los indios hopi describen que *"la puerta principal abría hacia el este... instruían a los iniciados en el propósito de este [mundo], enseñaban la estructura y las funciones del cuerpo humano. En el nivel superior sólo se admitía a los iniciados de gran conciencia, ahí se les enseñaba el funcionamiento del sistema planetario. Asimismo, aprendían acerca de la 'puerta abierta'... de cómo mantenerla abierta y así conversar con su Creador"* (Waters 1996, 84-85).

**Figura 76. "Carita sonriente"; Golfo de México.**

Sin embargo, los apóstatas administraron lo sagrado a quienes les estaba prohibido, tal como lo delata una figura del grupo "caritas sonrientes" quien porta una mitra sacerdotal, alza su brazo del convenio y cubre su boca con la intención de hablar en voz baja al oído (**Figura 76**). Dado que en el Posclásico todos se hallaban en apostasía; no obstante, sus tradiciones preservaron mucha de la doctrina original practicada por sus ancestros. Se infiere, por lo tanto, que no todos podían entrar al templo, símbolo supremo de santidad a semejanza de entrar al cielo, a menos que cubriesen ciertos requisitos; entre ellos, la dignidad personal que resulta de mantenerse moralmente limpio.

## La Ley de consagración

El templo es uno de los cuatro portadores del año que rige uno de los cuatro trecenios del ciclo de 52 años, cuyo propósito fue traer a la mente de todo investido que debe vivir la ley de consagración, es decir, vivir una vida consagrada a la santidad, la pureza y el servicio al prójimo permitiendo que la mano del Creador moldee la obra más grandiosa que desafíe el paso del tiempo: un carácter recto y justo, desterrando el egoísmo entre los de su pueblo a fin de tener las cosas en común y no tener pobres entre ellos. Su observancia se halla definida en parte en el *Huehuetlatolli «las palabras de los viejos»*, donde *"se dice que los dioses son muy amigos de los castos. Una vida pura es como una muy brillante turquesa, como un jade redondo y pulido... sin mancha, sin sombra; como jade y turquesa está brillando... así son los que viven en pureza"* (Díaz Cíntora 1995, 91).

En la Estela 5, sobre el alto tocado de la mujer, la cabeza cuadrangular de la serpiente adopta la forma de un *altar «en lo alto, elevado»*, el sitio donde se oficiaba el matrimonio eterno y los contrayentes al haber cumplido previamente con sus votos de castidad —condicionante para todo aspirante a ser investido con las ropas sagradas— eran sellados con la promesa de levantarse en la resurrección y perpetuar el linaje de las doce raíces del Árbol de la Vida. De no efectuarse el sellamiento bajo la autoridad del sacerdocio los hijos nacerían fuera del convenio y al carecer de validez en los cielos el matrimonio terminaría con la muerte. Por supuesto, la colonia que vino del otro lado del mar mantuvo lazos entre conversos de su religión mediante el matrimonio en el templo. En tales comunidades, la línea genealógica era determinante al remontarse a sus ancestros fieles a sus convenios. Fray Jerónimo de Alcalá así lo describe: *"Esta manera tienen de casarse los señores... se casaban siempre con sus parientas, y tomaban mujeres de la cepa donde venían, y no se mezclaban los linajes, como los judíos"* (Alcalá 1540, Libro 3, cap. xi).

Tal como en la antigüedad, hoy en día se yerguen edificios de diversas congregaciones religiosas: la mezquita entre los musulmanes, la basílica entre los católicos, la catedral entre los protestantes, la sinagoga entre los judíos, la pagoda entre los budistas, etc., los cuales son representados con el gran edificio del mundo gentil que, tras una larga noche de apostasía, serán injertados en el árbol cultivado.

**Figura 77. Templo de tres torres según la Geometría Sagrada; Estela 5 de Izapa.**

De acuerdo con la profética visión desplegada en la mente del anciano, es posible que los iniciados puedan reconocer el alto templo de tres ángulos que según la Geometría Sagrada, resulta al prolongar los ángulos piramidales hacia las herraduras con formas de 'U', cuyo vértice central es el ojo de la serpiente; más dos verticales paralelas al eje cuyos conectores son los frutos, uno en la boca del pez y otro en la boca del cráneo, cada cual símbolo de vivos y muertos (**Figura 77**). ¿Dónde se halla un templo de tres torres, emblema de la tríada celestial y el sacerdocio, cuyo eje sea el Árbol de la Vida sostenido por doce raíces o doce hombres que ostentan el apostolado? Dicho *Teocalli* o *«Casa de Dios»* será edificado al norte del hemisferio occidental, o sea, en Norteamérica, para congregar a los discípulos de Quetzalcóatl en los últimos días. El niño que cubre su rostro con un velo extiende sus manos hacia arriba en señal de adoración al mismo tiempo que posa sus pies, uno en contacto con el talón del otro, sobre las sagradas raíces a modo de escalones del "Árbol de Jacob", quien como un retoño avanza en su proceso de crecimiento para llegar a ser semejante al Árbol de la Vida, el cual se yergue como el verdadero templo de Dios. No obstante, habrá dos templos que superarán al resto en magnanimidad: el templo de la Nueva Jerusalén que será edificado en América por los descendientes de la Casa de Israel bajo el liderazgo del linaje de José y el templo de la antigua Jerusalén destruido en el año 70 d.C., el cual será restaurado por la Casa del linaje de Judá al tiempo de la Segunda Venida del mesías.

Tabla 12. **Métrica quiásmica de Calli**

| El Templo | | El gran edificio |
|---|---|---|
| | Calli | |
| El Árbol de la Vida | | El árbol silvestre |

# Capítulo IV. Glifo día 4
# *Kan "Grano, Semilla"*
# *Cuetzpallin "el Cocodrilo"*

*Regente*: Centéotl *"el señor del maíz"*

*"¡Oh cuán grande es la bondad de Dios, que prepara un medio para que escapemos de las garras de este terrible monstruo".*
*Libro sagrado de los Santos de los Últimos Días; 2 Nefi 9:10*

*K*an *«grano o semilla»*, el glifo número cuatro del calendario maya, cuya especie endémica en América es el grano de maíz, tiene su equivalente nahua en *Cuetzpallin «el cocodrilo»*; ambos glifos asociados con dos planos interconectados: la tierra y el mundo subterráneo. Tal como el maíz se entierra para germinar sobre

Figura 78. Humo se camufla en la figura de un cocodrilo; Estela 5 de Izapa.

el campo, el reptil se sumerge en las aguas profundas para sobresalir de ellas imitando la geografía montañosa de la tierra; sus fosas nasales aspirando el vital aire reproducen al mítico dragón de fuego camuflado en el inofensivo tronco de un árbol flotando sobre las aguas.

En la escena más crucial de la Estela 5 de Izapa, el anciano exhorta a su hijo mayor con el interés que un padre espera para quien debería ser el ejemplo para el resto de sus hijos; la firmeza en su mano aunado al dedo índice en señal de autoridad parece expresar: *"¡Oh, hijo mío, quisiera que fueses semejante a este río, fluyendo continuamente como un ejemplo de toda rectitud!"* Indiferente a las palabras de su padre, el joven expulsa aire mediante un rústico fuelle o aventador que sostiene en sus manos. Una densa columna de humo oscuro resultante de la combustión —y que no es el humo blanco del incienso— emerge del costado lateral del incensario y se interpone entre él y su padre adoptando la forma de una enorme y larga quijada que recorre el rostro y el gorro cónico del hijo mayor, mandíbula que corresponde al monstruo más grande y temible de los ríos: el cocodrilo.

## El monstruo de la tierra

El cocodrilo es mortal e impredecible, se mueve cauteloso mientras sus ojos inmóviles esperan pacientemente para atacar por sorpresa; sin previo aviso, abre sus poderosas mandíbulas con muy poco margen de error y tritura a sus presas mientras aún están vivas para sumergirlas en lo profundo del abismo. Al igual que otras figuras, el cocodrilo no es un concepto literal, sino simbolizó las pruebas que enfrenta el ser humano durante su vida mortal, entre ellas, la muerte del cuerpo y la muerte del espíritu. La primera muerte ocurre cuando la carne y huesos inertes sepultados bajo tierra quedan a merced de las fauces de este terrible monstruo para no levantarse más. La segunda muerte o muerte espiritual retratada con el difrasismo humo-cocodrilo significa que el humo desdoblado en la silueta del cocodrilo nubla los ojos y confunde la mente y el corazón de las personas que aún viven sobre la tierra, siendo impedidos de ver y oír las cosas que pertenecen al Espíritu de Dios y, por ende, son atrapados por ese monstruo. Dicha muerte espiritual es personificada por el hijo mayor del anciano; sin embargo, según el mito mexica, Quetzalcóatl vence al saurio en el Mictlán.

El humo que nubla la vista del hijo mayor sugiere el rechazo hacia el sagrado ritual que se lleva a efecto, quien no puede o no quiere ver, ni oír, ni oler lo que su padre intenta enseñarle respecto a la visión del Árbol de la Vida. Su reclamo interior

**Figura 79. Sobek, el cocodrilo.** movido por el resentimiento no sólo lo ubica de espalda contra el árbol, sino en contra del sucesor de su padre, su hermano menor, quien se corona en la escena derecha como el rey con tocado de grano de maíz. Dicha sucesión es la razón más poderosa del rechazo del hijo a las palabras del anciano, tal como si respondiese en su pensamiento: "Oh, padre, ¿no puedes ver que mi hermano menor es un usurpador y que al ser yo tu primogénito es mío el derecho de portar la corona?" Entre los egipcios, el cocodrilo *"encarnó el aspecto belicoso y conquistador del faraón"* (Jacq 1998, 91), una alusión al tipo de gobierno que implementaría uno que careciese del requisito de la rectitud personal exigido por Quetzalcóatl. La historia maya enseña que mientras un sistema fue el motor que llevó a dicha civilización a la cúspide, el otro la llevó a la decadencia y la aniquilación.

### Las dos quijadas

Pese al parentesco tenemos una paradoja: la quijada de la serpiente situada tras la cabeza del anciano profeta y la quijada del cocodrilo frente al rostro de su hijo mayor; ambas quijadas proyectan el principio de la oposición en todas las cosas, es decir, no simbolizan literalmente a tales reptiles sino son los emblemas de los ancestros a la cabeza de dos grupos rivales con un mismo origen; sus similitudes son tan sutiles como diferenciar el humo blanco del incienso camuflado en serpiente, del humo oscuro del incensario desdoblado en cocodrilo (**Figura 78**).

Tabla 13. **Métrica quiásmica de la Quijada**

| Anciano | | Hijo mayor |
|---|---|---|
| | Quijada | |
| de serpiente | | de cocodrilo |

El par de peces representativos del linaje gemelo parecen saltar sobre las columnas de humo camufladas en dos vertientes de un río. De las aguas limpias emerge el pez dorado que evoca a los discípulos de Quetzalcóatl liderados por el anciano profeta y de las aguas sucias se sumerge el pez plateado que evoca a los seguidores del hijo rebelde. El cuadro sugiere la ruptura entre el pez al oriente ligado exclusivamente con *Cuetzpallin «lagarto pequeño»*, especie oriunda de Mesoamérica; y el pez al oeste cuya aleta caudal hace contacto tanto con la quijada de la serpiente como con la quijada del cocodrilo, lo cual sugiere que ambos grupos serían influenciados por el monstruo de los ríos.

Inmigrante y conocedor de las culturas hebrea y egipcia, la primera monoteísta y la segunda politeísta, el hijo mayor no se conformó con ser despreciado por su padre y se hizo rey en el Nuevo Mundo al encarnar en un sincretismo a la figura más temida del río Nilo: *Sobek «el cocodrilo»*, homófono del náhuatl *Cipak «quijada»*.

Figura 80. "Lamán"; jeroglífico maya.

En maya yucateco *Lamanai «cocodrilo sumergido»*, incluye el sufijo *ain «cocodrilo»* y la raíz *laam «sumergir»* (Cobos 2008, 112); voz similar al sirio *naam* incluida en Naamán, el general que se sumergió en el fangoso río Jordán y fue limpiado. *Lamanai* es el nombre de una antigua ciudad del preclásico maya junto al Río Nuevo en Belice, de seguro acuñada al hijo mayor cuyo nombre expresado en el glifo adjunto evocó al monstruo de los ríos.

El monstruo de la tierra representó además el planeta Tierra en su estado cósmico, ilustrando el inframundo teleste en el cual orbitamos, una esfera alejada física y espiritualmente de la presencia de Dios sujeta a los peligros de la mortalidad y el pecado. El leviatán no se conforma con devorar el cuerpo físico, sino su objetivo principal es devorar el espíritu del hombre arrastrándolo a las tinieblas de afuera, fuera del ángulo de la rectitud, condición que puede prolongarse más allá de la muerte. Por ello, la silueta de un cocodrilo se camufla entre los vapores de tinieblas donde se ubica el glifo ceguedad y sordera, el cual acecha en espera de devorar a sus incautas víctimas. Todos los hombres son devorados por ese monstruo: muerte e infierno, incluido el mismo Quetzalcóatl, cuya transición por los dominios de la culebra maligna fue más que necesaria para librar los huesos de los muertos de las cadenas de la muerte y el infierno por medio de la resurrección. Al vencer al Leviatán y resucitar, Quetzalcóatl hizo posible que las secas raíces y ramas reverdezcan al conectar el mundo teleste con el celeste, cerrando la brecha para que los muertos tengan acceso a la vida eterna.

### El rey del maíz

El joven rey con tocado de grano de maíz *exhala* por su boca el vapor que emite al hacer uso de la palabra retratado como un crótalo de cascabel; por otro lado, el anciano *inhala* por su nariz el humo del incienso camuflado en una serpiente de cascabel que surge de entre las

Figura 81. Humo de incienso y vapor de la palabra; Estela 5 de Izapa.

llamas de fuego, un dualismo métricamente ingenioso. La voluta o vírgula de la palabra identificó a los monarcas mayas y aztecas con los títulos *Ajaw* y *Tlatoani* respectivamente, cuyo significado en ambas lenguas es «*el que habla*»; por lo tanto, en la Estela 5 la voluta de la palabra identificó al rey y el puntero hacia adentro de su oído sugiere que es un discípulo "que oye" la voz de Quetzalcóatl por medio del Espíritu y la voz de su anciano padre, el profeta; ambos extienden su brazo en señal de autoridad al interactuar con el grupo que los acompaña respecto al tema central que es la visión del Árbol de la Vida.

¿Por qué el humo del incienso cuyo aroma deleita el olfato del anciano y la vírgula de la palabra que sale por la boca del rey se desdoblan en crótalo de cascabel? El copal, del náhuatl *copalli*, es la resina de árbol utilizada para rituales de purificación que produce el humo blanco del incienso quemado al fuego cerca del velo que cubría el Lugar Santísimo del tabernáculo o templo; su aroma grato parecía intencional en contra de los olores causados por el sacrificio de animales expiatorios. El incienso establecía un vínculo con lo sagrado y no debía ser quemado por ninguna persona que no fuese autorizada y ordenada al sacerdocio; se trataba de un ritual mosaico que, como una plegaria, ascendía a la Deidad. Su sinónimo es *popochtli* «*perfume o aroma grato*», término que contiene la contracción *pōc*, de *ipocyoitia* «*hálito, vaho, aliento*», el vapor que se exhala por la boca cuando se hace uso del habla, generalmente visible en un ambiente frío, el cual fue simbolizado con vírgulas o volutas con formas serpentinas.

En la imagen adjunta, el *Tlacuilo* o escriba se dibuja con un libro y un lápiz en su mano a semejanza del rey de la Estela 5; una pequeña voluta se esboza en su boca, símbolo de la palabra hablada, pero además dos volutas que simbolizan la palabra escrita se dibujan en el libro. De tal modo, la raíz nahua *pōc* «*humo, vapor*», se entendía como la palabra o la escritura que sale por la boca de alguien que tiene autoridad. Esta es la razón por la que dicha

**Figura 82. Voluta de la palabra; Códice Mendocino.**

raíz fue utilizada por monarcas y deidades aztecas. Fray Bernardino de Sahagún registró lo que se decía de los personajes recordados entre ellos: *aiamo polivj in jpocio yn jaiauhio*, "aún no se desvanece su humo o su fama", es decir, "aún se mantiene viva su palabra" (Sahagún 1830, 244). Por ejemplo, *Chimalpopoca*, uno de los tlatoanis mexicas, más que ser traducido literalmente como «*escudo humeante*», su apelativo más apropiado para un representante de la deidad sería «*la palabra es su escudo*». Asimismo, *Tezcatlipoca*, la deidad antagónica de Quetzalcóatl, no se entendía llanamente como «*Espejo humeante*»; un espejo supone ser el reflejo de una imagen que no es verdadera, una ilusión óptica; de tal forma, su correcta lectura sería «*su palabra es un reflejo*», es decir, aquel que su palabra no proviene de la Deidad, pero se refleja como si lo fuera; el reflejo de aquel que es y no es.

En el *Códice Dresde* el rey del maíz adorna su tocado con un pez (**Figura 83**), al igual que en la Estela 5 un pez parece saltar sobre el gorro del hermano mayor, cuya contraparte quiásmica es el rey con tocado de grano de maíz, el mismo capitán del barco en su más remota personificación quien bajo la tutela de su padre guio a la colonia de migrantes del linaje de los peces gemelos. Su tocado de grano y tres hojas de elote caen tras su cabeza y un collar de cinco cuencas adorna su cuello. Tal fue su impacto que los mayas, de *ma'ya'ab «gente escogida»* (Barrera Vásquez 1980, 513), se refirieron a sí mismos como "los hombres de maíz" en honor a quien fue considerado su primer rey.

**Figura 83. Dios del maíz con tocado de pez; Códice Dresde.**

Dicho "señor del grano" seguramente impactó en la domesticación del maíz y evolucionó a *Centéotl "el dios del maíz"* en la mitología nahua.

**Figura 84. Glifos mayas del maíz y el cacao.**

El maya *ka* de *kay «pez»*, se escribe con un diacrítico de dos puntos que indica que su valor fonético debe reduplicarse; dos veces es *ka-kaw «cacao»*, el grano del que se produce el chocolate; coincidencia notable con la raíz semítica *dag «pez»*, de la que deriva *dagon «grano, semilla»* y *dagah «abundancia»*; en ambas lenguas el término sugiere *"multiplicar semillas o peces"*. Un pez oscuro fue asociado con el cacao, y un pez dorado con el maíz. En el maya peninsular al pez bagre le llaman *me'ex «barba»*, y en náhuatl la raíz *tzo «pez»* se utiliza en *tentzone «persona barbada»* (Molina 1571, 56). De tal modo, el pez simbolizó un hombre barbado o los discípulos de un hombre barbado que, como peces, renacen del agua. El cacao, por crecer bajo la sombra fue la semilla del inframundo con la cual se prepara una bebida oscura: el *tejate, la "bebida de los dioses"*, todavía presente en la gastronomía zapoteca, contrario a *nal «el maíz»* que crece bajo los rayos del sol y con la cual se elabora un atole de color blanco. Las pigmentaciones del maíz fueron asociadas con connotaciones ideológicas incluido el color de piel: *Chakchob «maíz rojo»*; *Éek'jub «maíz negro»*; *K'an ixi'im «maíz amarillo»* y *Nuuk nal «maíz blanco»*. Para los indios hopi los colores del maíz *"aseguraban la llegada de todas las razas para vivir en estado de hermandad en este Nuevo Mundo"* (Waters 1996, 86).

El maya *Kan* «*serpiente*», sufijo de *Kukulkán*, también se traduce como «*cielo, grano o semilla*»; por lo tanto, Quetzalcóatl no sólo fue asociado con la serpiente sino también con el grano. El vocablo guarda similitud con el egipcio *Knph*, la deidad serpentina cuyo emblema el huevo tiene en el grano a su equivalente vegetal. Dado que algunas consonantes asumían la ausencia de vocales, al

Kan serpiente   Kan cielo

Kan semilla   Kan cuatro

**Figura 85. Glifos "Kan".**

vocalizar el término resultaría *Kaneph* y al suprimir el sufijo derivaría en la transliteración maya *Kan*. Asimismo, podría vocalizarse *Kneph*, del cual se desprende *Nephi*, término emparentado con *Nepher* o *Nepri*, el dios del grano de la mitología egipcia cuyo jeroglífico la semilla es semejante al glifo maya que simboliza el veinte, el número de plenitud o abundancia. La raíz se halla en *Yum Kaax*, el señor de la agricultura, vinculado con un campo o milpa de maíz, un cuadrángulo que sugiere el número «*cuatro*», otra traducción de *Kan* (**Figura 85**). De tal modo, *Kan*, *Kneph* o *Nephi*, sería el nombre más adecuado del rey del maíz.

El maíz «*zea mays*», gramínea de tallo alto, recto, macizo y hojas alargadas sigue la línea de ser un grano endémico de Mesoamérica, *"en donde éste floreció también floreció la alta cultura"*, afirmó Michael Coe (Coe 1968, 26); tal como el trigo se domesticó en Mesopotamia, el arroz en Asia y la avena en Europa central. Knorozov mencionó que la civilización maya fue paralela a las del antiguo oriente; sin embargo, la mezcla entre migrantes y nativos le dieron su propia personalidad. El maíz no se reproduce por sí mismo, es un fruto cultivado que después de la cosecha, el campo requerirá algún tiempo para volver a estar listo para la siembra. Sus flores producen varios frutos independientes llamados elotes o mazorcas, los que recién cosechados conservan la humedad natural del follaje que los envuelve. Cada mazorca agrupa decenas de granos dispuestos sobre un núcleo cilíndrico que al desgranarse es llamado olote. El ciclo de la vida, muerte y resurrección fue a semejanza del maíz; además, fue una excelente analogía de la organización sociopolítica maya; contrario a otros imperios, incluidos el azteca y el inca que concentraron el poder en una cabeza, ellos se agruparon en varias ciudades estado autónomas y compartieron un tallo común. Dicho modelo permitió la multiplicidad y capacitación del liderazgo según las circunstancias particulares de cada reinado.

## El hombre en el tocón

Figura 86. Hombre en el tocón; Estela 5 de Izapa.

*Tlateochihualli «consagrado a Dios»* en náhuatl o *K'uyenkunsa'ab* en maya, fue el título dado a sacerdotes menores que revela la identidad del joven recargado cómodamente en el tocón del árbol, cuyas manos con las palmas hacia arriba parecen dedicar la ofrenda proveniente de algún incensario. El humo que cubre su rostro es similar al humo hecho cocodrilo que ciega al hermano mayor. Sin embargo, el único aprobado para efectuar dicho rito sagrado o bajo su dirección es el anciano profeta, el sumo sacerdote y la máxima autoridad religiosa; incluso el rey investido con autoridad política no interfiere en la función que corresponde al sacerdocio. La aprobación de la ofrenda del anciano por parte de Quetzalcóatl se halla implícita en el humo del incienso desdoblado en una serpiente; pero en este caso, el humo amorfo se desvanece a los grandes pies de la imagen del nahual como si éste fuese el verdadero motivo de adoración.

El joven rey de gran estatura extiende su mano derecha en un acto de exhortación o represión al menor de sus hermanos mayores quien actúa con una autoridad sacerdotal que no posee. El efectuar funciones sin la aprobación del sacerdocio o el imitar rituales sagrados hace suponer al feligrés que se halla en el camino del verdadero adorador, cuando en realidad los hermanos de espalda al árbol cegados por el humo que cubre sus rostros simbolizan a aquellos que han optado por una religión cómoda donde adoran según su propia sabiduría y no de acuerdo con el orden del sacerdocio. El hermano mayor simboliza a los falsos líderes religiosos y el hermano recargado en el tocón representa a los seguidores de esos falsos sacerdotes; aquellos que adormecidos por el cascabeleo de la falsa culebra son conducidos por caminos anchos y serpenteantes que los conducen a la muerte espiritual. El no poder distinguir las falsas doctrinas abanderadas con principios verdaderos dirigen a los hombres a la adoración de la bestia-jaguar, es decir, al mundo o los reinos del mundo; no obstante, las palmas abiertas de sus manos sugieren que el hombre recargado en el tocón está dispuesto a aceptar el fruto del árbol, esto es, a escuchar la palabra que sale por boca del rey dejando su conversión a la imaginación.

### El cocodrilo vs. los hijos de maíz

Si bien el origen del hombre americano no excluye el paso por el estrecho de Bering, la Estela 5 narra que *Itzamná*, o sea, *Cipac* y su hijo el capitán estuvieron al frente del barco que cruzó el muro de agua en su trayecto al Nuevo Mundo a la mitad de la cuenta larga hace 2600 años; evento comparable a la migración olmeca y a la expedición de Colón. *Atlcahualo «dejan las aguas»*, es la veintena azteca que conmemora tal desembarco acaecido en el 592 a.C. según lo data la Estela 12 de *Danibaan "la montaña sagrada"*, o sea, Monte Albán. La presencia de la mujer y los niños nos habla de un viaje planeado

**Figura 87. Itzamná y el rey del maíz; Códice Dresde.**

y no aventurero donde trajeron consigo víveres, semillas, su idioma y cosmovisión del oriente, y una fortísima formación religiosa.

Garcilaso de la Vega registró dos versiones sobre el origen de los incas, que al fusionarse evocan un sincretismo semejante a los orígenes maya y azteca: *"El dios sol, al ver la tristeza en la que estaban sumidos los hombres crea una pareja: Capac y su esposa, a quienes entrega un cetro de oro ordenándoles civilizar el mundo; la pareja cruza las aguas del Lago Titicaca y después de mucho recorrido la vara se hunde en el valle de Cuzco como señal del lugar donde se establecería el imperio inca"*. La segunda versión dice que *"Viracocha ordena que cuatro hermanos varones* (los hijos de la pareja), *con sus respectivas esposas salgan de las cuevas de Pacarina, que en quechua significa «lugar de origen». Uno de los cuatro hermanos, Ayar Cachi, hombre fuerte y valiente, busca una tierra fértil donde asentarse, pero con engaños sus hermanos lo persuaden para regresar a su cueva de origen, quien al negarse ocasiona que quieran matarlo. Al llegar a Cuzco su bastón de mando se hunde, fundando en ese lugar la capital del imperio en honor a Viracocha"* (De la Vega MDCIX).

Otro autor sostiene que los indios del Perú descienden del *"pueblo hebreo; así se explica el tipo israelita y parentesco hebraico en el idioma [de] los indios y la costumbre que tienen todavía de andar con sandalias, hondas en la cintura y báculos en las manos, exactamente igual como andaba el pueblo hebreo en su peregrinación a la tierra prometida"* (B. Delaney 1908, 37, 32).

**Figura 88. Quijada de cocodrilo y peces gemelos; Palenque.**

El linaje gemelo injertado en América se dividió en dos pueblos rivales: el pueblo de *Kan "los hombres de maíz"*, cuyo linaje provino de las raíces de la ceiba camufladas en quijada de serpiente, el emblema del anciano padre; y el pueblo de *Lamanai* quienes vieron en las espinas cónicas de la ceiba la piel del saurio y en sus raíces la quijada del cocodrilo (**Figura 89**). Al idealizar a sus ancestros comunes los hijos del maíz concibieron la tierra con la cuadratura de un campo de maíz mientras los descendientes de Lamán percibieron la tierra como un cocodrilo, dualidad que trascendió hasta nuestros días. Ambos pueblos se desarrollaron juntamente en el Preclásico e inicios del Clásico alcanzando la cumbre como civilización tras la primera venida de Quetzalcóatl. Con la actual tecnología LIDAR se ha mapeado lo que se esconde bajo la espesa jungla en la zona maya del Petén: *"una megalópolis con cerca de 60,000 estructuras que en su tiempo superaba los veinte millones de habitantes; una red de carreteras que conectaron las ciudades unas con otras; centros urbanos, aceras, terrazas, canales de irrigación, torres, murallas y fortificaciones de varios kilómetros"* (Crichton 2017). Pese a la gloria de los hombres de maíz, éstos fueron extinguidos por el pueblo de Lamanai en una serie de disputas, saqueos y guerras continuas; conforme conquistaron sus ciudades los invasores adoptaron como suyos los sitios sagrados y los adaptaron a su ideología con una mezcla de mitos, tradiciones y leyendas. A ello se debe el diferente estilo de la Estela 5 de Izapa, tallada por un grupo expulsado de ese lugar.

El *Popol Vuh* refiere que después de fracasar con otros materiales los dioses crearon a los *hombres de maíz* quienes, pese a tener bajo su custodia el libro de la ley, trajeron sobre sí su propia destrucción cuando su maldad llegó al colmo, tal como aconteció con los *hombres de barro* durante el diluvio o los *hombres de madera* con la caída olmeca. Vez tras vez la Deidad rescata un remanente con la esperanza de reiniciar una nueva generación que rinda fruto. Esto se repitió con la descendencia de Lamanai quienes, según el mito, fueron preservados pero convertidos en *monos*, tema abordado en el capítulo XI.

La *Historia de la Nueva España*, detalla las señales previas a la caída de estos dos pueblos hermanos: *"La sexta señal fue que se oyó de noche en el aire una voz de una mujer que decía: ¡O hijos míos, ya nos perdemos!"*. Sahagún aclara que dicha mujer con atavíos blancos y que vociferaba en el aire con una cuna a cuestas se llamaba *"Cihuacóatl, mujer de la culebra"* (Sahagún 1830, 4, 18-19); el antecedente de la famosa *Leyenda de la llorona* acuñada así en el México colonial y que hoy, 500 años después, proliferan diversas versiones de su lamento anunciando la muerte de sus

Figura 89. Ceiba-cocodrilo; Estela 25 de Izapa.

hijos. Aquellos que recogieron las palabras de quienes lo vivieron dicen que aconteció en los días que la tierra se desfiguró por la muerte de su Creador. Los ayes que provenían del cielo penetraron hasta los tuétanos de los huesos, de modo que no había parte de su cuerpo que no se estremeciera. Se dice que la voz era del mismo Quetzalcóatl quien apareció ataviado con una túnica blanca lamentándose por sus hijos: *¡Ay, ay, ay de los bellos hijos e hijas de mi pueblo que han caído!* Detrás del mito se ilustra el fin del glorioso pueblo de los hombres de maíz quienes serían talados del Árbol de la Vida por no cumplir con la medida de su creación y sólo quedarían ruinas de sus ciudades. Tal desenlace se halla escrito en un libro desaparecido que saldrá de la tierra, como la voz de un pueblo que clama desde el polvo.

### La primogenitura

Debido al impacto que un gobernante ejerce sobre un pueblo o nación, la sucesión real fue un tema de capital importancia en la narrativa de la Estela 5 de Izapa. Como quien está próximo a la muerte, el deseo del anciano fue preservar su legado a la nueva generación que, bajo el orden teocrático, la sucesión al trono era hereditaria del padre al hijo mayor. Pero ¿por qué el hijo mayor no es el rey? Es claro que existe una diferencia entre ser el hijo mayor y tener el derecho a la primogenitura, la cual se traduce como el derecho a gobernar. En lengua maya *yax mehen* es el *«primer hijo engendrado»* pero *yax mehen ajaw* es el *«príncipe heredero»* (C. Álvarez 1997, 279).

**Figura 90. Los personajes de menores dimensiones; Estela 5 de Izapa.**

El privilegio de gobernar no radicó en ser el primero en el orden de nacimiento, sino consistió en poseer un atributo determinante para ser el elegido: la rectitud personal. Tal como la ofrenda de incienso fue aceptada por la Deidad debido a la rectitud del oferente; del mismo modo, el rey debía ser una ofrenda viviente de rectitud y un modelo de obediencia a la ley divina y la ley civil, prototipo del sumo sacerdote y rey de reyes Quetzalcóatl. El tamaño premeditado de los personajes pretende exaltar y dar honor a quien lo merece, razón por la cual los hermanos mayores fueron esculpidos de menor dimensión que su hermano menor el primogénito quien ostenta la corona y extiende su mano derecha con el pulgar levantado. *"Cuando los zapotecos querían escribir primogénito, usaban el glifo de una mano con el pulgar levantado... la palabra «yobi» significaba tanto pulgar como primogénito"* (Marcus 2008, 51). *"La primogenitura es la mayor dignidad en el reino, por ello, al primogénito del rey se le debe la mano derecha"* (C. Álvarez 1678, 4). Dicho hermano menor *"Ayar Kachi, uno de los cuatro hermanos salidos de Pakaritampu mostró poder tan grande, que despertó el celo y temor de sus hermanos"* (Patrón 1902, 18). Los *Anales de los Xahil* cita que los hermanos mayores, ancestros de las siete tribus cakchiqueles, cuestionaron: *"¿Quién nos dirá cómo atravesar el mar? Oh, hermano menor nuestro, tú eres nuestra esperanza"* (G. Raynaud 1946, 13).

Según la tradición hebrea al morir el patriarca, en el primogénito descansaba el cuidado de la familia y la custodia de objetos y reliquias, quien además recibía una doble porción de la herencia sobre el resto de sus hermanos, esto explica por qué el linaje de la primogenitura es representado con peces gemelos, una doble herencia entre las doce tribus que las convierte en trece al incluir a Efraín y Manasés, los hijos de José, el señor del grano que interpretó el sueño de las espigas de trigo y cuya descendencia abarcaría América. Asimismo, Quetzalcóatl el primogénito del Padre y príncipe de las doce tribus divididas en dos reinos que tras veinte reyes en el poder fueron conquistados y dispersos, con su retorno recibirá su doble herencia en ambos hemisferios de la tierra, pero esta vez su reino mundial no tendrá fin.

# Capítulo V. Glifo día 5
## *Chikchan "Crótalo de cascabel"*
## *Cóatl "la Serpiente"*

*Regente: Quetzalcóatl "la Serpiente Emplumada"*

Cóatl *«la serpiente de cascabel»*, el reptil endémico más icónico de la América precolombina y el glifo número cinco del calendario azteca se dibuja en la Estela 5 de Izapa con sus cuatro partes: **a**). La cabeza y ojo con que se identifica, según el singular estilo cuadrangular de Chichén Itzá y Teotihuacán; **b**). La quijada; **c**). El cuerpo, y **d**). El crótalo de cascabel. En la imagen, una línea separa la cola del resto del cuerpo; la cola, generalmente de color más oscuro, se compone por una serie de anillos engarzados entre sí que, al quebrarse muda por otro sin retener más de quince, incluido el más pequeño en proceso de formación. Cuando la serpiente agita su cola los cascabeles producen el característico sonido de una alarma.

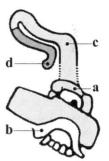

Figura 91. Serpiente de cascabel; Estela 5 de Izapa.

### La muda de la serpiente

Con la muda, la serpiente deja de alimentarse al punto que parece morir, entonces provoca una fisura y se deshace de la vieja piel en sentido contrario a su cabeza; de no hacerlo, podría provocarle ceguera. Entre la vieja y la nueva piel una sustancia acuosa deja al descubierto una nueva y hermosa piel de colores nítidos y brillantes. Literalmente el reptil ha experimentado un renacimiento, de ahí que encarne la idea de transformación camuflándose en múltiples formas: puede erguirse como la "S", o en vertical como la "I"; puede configurar la "U", la herradura; o morder su propia cola y dar forma al uróboro, el cíclico signo de morir y renacer. Los olmecas *"para expresar la idea de «tiempo» dibujaban una culebra enroscada"* (Barberena 1914, 181).

**Figura 92. Canamayté.**

La especie *Ajaw Can Crótalus Durissus* que habita en la zona maya, adorna su dorso con cuadrados perfectos, trece escamas por cada lado, que mediante contracciones adquieren forma de rombos, adornando su espalda con un típico patrón de diamantes llamado *Canamayté*. Según el antropólogo José Díaz Bolio en el centro del cuadrado se dibuja una cruz perfecta con cinco escamas por cada hélice, veinte en total; al multiplicar por las trece escamas de un lado resulta 260, la cifra del calendario sagrado y al sumar los cuatro lados con trece escamas resulta 52, el ciclo del Fuego Nuevo.

### *El veneno y la vacuna*

**Figura 93. Báculo de Asclepio.**

Al vivir en contacto con la naturaleza, los mayas estuvieron en constante alerta de ser atacados por la víbora de cascabel, cuya sola presencia infunde temor y respeto. Su mordida no desgarra sino inyecta, lo que no necesariamente produce dolor de inmediato; incluso puede causar cierta sensación placentera como una droga fluyendo en la sangre. Si el veneno no es tratado oportunamente la destrucción progresa lentamente, la lengua se traba, la visión es borrosa y los músculos se paralizan hasta que la muerte llega de manera abrupta. Irónicamente la serpiente no sólo fue asociada con la muerte y la enfermedad, sino también con la vida y la salud, porque la serpiente lleva en sí la enfermedad, así como la cura; dado que la manera de contrarrestar su veneno es mediante el suero o vacuna de otra serpiente. El *antígeno*, del griego *anti «opuesto»* y *geno*, *«generar oposición»*, es el antídoto que se obtiene de su quijada superior el cual genera anticuerpos en la sangre que causan inmunidad al veneno. Hoy en día persiste en la profesión médica el báculo de Asclepio, el dios griego de la curación y las plantas medicinales; su emblema consiste en una o dos serpientes entrelazadas en una vara, cuyo sincretismo seguramente provino de la vara de Moisés a través de los judíos. Este simboliza la obtención de conocimiento respecto al funcionamiento del cuerpo humano y su arquetipo invertido representó el falso conocimiento; sin embargo, la enfermedad no se limitó a la del cuerpo, sino también a la del alma.

En una analogía, la culebra maligna inyecta su veneno en la mente y corazón, o sea, en los pensamientos y sentimientos de su víctima logrando adormecer sus sentidos y que tenga una noción distorsionada de la realidad. Tomemos como ejemplo el veneno de la envidia, un sentimiento de celos mezclado con un extraño placer de disgusto y a veces rencor que inhibe la capacidad de sentir regocijo por el éxito o felicidad de otros, al grado que cuando se ha expandido en la sangre, la sangre hierve y la persona se dice a sí misma: "muero de envidia", porque en verdad está muriendo, no física sino espiritualmente, como una segunda muerte. El objetivo principal de la culebra opositora no es precisamente la muerte del cuerpo, sino la muerte del espíritu, lo cual lleva a la persona a destruir su autoestima, su dignidad personal y su paz interior y, sobre todo, a separarse de la influencia de Dios. En el contexto religioso esa muerte espiritual es el pecado, condición que puede persistir aún después de esta vida. ¿Cuál es el antídoto contra el veneno de la envidia, el enojo o la lascivia causado por la mordedura de la culebra maligna? La vacuna es el arrepentimiento.

### Dos serpientes y dos árboles

Suele pensarse en cuanto a la cosmovisión prehispánica que únicamente se hace referencia a Quetzalcóatl, la serpiente benigna; del mismo modo que en el canon bíblico sólo se refiere a Lucifer, la culebra maligna. Sin embargo, tanto en los registros precolombinos, así como en los testamentarios se hace referencia a dos serpientes antagónicas. La Estela 5 de Izapa y la Piedra del Sol se circundan con dos serpientes que mueven el mundo macro y microcósmico personificando la eterna lucha entre el bien y el mal, cuyo campo de batalla es la mente y el corazón del hombre donde la segunda serpiente acecha por inyectar su veneno y la primera genera la medicina que sana el alma herida. Los mayas llamaron a la culebra maligna *"Kanuuayayab* o *Ekuuayayab"* (Landa 1566, 62); y los indios hopi vieron en el adversario al *"apuesto Káto'ya con forma de serpiente"* (Waters 1996, 28). Después que Dios creó al hombre y la mujer, puso en el jardín el árbol de la ciencia del bien y del mal en oposición al Árbol de la Vida, ambos el núcleo del génesis. Y mandó diciendo: *"De todo árbol podréis comer; mas del árbol de la ciencia del bien y del mal no comeréis, porque el día que de él comieres, de cierto moriréis".*

123

Lucifer desdoblado en la culebra y con el objeto de frustrar el plan de Dios propone a la pareja que coman del fruto prohibido diciéndoles una mentira y una verdad: *"No moriréis, sino seréis como los dioses"*. Según el *Popol Vuh* la mujer exclama: *"Ciertamente deben ser sabrosos los frutos de que oigo hablar ¿Me he de morir, me perderé si corto uno de ellos?, dijo la doncella. Habló entonces la calavera que estaba entre las ramas del árbol y dijo: Extiende hacia acá tu mano derecha"* (A. Recinos 1960, 58). Al extender su mano y probar del amargo fruto la pareja cae de su condición divina y quedan sujetos a la muerte, la cual progresa lentamente en sus cuerpos con forma de envejecimiento. También "abren sus ojos" al diferenciar el bien del mal y descubren el poder de multiplicarse. La culebra que trajo la muerte al mundo, sin percatarse, desencadena el Plan de Salvación para que el hombre sea probado y efectivamente llegue a ser como los dioses.

La lógica precisa que la serpiente benigna camuflada entre las raíces del Árbol de la Vida, cuyo dulce fruto inocula el veneno que se introdujo en la sangre por causa de la caída, rescate al hombre de la muerte del cuerpo y la muerte del espíritu por medio de la resurrección y la remisión de los pecados. De tal modo, dos serpientes luchan entre sí por atraer al hombre mediante el fruto de un árbol o del otro; pero la misma libertad de elección que el hombre ejerció en el paraíso edénico y la misma estrategia que la culebra maligna utilizó en el origen de los tiempos, o sea, mezclar la verdad con la mentira, permanecen inalterables hasta el día de hoy.

Tabla 14. **Cosmovisión indoamericana y exégesis bíblica**

| Serpiente Emplumada | | | Culebra maligna |
|---|---|---|---|
| | Árbol de la Vida | Árbol del bien y del mal | |
| Fruto dulce (vida eterna) | | | Fruto amargo (muerte) |

Por ello, Moisés levantó una serpiente de bronce en el desierto que si miraban eran sanados; el símbolo de aquel que sería levantado en la cruz, opuesto a Lucifer, porque para derrotar a una serpiente venenosa se requiere de otra más poderosa. *Nakjásh*, *«serpiente»* en hebreo comparte la raíz con *nekjóshet «bronce»* (Strong 2002, xciii); que coincide con el maya *kan «serpiente»*, y que también significa *«amarillo»*, el color del bronce.

Recordemos que diez tribus fueron llevadas a Asiria y con ello, el culto a la serpiente de bronce que hasta el reinado de Ezequías *"le quemaban incienso"*, según 2 Reyes 18:4; veneración que persistió hasta la dispersión de los judíos por Babilonia y que fue traída al Nuevo Mundo por los migrantes que vivían bajo la Ley Mosaica. *Crónicas indígenas de Guatemala* cita que *"cuando llegaron del oriente... los quichés rendían culto a la serpiente"* (A. Recinos 1957, 45). He aquí el origen de la Serpiente Emplumada, el símbolo de aquel que sería levantado sobre un asta. El lingüista Pablo Patrón identificó similitudes entre los idiomas del Oriente Medio y las lenguas amerindias: *"Amaru «serpiente», tiene en asirio por homófono el verbo Amãru «ver», de amar «culebra»; en quechua significa «tierra, suelo, brillo, esplendor», manifiesto en el movimiento tortuoso del reptil y las líneas onduladas con que se representaba la luz en la primitiva escritura cuneiforme. El culto a la serpiente [fue] de origen asirio. En Caldea, la culebra era la representación de Ea, el abismo de las aguas, de allí su papel en la vida de ultratumba"* (Patrón 1902, 15, 14).

El Génesis gira en torno al árbol de la ciencia del bien y el mal, propiamente un árbol silvestre, cuyo fruto fue el medio por el que el hombre fue atraído a transgredir la Ley; el Apocalipsis gira en torno al Árbol de la Vida, un árbol cultivado cuyo dulce fruto atrae el gozo de la vida eterna. La Serpiente Emplumada consume el aguijón de la falsa culebra y sus secuaces, quienes no se visten totalmente con lo malo, sino mezclan verdades con mentiras muy firmes y atractivas, incluso bajo el respaldo de la ciencia con el fin de engañar.

### La serpiente y la culebra

En náhuatl *cóatl* tiene un segundo significado: *«cuate, gemelo»*, por lo tanto, el término *Quetzalcóatl* lleva implícito la dualidad, la existencia de su contraparte antagónica o complementaria. Al igual que la Piedra del Sol, la Estela 5 se flanquea con dos serpientes. Cada serpiente es tricorporal, es decir, se ramifica en tres cuerpos o torsos que configuran paneles rectangulares y concluyen en sus tres colas alusivas a los tres linajes injertados en el Nuevo Mundo. La serpiente del oriente sostiene la luna con una de sus colas y con otra circunda el sol. Según los quichés *"Gucumatz, la gran serpiente, lleva el sol cada día del oriente al poniente"* (Carmack and Mondloch 1983, 232).

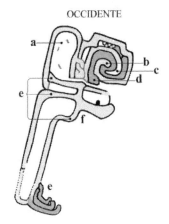
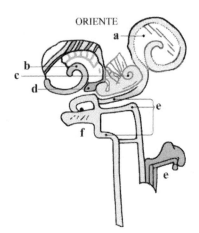

**Figura 94. Serpientes en vertical; Estela 5 de Izapa.**

| | |
|---|---|
| **f.** *Serpiente del occidente* | **f.** *Serpiente del oriente* |
| **e.** *Tres cuerpos y tres colas* | **e.** *Tres cuerpos y tres colas* |
| **d.** *Culebra con forma de 'S'* | **d.** *Culebra envuelve la luna* |
| **c.** *Cola interior en espiral (aguas)* | **c.** *Barca en espiral* |
| **b.** *Cola exterior cuadrada (tierra)* | **b.** *Cola sostiene la luna* |
| **a.** *Cola rodea gran campo espacioso* | **a.** *Cola rodea el sol* |

La serpiente del oriente rodea con su cuerpo el sol cuya contraparte quiásmica es la serpiente del occidente que rodea un campo grande y espacioso; sus colas bosquejan una 'G', la Greca, en cuyo espacio vacío se delinea la pequeña culebra de cinco cascabeles con forma de 'S', cuya contraparte es la otra culebra envolviendo la luna. Al posar sus cabezas sobre las serpientes gemelas en vertical, rasgo de Quetzalcóatl, las culebras ocultas que representan a la serpiente maligna retratan a aquel que se mantiene al tanto de los movimientos de su adversario.

**Figura 95. Glifo del agua; Códice Magliabecchiano.** Los mayas concibieron simultáneamente la cuadratura y redondez de la Tierra plasmada en el *Códice Dresde*. Dos colas en espiral encontrándose, una interior que representó las aguas y otra exterior ligeramente más cuadrada que simbolizó la tierra; ambas colas retrataron las aguas contenidas por la Tierra, y ésta girando en espiral alrededor de su centro rector el sol. Los mexicas representaban *"la tierra como una gran rueda rodeada completamente por las aguas… y llamaban a esa agua que circundaba a la tierra, el océano, téoatl «agua divina», o Ihuicatl «agua celeste», porque se juntaba en el horizonte con el cielo"* (León-

Portilla 2017, 379). De tal modo, el binomio tierra-agua resultó en el glifo maya *Kaban «la Tierra»*, el tercer planeta del sistema solar que, junto con el sol y la luna forman la tríada cósmica estelar, los tres astros sostenidos por la serpiente del cielo.

### La cruz cardinal

La serpiente del oriente encuadra con su cuerpo la cruz cardinal que con las partes de su cuerpo señala las cuatro direcciones de la tierra: la cabeza es norte, la quijada es oeste, el cuerpo es este y la cola es sur; el punto cardinal del centro es la misma cruz, el árbol con forma de cruz que nace de la raíz de la serpiente. Los rumbos geográficos además son conceptuales: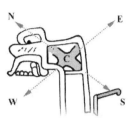

Figura 96. La cruz cardinal; Estela 5 de Izapa.

el norte se asocia con el cielo vinculado a la cabeza de la serpiente y el sur se asocia con el inframundo ligado a su cola. En la perspectiva global del plano cartesiano de la Estela 5 de Izapa, el mismo principio se aplica al árbol, las raíces son rumbo sur, la copa es rumbo norte y el tronco dividido por la vertical indica los hemisferios este y oeste.

*"Los mayas distinguían los rumbos de la tierra asociándolos con un color y una serpiente"* (Boccara 2004, 19). La serpiente del *oriente* del latín *ori «origen, nacer»* fue *lak'in*, el rumbo por donde nace el sol y se asoció con *chak «el rojo»*. La serpiente del *occidente*, del latín *occi* de occiso *«morir»* fue *chik'in*, el rumbo por donde muere el sol y se asoció con *ek'* el color *«negro»*. La serpiente del norte, el cenit o punto más alto del sol fue el rumbo de *xaman «la Estrella Polar»* y se asoció con *sak* el color *«blanco»* de la nieve invernal. La serpiente del sur fue el rumbo de *nojol*, el nadir o punto más bajo del sol y se asoció con *kan «el amarillo»*. La serpiente del centro camuflada en la raíz de la cual crece el árbol con forma de cruz, *"el que crea las cuatro direcciones del mundo"* (Calleman 2007, 37), su color fue *ya'ax «el verde»*. *Ceiba* significa *«árbol verde»*, el color de la vida, la naturaleza y el jade.

Tabla 15. **Los colores según los rumbos de la serpiente**

| Serpiente del Norte/Blanco | | | Serpiente del Este/Rojo |
|---|---|---|---|
| | Serpiente del centro Verde | | |
| Serpiente del Oeste/Negro | | | Serpiente del Sur/Amarillo |

127

### Serpientes de la Estela 5

Cinco serpientes en la Estela 5 de Izapa identificadas con su cabeza y ojo se distribuyen en los cinco puntos cardinales: dos en el hemisferio occidental: norte (N) y sur (S); dos en el hemisferio oriental: este (E) y oeste (W); y una quinta serpiente en el centro (C) **(Figura 97)**. Las dos serpientes del oriente retratan la alineación horizontal del Viejo Mundo y las dos serpientes del occidente evocan la geografía vertical de América. Esta nueva tierra, dicen los indios hopi *"surgió cuando el mundo fue sumido bajo las aguas para convertirse en la espina dorsal de la tierra"* (Waters 1996, 38). Como si de un mapamundi se tratase y sin señalar un territorio específico, la serpiente del norte identificó a Norteamérica; la serpiente del sur a Meso-Sudamérica; la serpiente del poniente a Europa y África, y la del oriente a Asia y Oceanía. La serpiente del centro enlazada con la serpiente del este se situó como la serpiente del Oriente Medio, o sea, la tierra de origen de Quetzalcóatl.

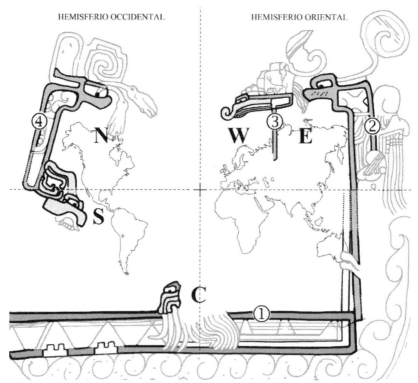

Figura 97. Serpientes identifican los cinco rumbos de la tierra; Estela 5 de Izapa.

## *Cuatro árboles en los cuatro rumbos de la tierra*

De la raíz principal de la serpiente enclavada en el centro de los cuatro puntos cardinales surge el Árbol de la Vida el cual *"es capaz de replicarse en los cuatro rumbos del mundo"* (Somohano 2015, 58). Un viejo texto guaraní dice: *"Ñamandu, el verdadero Padre... creó una palmera eterna en el centro de la tierra, otras en la morada de Karai al oriente; en la morada de Tupa al poniente; en el origen de los vientos buenos al norte; y en los orígenes del tiempo-espacio al sur. Cinco palmeras eternas creó"* (Cadogan 1959, 28). El *Códice Fejérváry-Mayer* retrata cuatro árboles en forma de cruz por cada rumbo cardinal, en tanto el personaje del centro recibe o emite en su cuerpo injertos de dichos árboles (**Figura 98**). En toda tierra donde Quetzalcóatl establece su centro de gobierno para sus discípulos dispersos en toda tribu, pueblo, lengua o nación lo hace mediante un árbol que surge de la raíz de la serpiente, cada cual plantado en su hora y en su tiempo; dicho templo o árbol sagrado se convierte en el axis mundi u ombligo del mundo. Fray Diego Durán cita que cuando el rey de Texcoco felicitó a Ahuizotl tras concluir el Templo Mayor de la Gran Tenochtitlan dijo: *"eres rey de tan poderoso reino, el cual es la raíz, el ombligo y corazón de toda esta máquina mundial"* (Villa Rojas 1985, 194).

**Figura 98. Árbol por cada rumbo cardinal; Códice Fejérváry-Mayer.**

Los mayas tenían conocimiento de los cuatro rumbos geográficos del planeta; por lo tanto, los cuatro paneles rectangulares conformados por las serpientes en la Estela 5 de Izapa (**Figura 97**); dos alineados en vertical y dos en horizontal, señalan cuatro clases de tierras, las que localmente diferenciaron y que serían sedes del pueblo de Quetzalcóatl en diversas dispensaciones desde el origen de los tiempos:

**1.** *Ek'lu'um «Tierra negra»*. Del maya *ek'* *«negro»* y *lu'um* *«fértil»*, una tierra fértil que retiene suficiente agua para nutrir un árbol. En este caso, el gran panel rectangular que aloja las figuras piramidales recrea las tierras faraónicas al suroeste del Oriente Medio donde el "Árbol de Jacob" injertó sus doce raíces en el inicio de los tiempos. Un *río* como el Nilo corre junto al *camino* representado por el panel rectangular, a cuyo lado una *barra* conduce a las raíces del árbol; las raíces evocan a los ancestros de la colonia de migrantes venidos en el gran barco, cuya armazón enlaza ambos hemisferios de la tierra mediante ese crucial acontecimiento.

**2.** *Tsek'el «Tierra seca»*. Del maya *tskek'* *«calavera descarnada, cosa seca o sin vida»*, una tierra contraria a una fértil, seca, árida e inhóspita, o sea, un *obscuro y fúnebre desierto*, cuyo suelo arenoso y poco profundo no es apto para la agricultura. Pese a coronarse con el sol, el panel oriental se cubre con vapores de niebla que los mayas chortí vieron como *"lluvia de serpientes"* (J. E. Thompson 1975, 308); cinco culebras esconden sus cabezas y cuelgan de la cola de la serpiente del oriente, lo que indica que la tierra que a la mitad de los tiempos fue favorecida por la serpiente, de cuya raíz principal creció el Árbol de la Vida, ahora es una tierra acéfala de la cual penden colas; además, las siluetas de un gran crótalo de cascabel y un cocodrilo se camuflan entre la neblina. Una tierra con grandes conflictos, guerras y densas tinieblas espirituales, situación que orilló el éxodo hacia la tierra prometida. No obstante, el glifo ceguedad y sordera se conecta con el angosto camino de la serpiente que conduce hacia la luz del sol que disipará las tinieblas para convertir ese desierto en una tierra de miel.

**3.** *Saskab «Tierra blanca»*. Del maya *saj/sak* *«blanco, claro»* y *kab* *«tierra»*, la cantera de donde se extrae la tierra blanca y caliza, el cemento para preparar mezclas para la construcción, lo cual coincide con el panel más pequeño al norponiente del hemisferio oriental que sostiene una ciudad donde sobresale un *gran y espacioso edificio*, el cual forma parte del alto tocado de la bestia-jaguar. El agrietado edificio, símbolo de civilización, en cuyo costado desemboca un río y cuya contraparte al occidente es *kaban «la colmena»* representada con los colibríes, retrata un imperio o centro de poder político y religioso asentado sobre las aguas que describe a Europa, tierra de gentiles, donde crecerá un frondoso árbol silvestre, pero sin fruto, cuyas ramas cubrirán toda la tierra.

**4. *Kankab «Tierra de miel»*.** Del maya *kan «grano, semilla»* y *kaban «pueblo, colmena, abeja»* (Boccara 2004, 19); la cual describe una tierra idónea para el cultivo de maíz, una tierra de miel, campos, ríos y manantiales representada por el panel vertical al occidente que se conforma por la serpiente del norte y la serpiente del sur, la cual cuenta con dos centros de recogimiento o pueblos de la colmena simbolizados con el *ts'unu'un «colibrí»*, cuyo prefijo *ts'u'* significa *«centro»* (Gómez Navarrete 2009, 43). A la mitad de los tiempos el árbol cultivado injertó sus raíces mandibulares en la tierra del sur y produjo dos clases de frutos, mas el fruto malo sobrepujó al fruto bueno; sin embargo, en los últimos días el árbol cultivado a punto de secarse recibirá injertos del árbol silvestre y producirá fruto bueno en abundancia; por lo tanto, el panel que describe a América se corona con *un campo grande y espacioso* cuya contraparte quiásmica es el sol; una clase de tierra roja común en los desiertos de Norteamérica e ideal para el drenaje llamada *kanaan kax* por los mayas, homófono de *Canaán*, la tierra prometida del oriente.

Tabla 16. **Cuatro tierras y cuatro árboles; Estela 5 de Izapa**

| | Tierra negra | Tierra seca | Tierra blanca | Tierra de miel |
|---|---|---|---|---|
| **Árbol** | Árbol de Jacob | Árbol de la Vida | Árbol silvestre | Árbol cultivado |
| **Posición** | Sur -horizontal | Este -vertical | Nte. -horizontal | Oeste -vertical |
| **Reinos** | África: *reino del mono: Egipto.* | Asia: *reino de la serpiente: Medio Oriente.* | Europa: *reino del lobo-jaguar: Roma.* | América: *reino del águila y los colibríes.* |
| **Sinopsis** | Imperio al inicio de los tiempos que imitó el reino de Quetzalcóatl mediante el poder faraónico. | Imperios que "cuelgan" de la cola de la serpiente que se convertirán a Quetzalcóatl tras su segunda venida. | Imperio surgido a la mitad de los tiempos que imitó el reino de Quetzalcóatl mediante el poder del papado. | Imperios en cuyos límites se estableció y se establecerá el reino de Quetzalcóatl en los últimos días. |

### Serpientes de la Piedra del Sol

Los hemisferios de la tierra que no fueron ajenos a los amerindios se retratan en la Piedra del Sol con las *xiuhcóatl "serpientes de fuego"*:

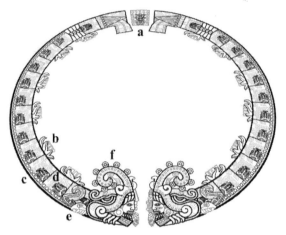

Figura 99. Serpientes de fuego; Piedra del Sol.

**Figura 100.**
**Año 13 caña;**
**Piedra del Sol.**

**a.** *Año 13 caña*. La fecha tallada entre las colas de las serpientes marcó una nueva era con el *Fuego Nuevo* cada 52 años, cuya cuenta regresiva nos remite al año cero del calendario gregoriano que coincide con el nacimiento de Quetzalcóatl. ¿A dónde apuntan las cabezas de las serpientes encontrándose entre sí? Al encuentro de dos mundos, es decir, al descubrimiento de América en la era llamada "el Quinto Sol".

**Figura 101.**
**Flamas y**
**barras; Piedra**
**del Sol.**

**b.** *Siete flamas de* fuego, seis sobre el dorso de cada serpiente y una asomándose sobre su cabeza (**Figura 105**), representan el *Fuego Nuevo* cada 52 años o la suma de *cuatro barras o tlalpillis* con valor de *«trece años solares»*. De tal modo, 7x52 o 13x28=364, más "un tiempo fuera del tiempo" resulta un ciclo solar de 365 tiempos.

**Figura 102.**
**"Lunas";**
**Piedra del Sol.**

**c.** *65 lunas* de 28 días en la parte ventral de cada serpiente resulta un *Hotun* de 1820 tiempos o 5 soles que, multiplicado por las dos serpientes más "un tiempo fuera del tiempo" resulta un ciclo solar milenario de 3650 años. Además, 65 años venusinos (65x584=37,960) divididos entre 365 equivale a un *Huehuetiliztli* de 104 años solares.

**d.** *Atlachinolli «agua-fuego»*, la unión de elementos *"opuestos que se juntan para trascender y convertirse en el soplo vital que purifica todo, el Tloque Nahuaque"* (Nieto 2021, 248); otro nombre de Quetzalcóatl, *«el que acerca, el que junta, el que reconcilia»*, el único que puede unir a dos bandos contrarios: águila y jaguar, judíos y musulmanes, negros y blancos, realistas y libres. Cada serpiente con doce atlachinollis remite a la era de Enoc, el inicio de la Cuenta Larga maya que comprende 5200 tunes o trece períodos de 144,000 días.

**Figura 103.**
**Atlachinolli;**
**Piedra del Sol.**

**e.** *Culebra y quincunce.* Una culebra con forma de 'S' se mimetiza en garra de reptil con cabeza craneal y da a la serpiente apariencia de cocodrilo, camuflaje también presente en la Estela 5 de Izapa. Esta se acompaña con un quincunce trenzado, un singular símbolo geométrico.

**Figura 104.**
**Culebra y**
**quincunce;**
**Piedra del Sol.**

### Las pléyades

**f.** *Las pléyades.* De las quijadas de las serpientes surgen los rostros de Quetzalcóatl y Tezcatlipoca quienes, según el mito, evocan el día y la noche, el occidente y el oriente; y cuyos tocados se adornan con la constelación de las pléyades llamada por los mayas *tsab ek «cola de serpiente de cascabel»*; en quechua es *collca «granero»* o *coto «puñado de semillas»*; en náhuatl *tianquiztli «mercado»*, vista como una multitud de gente. Para los hopis, los siete cúmulos de estrellas conforman la espiral *"representativa de los siete universos"* (Waters 1996, 162).

**Figura 105.**
**Las Pléyades.**
**Piedra del Sol.**

Tabla 17. **Las Pléyades**

| Pléyades | Geometría | Rumbo | Estado |
|---|---|---|---|
| **1. Maya** | Triángulo | Este | Celeste |
| **2. Asterop** | equilátero | | |
| **3. Taygeta** | | | |
| **4. Celaeno** | Trapecio | Sur | Terrestre |
| **5. Electra** | menor | | |
| **6. Merope** | Trapecio | Oeste | Teleste |
| **7. Alción** | mayor | | |
| **8. Atlas** | No | Norte | Tinieblas |
| **9. Pleione** | definida | | de afuera |

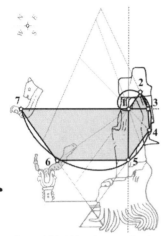

**Figura 106. Pléyades en el velo geométrico; Estela 5 de Izapa.**

Las pléyades se despliegan en las intersecciones del velo geométrico sobre la pirámide clave, según la Geometría Sagrada de la Estela 5 de Izapa (**Figura 106**). Las primeras tres estrellas perfilan el característico triángulo equilátero que indica un estado *celeste* ubicado en el cuadrante este (E); un trapecio menor sugiere un estado *terrestre* en el cuadrante sur (S); y un trapecio mayor indica un estado *teleste* al oeste (W). Si se ordenan una sobre otra conforman una pirámide de tres niveles. Maya, la primera estrella de las pléyades se ubica en el centro de los cuadrantes. Alción, la séptima estrella, rige a cuerpos de orden teleste, los más alejados del núcleo de la galaxia; en otras palabras, el inframundo galáctico donde orbita nuestro sistema solar; y un estado de *tinieblas* se ubica más allá de la séptima estrella.

**Figura 107. Las Pléyades.**

La órbita del sol alrededor de alción comprende períodos de 13 mil años que a su vez se dividen en períodos de seis mil años de oscuridad seguidos por mil años de luz. Alción tiene a su alrededor un anillo de radiación donde cada uno de sus sistemas solares, incluido el nuestro, a su tiempo y obligadamente cruzarán dicho anillo cuya luz los bañará directamente; en el caso de la Tierra tardaría mil años en cruzarlo.

### El cuerpo de la serpiente

*Chikchan* «serpiente», cuyo sufijo *chan* o *kan* significa *«cuatro»*, conforma con su estrecho cuerpo un rectángulo con sus cuatro esquinas cuyas periferias superior (**a**) e inferior (**b**), pese a estar interconectadas las separa una diagonal o fisura en el costado derecho. Sobre el panel rectangular descansan los pies de los *"cuatro hombres [que] vinieron del Lugar de la Abundancia… de allende el mar"* (G. Raynaud 1946, 3). Los cuatro hermanos son los únicos de los ocho personajes al pie del árbol que muestran la planta de sus pies.

134

**Figura 108. Los cuatro hermanos; Estela 5 de Izapa.**

Si bien, el glifo maya de la huella del pie enmarcado en un cartucho parece obvio en su significado, Galina Ershova aclara que sería un error *"considerar el aspecto gráfico del signo como punto de partida para...su lectura"* (Ershova 2013, 117). La huella del pie significó *be* «*camino*», la cual sustituye al cuerpo de la serpiente que funge como el suelo, el piso o el camino de la tierra donde transitan los pies de los vivos y cuya calzada inferior conduce al inframundo de los muertos.

Para los hopis *"la huella del pie [fue] la señal de la migración del pueblo"* (Waters 1996, 68); el camino de la Serpiente Emplumada que dirige los pies de los migrantes en su dispersión por los cuatro caminos o rumbos de la tierra. Otro detalle es la dirección de los pies; los hermanos de menor dimensión dirigen sus pies en sentido contrario al árbol, mientras los hermanos de mayor tamaño dirigen sus pies hacia él. Cada pareja con su coigual, uno como el líder del otro, representan los dos grandes grupos de seguidores que transitan en el recto y angosto camino de la serpiente que conduce a la tierra prometida en cuyo centro se halla el Árbol de la Vida, o sea, el reino de Quetzalcóatl, quien parece enaltecer a quienes en todo éxodo siguen sus *"hermosas huellas que conducen a la perfección"* (Cadogan 1959, 44). En tanto tres de los personajes asientan sus pies sobre tierra firme, el timonero reposa su pie sobre las aguas, fuera del panel rectangular; dejando entrever un éxodo por tierra y por mar; además, su pie hace contacto con el cuerpo en vertical de la serpiente del oriente, paralela a la barra o caña a la cual se aferra para no hundirse en las aguas peligrosas. El *Popol Vuh* así lo expresa: *"Que no se caigan en la bajada ni en la subida del camino. Que no encuentren obstáculos ni detrás ni delante de ellos, ni cosa que los golpee. Concédeles buenos caminos, hermosos caminos planos"* (A. Recinos 1960, 156).

**Figura 109. Los cuatro hermanos y el glifo de la huella del pie. Códice Boturini.**

La huella del pie en el *Códice Boturini* retrata el éxodo azteca de Aztlan a México-Tenochtitlan fundada en 1325 d.C; donde el águila en un nopal, símil del Árbol de la Vida, fue la señal de su tierra prometida. ¿Cómo se extendió el conocimiento de Quetzalcóatl en este continente? Los hopi asumen que las continuas migraciones en todo rumbo cardinal para instalarse en sus heredades tuvieron ese doble propósito.

### *La cola o crótalo de cascabel*

**Figura 110. Río se camufla en cola de cascabel; Estela 5 de Izapa.**

Tal como el cuerpo de la serpiente representó el camino de la tierra *Ajtzaab'*; *«la cola de cascabel»* evocó al *Be-el ja* *«el camino de las aguas»* en sus diversas manifestaciones; como océanos, fuentes, manantiales y ríos controlados por la cola de la Serpiente Emplumada. En la Estela 5, las quince espirales del río se mimetizan en la cola de la serpiente de cascabel que, bajo la óptica dual, sostienen el gran barco en su trayecto hacia la tierra prometida. Como una fuente de aguas que nace junto al Árbol de la Vida tres ondas en vertical se alzan en dirección contraria a doce ondas en horizontal y conforman un ángulo recto cuyo vértice es la onda número doce, la cual empuja con fuerza como si quisiese ocupar el lugar de una de las tres primeras (**Figura 110**). Quince es el número regular de cascabeles que la serpiente retiene y cuando uno se desgasta lo muda por otro. En sentido sacerdotal, dicha analogía ilustra la administración del gobierno de Quetzalcóatl; la fuente de aguas puras evoca la tríada o Primera Presidencia y las doce ondas ilustran el cuórum y la sucesión apostólica; cuando uno de los Doce muere es sustituido por otro.

**Figura 111. Deidad mexica del agua.**

El mito maya alterna eventos naturales en el marco del comportamiento social vinculado con la serpiente, cuya consecuencia natural fue la abundancia o escasez del líquido. La cola de la Serpiente Emplumada anuncia las aguas del cielo y la temporada de lluvias con caracoles y chalchihuites a modo de cascabeles; en tanto la culebra maligna fue asociada con la sequía, los diluvios, inundaciones y ríos de aguas sucias.

*"Los viejos cuentan que hubo una víbora de cascabel que cuando hacía sonar su cola de manantial parecía un arcoíris. Allí iba por montes y llanos regando todo lo que había a su paso, dando de beber a plantíos, árboles y flores. Hubo un día en que los hombres pelearon y la serpiente desapareció; entonces hubo sequía en la tierra. Los hombres dejaron de pelear y la serpiente volvió a aparecer; cesó la sequía y todo volvió a florecer; del corazón de la tierra salieron frutos y del corazón del hombre brotaron cantos. Pero un día los hombres armaron una pelea tan grande que duró muchos años; fue así como la serpiente desapareció por siempre. Cuenta la leyenda que la serpiente asoma su cabeza hasta el día en que los hombres dejen sus peleas para volver a erguir su cola de muchas aguas"* (Donnet 2005, 17-19).

En la Estela 3 de la Venta, Tabasco, un personaje con rasgos semitas, en particular su nariz y larga barba, se dibuja frente a otro con rasgos olmecoides. Al respecto Philip Drucker comentó: *"las figuras principales de este monolito representan una reunión de personajes olmecas y no olmecas"* (Benson 1981, 44). La colonia del anciano *Cipac* del linaje gemelo de José, no fue el único grupo del linaje de las doce raíces que arribó a la tierra prometida;

**Figura 112. Hombre con rasgos semitas; Estela 3, La Venta.**

sino un segundo grupo del linaje de Judá desembarcó en tierras olmecas; con su llegada la serpiente que Moisés alzó en el desierto se convirtió en la *"transmisora del iconismo americano"* (Díaz Bolio 1965, 253), con ello se explica por qué la iconografía que identifica a Quetzalcóatl y su tribu fue precisamente la serpiente de cascabel.

Figura 113. Crótalo; Estela 5 de Izapa.

El crótalo de cascabel se exhibe al centro del logograma de la Estela 5 como una extensión ligeramente semicurva con punta oval, la cual se replica en la serpiente del sur, en la barca, entre los vapores de niebla y la de mayor tamaño con el hombre con el niño en sus hombros. Por lo tanto, la serpiente representó a Quetzalcóatl y su cola o crótalo alojado en el pecho del colibrí logográfico evocó a su familia, la tribu de Judá que, pese a ser de alta estima en su pecho, lo desconoce como la raíz principal del Árbol de la Vida. Disperso en ambos hemisferios, el linaje serpentino del Viejo Mundo parece más endurecido que el injertado en el Nuevo Mundo.

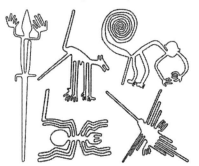

Figura 114. Geoglifos de Nazca, Perú.

*"De la gran serpiente de cascabel fluye la vida"* (Díaz Bolio 1965, 253). El lagarto, el perro, el mono, la araña, el colibrí y el árbol se encuentran entre más de 150 geoglifos, algunos de casi 300 metros, labrados en una red de caminos rectos y serpenteantes en los desiertos de Nazca. Según los expertos fueron trazados por la cultura de Paracas y después por los Nazca entre el 600 a.C. y el 200 d.C., cerca de sus centros ceremoniales. Al igual que los signos del calendario, cada figura brinda una lectura jeroglífica en el paisaje ritual de Nazca; por ejemplo, *Uru «la araña»*, que en lengua quechua también significa *«gusano»*, fue concebida al igual que el gusano de seda como la gran tejedora de la *"trama de vida... tejer es equivalente a crear"* (Valbona 2021, 312). La araña fue vinculada con la mujer hiladora arrodillada ante el telar artesanal cuyos hilos de vivos colores confeccionan los más hermosos diseños geométricos que evocan a la serpiente, como los rombos que adornan su dorso y que sobreviven hoy en día en los huipiles y la vestimenta autóctona de los indígenas (**Figura 15**).

# Capítulo VI. Glifo día 6
## *Kimi "la Muerte"*
## *Miquiztli "el Cráneo"*

*Regente: Mictlantecuhtli "el señor de la muerte"*

*"Después que amanezca una nueva era, yo haré que circule la palabra nuevamente por los huesos y vuelvan a encarnarse las almas".*
*Ayvú Rapyta; texto mítico guaraní*

La quijada descarnada identificó un cráneo humano que en la Estela 5 de Izapa se ubica en la frente del rey, el espacio que sugiere lo que ocupa la mente; en este caso, recordar a sus muertos y ancestros, sin duda, un deber vital de la religión indoamericana. No de balde el sexto glifo del calendario: *Kimi* para los mayas y *Miquiztli* para los aztecas fue representado con un cráneo en alusión a sus muertos, irónicamente asociado con el sexto mandamiento del decálogo hebreo.

**Figura 115. Cráneo, Estela 5 de Izapa.**

**Figura 116. Filacteria; Estela de Tepatlaxco.**

El cráneo con gorro estilo arlequín se sujeta a la cabeza del rey con el *sak hu'unal*, una cuerda fibrosa a la que los académicos le asignan un origen exclusivo maya; sin embargo, otros ven en ella *"la función de una filacteria, como es el caso de la Estela de Tepatlaxco, Veracruz"* (Morelli 2011, 191). En dicha Estela, un personaje barbado enrolla con una cuerda siete veces su brazo y otras más en sus dedos, la cual se conecta con un elemento en su frente (**Figura 116**). Dicha práctica aún vigente entre los judíos tiene como fin traer a la mente un tema escritural que en la talla es muy explícito: el deber que los vivos tienen para con sus ancestros, o sea, las doce raíces del árbol enterradas en lo profundo de la tierra. Por otro lado, la práctica precolombina de decapitar la cabeza de los enemigos y exhibir sus cráneos se manifestó en el *Tzompantli* mexica, el cual delataba a pueblos acéfalos, militar o políticamente hablando.

## *La muerte*

Un apartado del *Códice Laud*, documento pictográfico del siglo XVI, retrata la naturaleza dual del hombre en el proceso de la muerte **(Figura 117)**. Al centro, una figura humana de carne y huesos personifica la vida mortal, lo cual se infiere al posar sus pies sobre tierra y al sujetar con su mano la cuenta o el atado de años, símbolo del tiempo. A la derecha, la misma figura se desdobla en

**Figura 117. Proceso de la muerte; Códice Laud.**

un esqueleto que se desvanece a tierra, evocando su enterramiento o sepultura; su cráneo se adorna con un tocado similar al que adorna el cráneo de la Estela 5. A la izquierda Ehécatl, identificado con su pico de ave y su típico gorro cónico, representa el maya *Ik «espíritu»*, el ánima que con la muerte se desprende del cuerpo y se remonta al cielo, la entidad que a semejanza del aire, ocupa un lugar en el espacio pero no se ve; porque *"no hay tal cosa como materia inmaterial. Todo espíritu es materia, pero es más refinado o puro, y sólo los ojos más puros pueden discernirlo"* (Fielding S. 1982, 166).

Según la cosmovisión prehispánica, el espíritu llamado el "soplo de vida" proviene de una esfera premortal: el *Tamoanchan*, donde *"la pareja suprema, Ometecuhtli y Omecíhuatl, envía... el germen anímico del niño al vientre de la madre"* (López-Austin 1993, 9). Con el nacimiento se genera el "aliento de vida" y el espíritu creado por los padres de los espíritus toma un cuerpo mortal de carne y huesos transitorio y susceptible de envejecimiento concebido por padres mortales. Con la muerte cesa la respiración y el espíritu abandona el cuerpo que, según el *Chilam Balam "no hay muerte dentro de él"* (Rivera D. 2017, 199); es decir, el espíritu puede existir sin el cuerpo, pero el cuerpo físico no puede vivir sin el espíritu, éste existirá después de la muerte y continuará sus labores en otro mundo dual y paralelo a la vida mortal, ambos mundos interdependientes el uno del otro. Fray Diego de Landa lo explica de este modo: *"esta gente ha creído siempre en la inmortalidad del alma más que otras muchas naciones, porque creían que después de la muerte había otra vida más excelente de la cual gozaba el alma apartándose del cuerpo"* (Landa 1566, 59).

### Los muertos y el fruto

La mejor analogía de los tres estados del hombre la proporciona la misma Ceiba Sagrada en las figuras de la semilla, el árbol y su fruto; es decir, el *"Tamoanchan, lugar de creación"*, el lugar donde se gesta el espíritu antes de nacer (López-Austin 1993, 9); el *Tlaltecuhtli "la madre tierra"*, el estado donde el espíritu obtiene un cuerpo mortal y aprende a ejercer su albedrío; y el *"Tlalocan, lugar de muerte"* (López-Austin 1993, 9), el mundo de los espíritus después de la muerte y antes de la resurrección.

De la flor de la ceiba surge el fruto que eclosiona por el calor del sol y cae a tierra; sus semillas dispersas por el viento viajan envueltas en una especie de algodón a semejanza de un velo que se disipa con la lluvia. La semilla echa raíz y crece en un árbol que en su madurez producirá fruto cuya semilla resucitará en ciclos interminables de vida. La vida genera muerte y la muerte produce vida; por tal razón, la deidad requiere que el hombre sea un fruto de la más alta calidad, porque un árbol estéril interrumpe el proceso y es incapaz de producir buen fruto. Para los mayas *de dentro de la tierra salen piedras y árboles y éstos se vuelven hombres para fundar pueblos"* (Morales D. 2006, 182). Un hombre rico es aquel con mucho descendencia y *"un hombre pobre es un hombre sin semilla"* (C. Álvarez 1997, 47). Donde Dios os ha sembrado es preciso florecer, porque el hombre alberga la semilla del Árbol de la Vida el cual tiene el poder de hacer reverdecer sus raíces, ramas y hojas después de la poda y muerte invernal y permite la continuación de vidas, esto es, la inmortalidad y la vida eterna.

### El paraíso de los muertos

Cuando el espíritu se separa del cuerpo mortal es recibido en el *"paraíso terrenal que se nombra Tlalocan"* (Sahagún 1830, 232), un lugar paradisíaco donde se dice, van los espíritus de los niños que murieron siendo pequeños y aquellos que renacieron como niños al ser sumergidos en aguas limpias. Pero los malvados, aquellos que murieron ahogados por el gran diluvio se hallan cautivos en el *Mictlán*, llamado por los mayas el *Xibalbá*, una *prisión* que de acuerdo con el mito se halla separada del paraíso por una sima donde corre un río, un lugar de tinieblas donde el crujir de las fauces del cocodrilo hacen una espantosa espera hasta el día de la resurrección. Dichos estados paralelos plasmados en los *Murales de Tepantitla* en Teotihuacán, son presididos por un gran árbol de cuyas manos brotan fuentes de aguas donde numerosos personajes bailan, cantan y juegan a su alrededor.

Dos puntos separados por una diagonal es el glifo maya similar al signo del porcentaje que sugiere la muerte en sus dos estados: la muerte física y la muerte espiritual, monstruos a semejanza de cocodrilos que debe enfrentar el hombre como parte de las pruebas del inframundo mortal. La muerte espiritual significó ser separado de la presencia de Dios, es decir, morir en cuanto a las cosas que pertenecen a la rectitud al ir en contra de lo que es bueno; un estado que puede prolongarse aún después de esta vida. La muerte física se cumple con la expresión maya *bini binaan yik «fuésele el espíritu o el alma»* (Bourdin 2007, 113); es decir, cuando el espíritu se separa del cuerpo y es recibido en un estado transitorio en el que no puede recibir una plenitud de gozo sino hasta que el espíritu se reúna nuevamente con el cuerpo; lo cual hizo posible Quetzalcóatl al vencer a Mictlantecuhtli el señor de la muerte, advocación de la culebra maligna. Según los guaraníes, la *izcalli* «resurrección» en náhuatl, ocurrirá cuando *"surja una nueva era, y yo haré que vuelvan a encarnarse las almas, dijo nuestro primer Padre"* (Cadogan 1959, 41). Pues así decían los mexicas: *"cuando morimos, no es verdad que morimos, pues todavía vivimos, pues resucitamos, existimos, nos despertamos"* (Códice Florentino, libro X, cap. 29). Sin embargo, cada uno resucitará con un cuerpo inmortal de orden teleste, terrestre o celeste, según haya retenido la remisión de sus pecados por medio del arrepentimiento y según haya vivido la ley de la rectitud.

### El día de muertos

En el México de hoy es tradición levantar altares de muertos de tres o nueve escalones que conducen al cielo, los cuales evocan el novenario en que se divide el inframundo; un arco o portal es la entrada al mundo de los muertos adornado con *cempasúchil*, de *cempohualli* «veinte» y *xóchitl* «flor»: «flor de veinte pétalos» originaria de Mesoamérica cuyo color amarillo identificó el inframundo. El altar se acompaña con comida, alguna de origen prehispánico como el *tamal* mexica o el *pib* maya, elaborados con masa de maíz envueltos en sus hojas que reproducen la figura del fallecido envuelto en un petate, tal como el maíz es enterrado para resucitar en un estado de abundancia.

Los alimentos incluyen bebidas, sin faltar la fruta del Árbol de la Vida, la cual acompaña al difunto durante su camino hacia el *Tlalocan* paradisíaco o el *Mictlán* hasta el día de la resurrección. En la tradición, los cráneos identifican a sus muertos, los que hoy se elaboran de azúcar y se complementan con fotografías de los finados que, en épocas precolombinas, en particular entre los personajes de la realeza, se labraba su imagen en lápidas, altares y tumbas. Una vez amortajado el cuerpo, los antiguos cantaban cantos funerales y enterraban al difunto con ofrendas que incluían jícaras con toda clase de frutas y semillas. Literalmente al muerto *"le daban de comer el fruto"* (K. P. Johansson 2003, 182). Entre los guaraníes los huesos eran exhumados y guardados en un recipiente de cedro labrado con la esperanza *"que los huesos así tratados vuelvan a la vida"* (Cadogan 1959, 44). La fiesta anual en honor a los muertos permitía a los vivos volver su corazón a sus antepasados de quienes se creía, seguían influyendo activamente en la vida de la familia del otro lado del velo.

El antecedente más remoto del Día de Muertos es *"la gran fiesta de los muertos"*, una celebración prehispánica conocida entre los mexicas como *Xocotl Huetzi «cae el fruto»*, que *"por ser en el otoño, cuando se cae de madura la fruta de los árboles, hacían fiesta a... Xiuhtecuhtli... [el] del rostro amarillo o pálido, o Huehuetéotl que es el dios viejo"* (K. P. Johansson 2003, 195); es decir, *Cipac «Quijada»*, el anciano de larga barba retratado en la Estela 5 de Izapa, el ancestro común del indio americano a quien sus descendientes rendían honor en la fiesta de los difuntos. Dicha tradición halló su nicho idóneo con la evangelización española que se fusionó con el culto que los nativos tenían por sus ancestros fallecidos.

En la Estela 5, la filacteria craneal se compone básicamente de cuatro piezas: el cráneo, la cuerda, el tocado tipo arlequín y el fruto delante del cráneo. Es irrefutable que con el paso del tiempo el fruto se eliminó, del mismo modo que en representaciones posteriores de la ceiba se excluyen los frutos. No obstante, en su origen la filacteria craneal y el árbol incluyen frutos, de otro modo, su significado integral sería truncado. El fruto del Árbol de la Vida, símbolo del sacrificio y amor de la Deidad por sus hijos, evoca la aspiración de los muertos de levantarse de la muerte y alcanzar la vida eterna, un proceso que para los vivos aún no se ha completado.

### *El árbol genealógico*

La figura universal para representar a la familia humana es el árbol genealógico cuyas raíces nos remiten a los ancestros y las ramas a su posteridad o descendencia. Cuando el árbol no produce buen fruto, o sea, una generación de gente recta y justa es preferible talar, atribución exclusiva del hortelano. En la Estela 5, el cráneo en la frente del rey y el dedo índice en dirección a su hermano recargado en las raíces parece expresar: *¡Tened presente a vuestros muertos! ¡No olvidéis vuestras raíces y linaje!* Dicha proclamación equivale a no olvidar el origen del indio americano quien proviene de las doce raíces del Árbol de la Vida, o sea, de las doce tribus de Israel. La filacteria craneal confirma el deber que los vivos tienen para con sus muertos. Tatiana Proskouriakoff, especialista renombrada de la civilización maya, fue la primera en descubrir que *"las estelas mayas no representaron propiamente a dioses y sacerdotes, sino eran registros de la historia de las familias mayas"* (Proskouriakoff 1994, 15). Por ello, la insistencia en registrar fechas, lugares de nacimiento y defunción de sus muertos. Durante la época colonial muchos registros prehispánicos fueron transcritos, por ejemplo, el *Códice Techialoyan* o *Códice García Granados*, una tira en papel amate de casi siete metros de largo que contiene la genealogía de los señores de Tenochtitlan y Tlatelolco, cuya estructura pictográfica es un nopal equivalente al árbol. Los registros genealógicos fueron considerados una ofrenda digna de toda aceptación por parte de la deidad sobre el altar del templo que, según la revelación profética, la genealogía de los hombres de maíz se halla preservada en alguna cueva para salir a la luz por mano divina en los últimos días, la era cuando todas las cosas serán reunidas en una.

A través del legado en la piedra, los antiguos quisieron advertir a su posteridad lo que sobrevendría un *Hotun* o mil ochocientos veinte años hacia el futuro en el llamado "Quinto Sol", o sea, nuestros días. Ellos entendieron que, como pasajeros de la vida mortal, todos formaremos parte de las innumerables huestes de los espíritus de los muertos; por lo tanto, vivos y muertos se necesitan mutuamente para ligar sus eslabones en una cadena generacional hacia su génesis o raíz principal. ¿Qué deben hacer los vivos a favor de los muertos para que, aquellos que fallecieron sin probar el fruto del Árbol de la Vida puedan hacerlo? La respuesta se halla en el cráneo con tocado de arlequín.

### Los cenotes

Los *cenotes*, de *ts'onot* «*cavidad, hoyo, agujero*», son las fosas naturales que según los mayas unen el plano terrestre de los vivos con el mundo subterráneo de los muertos. Landa lo dice así: *"lo de arriba es monte y lo de abajo cenotes"* (Landa 1566, 91). Grandes asentamientos se formaron en torno a dichos pozos, sin ellos los mayas hubieran carecido de agua suficiente pues en el área no hay ríos ni lagos de importancia. Su acceso complicado ha llevado a cuestionarse cómo tenían acceso a ellos, la respuesta es que las largas raíces de árboles como la ceiba cuelgan en el interior de la cueva y alcanzan las aguas de los manantiales conectándose con el exterior, tal como se observa en la Estela 5. *"Era, a través de las raíces, que los antiguos mayas entraban al mundo subterráneo"* (Montero García 2011). El cenote, a semejanza de la cavidad femenina: el útero, fue el lugar ideal donde se alternaba la vida y la muerte; por un lado, representó el sepulcro o tumba de los muertos y por otro, su fuente de aguas puras evocó un renacimiento que en la exégesis es el bautismo.

El niño, el eslabón entre la nueva y la vieja generación, posa sus pies sobre la serpiente camuflada en las raíces hechas escalones que conducen a la gran oquedad del tocón podado del árbol, cuyas raíces se conectan con el camino a cuyo lado corre un río. Por lo tanto, la cavidad del tocón del árbol conlleva el valor simbólico de una pila bautismal. Los manantiales fueron el lugar en la parte baja de la tierra para llevar a cabo la ordenanza de iniciación: el bautismo, el primer escalón que los llevaría hacia el pináculo del templo; los conversos incluso en edad adulta renacían como un niño pequeño o un nuevo ser.

Figura 118. Cavidad en el tocón; Estela 5 de Izapa.

Debajo de la pirámide de Kukulkán en Chichén Itzá hay un cenote con agua. Se pensaba que al entrar en los cenotes se repetía lo ocurrido con los héroes gemelos que, una vez que fueron muertos y tras haber vencido al señor de la muerte, renacían en el agua como peces. De tal forma, la parte baja de los templos *"simbolizó también la entrada al inframundo"* (Uriarte and Staines 2004, 212), donde vivos y muertos podían experimentar un renacimiento.

145

## Muerte y renacimiento

Ser sumergidos en agua fue a semejanza de la sepultura, o sea, se requería morir del pecado para renacer a un estado de pureza y lo más cercano a ella fue un niño pequeño.

**Figura 119. Bautismo prehispánico; Códice Troano, f. 93**

Si el siete simbolizó perfección, los años que un niño se cubre con el velo de la inocencia, entonces el ocho significó un nuevo comienzo, la edad en que se activa con mayor eficacia la conciencia para discernir el bien del mal; el probable rango de edad del niño sobre las raíces del árbol que, a modo de escalones, lo conducen al simbólico cenote para recibir el bautismo. El otro niño a los pies del rey parece haber cumplido con la edad requerida para ser admitido formalmente en el discipulado por medio del bautismo; ordenanza representada en el Códice Troano donde un sacerdote levanta su brazo en escuadra sobre un joven inmerso en las aguas de un río (**Figura 119**).

Entre los apóstatas, el ritual de ofrecer un corazón puro tergiversó en la extracción literal del corazón. *"Las muestras esqueléticas halladas en cenotes, registran sacrificios donde predominan víctimas entre ocho y doce años"* (J. E. Thompson 1975, 26). Los iniciados concibieron la vida mortal como la continuación de un estado anterior, tal como la muerte fue el nacimiento hacia otra vida; cada transición de un estado a otro se traducía como un renacimiento; por lo tanto, era requerido volver a nacer. *"Los niños hopis deben ser iniciados... [a] los ocho años... dirigiéndose al agujero que representa el... inframundo"* (Waters 1996, 193, 198). Un renacimiento por agua era necesario para vivos y para muertos; y aún para todas las creaciones, tal como el diluvio universal fue concebido como la muerte y el renacimiento de la tierra. Respecto a los niños que mueren sin ser bautizados, el *Huehuetlatolli* enseñó: *"Si los niños pequeños mueren no van al lugar espantoso... van a un lugar bueno porque todavía son jades, todavía son joyas, todavía son puros como turquesas... y viven junto al árbol de nuestro sustento"* (Díaz Cíntora 1995, 95).

# Capítulo VII. Glifo día 7
## *Manik "la Mano"*
## *Mazatl "el Venado"*

*Regente: Gazelem "el señor venado"*

*"El venado los guiaba al wirikuta,
el desierto sagrado del norte".*
*El venado azul; mito huichol*

*M*azatl *«venado»*, el glifo siete del calendario azteca tiene su equivalente maya en *manik «mano»*, cuyo *"espacio entre el pulgar y el índice, forman el signo ik' que significa... espíritu, vida"* (A. Barrera V. 1980, 131). Su séptima posición evoca una era de plenitud y espiritualidad; además, la raíz *'ik* significa

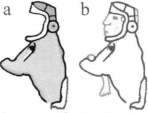

Figura 120. Difrasismo hombre-venado; Estela 5 de Izapa.

*«ceremonias asociadas a altares»* (Boccara 2004, 18), un símil de la raíz hebrea *sheva «tomar juramento o convenio»*. El lingüista Alfredo Barrera nota la similitud del náhuatl *maitl «mano»* con *"el dios llamado Matl, el dios de las manos... de las obras. Yo mismo, el dios Quetzalcóatl"* (A. Barrera V. 1980, 129). Sin embargo, los eruditos no hallan relación entre el ciervo y la mano, a menos que las astas adopten la forma de mano como uno de los geoglifos de Nazca; pero el enigma *manik-mazatl* lo resuelve la Estela 5 de Izapa.

El hombre que mira al occidente con el manto del principado sobre su hombro izquierdo desdoblado en la rama principal del tronco y con el primer fruto de la estación en su mano adorna su cabeza con un yelmo que algunos autores describen como un casco, el cual no es mas que la mitra de un atuendo ceremonial bajo el cual se oculta su brazo en escuadra y que compagina con el cinto que cae de su manto, propio de un sacerdote. El hombre-rama es un difrasismo porque revela otra figura nodal a la vez; si se excluye su rostro, la mano que sostiene el fruto se desdobla en la trompa y el yelmo adquiere la forma de una ornamenta; de tal modo, el más emblemático protagonista de la Estela 5 de Izapa se desdobla en la cabeza perfilada de un venado (**Figura 120**).

¿Por qué el hombre-venado comparte con el hombre-tronco, o sea, Quetzalcóatl, una posición privilegiada al centro de la talla? *Cóatl* sufijo de Quetzalcóatl además de *«serpiente»* significa *«gemelo»* y *quetzal* es *«precioso»*. Aunque Xólotl se ha posicionado como el gemelo de Quetzalcóatl en realidad funge como su adversario; por el contrario, el señor venado se acopla fielmente al "gemelo precioso" de Quetzalcóatl. Dicha pareja se sitúa como el axis mundi en la obra que juntos llevan a cabo, ya que todo gira en torno a ellos. López Austin señala que *"en las representaciones de la transmisión del poder del rey muerto a su sucesor se colocan las figuras de ambos a los lados del árbol cósmico"* (López Austin 1997, 88). Así se observa en el tablero del templo de la cruz en Palenque donde el rey y su sucesor se observan como coiguales; tal como en la Estela 5 el señor venado se ubica como sucesor de Quetzalcóatl, es decir, quien estará a la cabeza de una nueva dispensación. Estos mantienen un rostro humano, lo que no sucede con Tezcatlipoca o con Xólotl el perro, retratados con cabezas de animales. Al aparecer añadido y no estar posicionado firmemente en el tronco, sugiere que el vigoroso profeta representado con la cabeza de venado —la cabeza significa gobierno— aparecerá en los últimos días cuando los hemisferios de la tierra se hayan descubierto entre sí.

### El ciervo del sacrificio

La cosmovisión prehispánica sobre el venado arroja luz sobre dicho personaje de capital importancia religiosa. Contrario al jaguar que es carnívoro y cuyo hábitat es la selva húmeda y pantanosa, el ciervo habita en montañas y bosques, y como herbívoro no necesita matar a otros animales; su imagen benévola evocó los valores de un valiente guerrero cuya piel dorada inaugura un nuevo amanecer y para el crepúsculo es un ser agonizante. Alfredo Barrera concluye que *manik* simboliza *"el sacrificio de la vida de la víctima que se ofrenda a la divinidad en provecho de un fin de mayor importancia"* (A. Barrera V. 1980, 130). La muerte del señor venado se asume como la de un mártir, alguien que padece persecución por causa de compartir el fruto del árbol de la misma forma que sucedió con su predecesor. Ambos comparten una misma misión y un trágico final como mártires de su religión, de tal modo, Quetzalcóatl es también un símbolo del ciervo sacrificado.

La raíz náhuatl *maz*, de *mazatl*, *«venado»* se halla en *mamazouhticac*, *«tener extendidos los brazos»*, o sea, ser crucificado; asimismo, dicha raíz se encuentra en la voz *mazacacti*, *«herrador»* (Molina 1571, 98, 205). En la masonería el herrero no sólo fue asociado con la albañilería, también es un antiguo oficio rural que consiste en

Figura 121. Quijada y Yugo con forma de herradura; MNAH, México.

clavar con maestría los clavos en la herradura de las patas de las bestias indómitas para domesticarlas o domarlas. La 'U' o herradura es la herramienta que sujetará el talón de la bestia, el que lea que entienda. En los predios del aeropuerto de Santa Lucía, México, se han hallado restos óseos de mamuts y del caballo americano los que no se remontan precisamente a extinciones glaciares sino a épocas relativamente más recientes; *"nuestros antepasados conocían estas especies"* (Bonilla 2014). Por lo tanto, es necesario romper viejos paradigmas.

Cada una de las siete dispensaciones pareció ser inaugurada con el tinte de un sacrificio, como la sangre de Abel derramada por Caín en el inicio de los tiempos o el arrebatamiento de Enoc a una esfera terrestre en el 3113 a.C. El Popol Vuh registró el gran diluvio cuando *"comenzó una lluvia negra, una lluvia de día, una lluvia de noche"* (A. Recinos 1960, 31), y que arrasó la vida incluso de infantes. El mismo Isaac ofrecido en el altar fue la ofrenda pura que marcó una restauración. Los iniciados comprendían que, así como la muerte de los primogénitos en Egipto inauguró la dispensación mosaica, la sangre inocente de Quetzalcóatl derramada por el bestial imperio del jaguar inauguraría una nueva era. Siete ciclos sagrados de 260 años a partir de su nacimiento arroja el año clave para la restauración de la Dispensación del Cumplimiento de los Tiempos, la número siete, la cual requerirá la sangre de un testador o el pago final en rescate por la cosecha del fruto del árbol, o sea, el hombre ciervo hacia donde el cuchillo de pedernal apunta morirá bajo las garras del imperio del águila. El *Chilam Balam de Chumayel*, un texto profético recopilado durante la conquista rodeado de un lenguaje críptico y carente de una coherencia secuencial regresa al distante pasado de lo que se había advertido que ocurriría y cuando sucedió, confirma eventos todavía por cumplirse:

*"Degollado será Yaxal Chuen, Gran-mono-artífice... dispersados serán... cuando lleguen vuestros hermanos mayores... Sus sacerdotes adoran a un Dios encarnado que será adorado por todos los confines del mundo cuando venga y extienda su poder sobre los huérfanos de madre... y de padre. De jaguar será su cabeza, de venado su cuerpo. En el año de 1848 saldrá el 11 Ahau"* (A. Barrera V. 1948, 49-50). ¿Qué acontecería en 1848, un "ciclo lunar" después de 1820? El Gran Mono, Moctezuma, caerá ante los conquistadores; no obstante, su territorio previamente conquistado por el jaguar será arrebatado por las garras del águila. Es, en la tierra de la serpiente del norte, en la frontera con la tierra de Lamanai, que Quetzalcóatl establecerá la cabecera de su reino por mano del señor venado en los últimos días.

Varios grupos de la familia lingüística uto-azteca: yaquis, mayos y huicholes se identificaron con el venado: los *mazahuas «gente del venado»* o *Mazatlán «tierra del venado»*. Ellos capturaron en sus fiestas religiosas el tan esperado reino de los cielos que sería precedido por un héroe mesiánico con la gallardía de un venado, dicho precursor prepararía el camino para el retorno de Quetzalcóatl. Los wixárikas o huicholes de la Sierra Madre Occidental de México llamaron al ciervo *Tamatsi Parietsika* o *Parikuta Muyeka*, *"nuestro hermano mayor, el que salió primero de la oscuridad del mar y camina en el amanecer, quien camina delante de los kamikite, los lobos que lo persiguen"* (Neurath 2008, 36). Los hopi lo llamaron *"nuestro hermano blanco perdido Pahana"* quien nacería en el invierno de la gran apostasía entre cuatro esquinas (Waters 1996, 269). *"El Popol Vuh dice que volverían a su parcialidad original, bajo la orden del señor venado"* (Carmack and Mondloch 1983, 234). Si las parcialidades refieren a las tribus perdidas, con el señor venado dará comienzo el recogimiento de Israel tras un largo período de oscuridad que concluirá con la independencia de las naciones de América sobre sus madres patrias.

### La danza del venado

Al inicio de la primavera yaquis y mayos ejecutan la tradicional *Mazoyiwua «danza del venado»*, considerada técnicamente la dramatización de la cacería del venado; sin embargo, contrario a otros bailes prehispánicos su música y danza evoca un ritual religioso preservado con muy pocos cambios desde su origen ancestral.

La danza del venado brinda la más bella expresión del sacrificado de los dioses, el cual no es propiamente el ciervo, sino el personaje a quien representa; el seleccionado siempre es joven y entrenado desde su infancia para tal fin; se le provee de una alimentación especial para que desarrolle un cuerpo esbelto que le permita imitar los ágiles movimientos del animal. Aunque actualmente el ritual dancístico es con el torso desnudo, la vestidura original el *tlamazamecahuiliztli* «*armadura*» en náhuatl, es de color blanco, símbolo de santidad y pureza. Como una corona, las majestuosas astas que evocan las ramas de un árbol se sujetan a la cabeza combinando con el porte fuerte y erguido del intérprete; un cinto ceñido a su cintura se adorna con la «*pata del venado*», *may* en maya, que en la Estela 5 se desdobla en la caída del cinto. Las pantorrillas cubiertas con capullos secos de mariposa reproducen el sonido de cascabeles al ritmo de los pies descalzos y las sonajas en las manos contrastan con la sigilosa cautela del danzante. Su objetivo es atraer la atención de los elegidos de Quetzalcóatl quienes reconocen su cascabeleo entre el ruidoso sonido de la otra serpiente, el cual huye de los lobos que tratan de impedir que haga sonar por todos lados el prodigio grande y maravilloso de la obra de la Serpiente Emplumada.

Figura 122. Danza del venado.

La danza culmina cuando los lobos, es decir, los cazadores gentiles matan al ciervo tierno y puro, el hermano mayor de los indígenas. En la original danza yaqui la música termina y el venado sigue de pie en señal que no ha muerto. Al igual que Quetzalcóatl, el ciervo es la epifanía de una resurrección gloriosa que tras *"despuntar el alba regresa a su casa en las montañas"* (Orduño García 1999, 131). Entre los huicholes no se puede celebrar ningún ritual sin la carne de venado cola blanca, *odocoileus virginianus*, *"negándose a comer carne de venados semidomesticados, ya que, según la tradición, carecen de iyari, «corazón», y de otras cualidades importantes, como nierika «el don de ver»"* (Neurath 2008, 17, 42). Su origen silvestre es el rasgo indispensable del vidente de los dioses retratado en *La leyenda del venado azul y el peyote*, un cactus alucinógeno que produce visiones; asimismo, el *"ojo del venado"* fue la piedra o talismán para quien tiene el don de ver, semilla del folclor ritual de México.

### El cuerno de venado

En el mito maya, un venado joven y blanco llamado *Tz'ip*, *wayjel iik'* «*el espíritu de los vientos*», lleva sobre sus astas un panal de abejas, símbolo de reinados solares (**Figura 211**). El venado sufre muda de la córnea al fin del invierno y en verano recupera su esplendor antes del apareamiento; es un animal prolífico que generalmente procrea gemelos en cada parto, por lo que fue asociado con la fertilidad; su séptima posición lo asocia con el amanecer, la libertad, la restauración del gobierno teocrático y el triunfo final del bien sobre el mal, época en que todas las cosas serán reunidas en una. Tras su retorno, Quetzalcóatl será coronado con el *xiuhuitzolli*, la mitra equiparable a las astas del venado que, *"como un pesado emblema, es el equivalente del yelmo de hierro, de la pesada corona de oro y del enorme sombrero que en la mitología indígena de nuestros días sólo pueden llevar los personajes solares y los héroes étnicos y mesiánicos"* (López Austin 2009).

### Gazelem, el señor venado

Al provenir de la península arábiga los migrantes compararon especies semejantes entre ambos mundos; la gacela, del árabe *ghazal* «*elegante y veloz*», es la especie del Viejo Mundo cuyo equivalente en el Nuevo Mundo es el venado, tal como el jaguar lo es del león. Al igual que el venado, la gacela se reúne en rebaños compuestos por decenas de individuos, y aunque a menudo se echa, casi siempre se mantiene alerta del ataque del león, su depredador natural; desplazándose de un lugar a otro en su continua búsqueda por la supervivencia, igual que la persecución que enfrenta un mártir. Recordemos que los nombres de las doce tribus israelitas revelan significados y figuras de cosas futuras. En este caso la gacela, emblema de la tribu de Neftalí, pronosticó el advenimiento del señor venado, el cual ocurrirá durante un solsticio de invierno, época de la muda de cuernos. Con su aparición llega a su fin la Gran Apostasía bajo el yugo del gran cuerno de la bestia y como un Elías, la gacela preparará el camino para el retorno de Quetzalcóatl. «Gacela» en hebreo es *Tzebiyah*, cuya raíz *tzeb* es idéntica al maya *t'zib* o *t'zip* «*venado*»; en arameo es *Tabita*, en griego es *Dorcas* y en árabe es *Gazella* ¿por qué se registró deliberadamente un nombre hebreo con su equivalente en lengua extranjera o gentil en un pasaje del libro de los Hechos?

La diáspora o dispersión logró que los judíos adoptasen nombres equivalentes en lenguas extranjeras; tal como sucedía en Jope, un puerto confluido por gente de diversas nacionalidades donde se hablaba el griego, el idioma universal de la época; lugar donde *Pedro* de *Petros* *«Piedra pequeña»*, tuvo una visión semejante a la del anciano *Cipac* *«Quijada»*, en la que también creyó ver animales descender del cielo a través de un lienzo o velo. "Mata y come" fue la orden dada a Pedro para mostrarle que ya no había distinción entre animales limpios e inmundos. Durante siglos, los judíos se refirieron peyorativamente a los gentiles como perros o inmundos; dicha visión tuvo como objetivo mostrar que el pueblo del convenio no lo era por derecho de sangre sino se requería ser injertado en el Árbol de la Vida por medio del bautismo; este nuevo convenio abrió las puertas del cristianismo al mundo gentil sin importar su linaje, color de piel o idioma; sin embargo, los hebreos preservaron aquello que daba sentido a su identidad, como *Saulo* de Tarso quien como ciudadano romano fue *Pablo*; patrón replicado con el señor venado identificado con un nombre hebreo y gentil a la vez.

*Gazella*, voz integrada por las letras *gimel*, *zain* y *lamed* amplía su sentido mediante la gematría hebrea. *Gimel* indica *«alimento»*, acorde con la carne del ciervo inmolado comido por sus oferentes; asimismo, el fruto en la mano simbolizó la palabra o doctrina que nutre a la gente, también desdoblado en *tunich «la piedra preciosa»*, el *Urim y Tumim* o los llamados intérpretes *"que Dios ordenó para que el sumo sacerdote investigase cuál era la voluntad de Dios"* (Wood 1979, 61) y que, sin *"decirlo absolutamente a nadie"* estarían en manos del señor venado (Carrillo 2018, 56); piedras lisas envueltas en el *sujuy*, la tela virgen o *«envoltorio sagrado»* llamado *ikats* por los mayas (Olivier 2010). *Zain*, letra incluida en *mazatl* representa el número siete y evoca *«la plenitud»* de la creación del mundo hasta el fin. *Lamed «la realeza»*, implícita en las astas del venado se asocia además con la *"enseñanza-aprendizaje"* aplicable a un *discípulo*, como *Tabita «Gacela»*, llamada así en el canon bíblico. Al añadir el sufijo maya *lem «resplandecer, brillar, sacar a la luz»* (Hofling 2012, 285), que alude a *"gobernantes y personas de importancia como reflejo del mundo y sucesión en el oficio"* (Healy and Blainey 2011, 234-235), resulta *Gazelem,* un nombre en código sólo reconocido por iniciados; un nombre nuevo de un profundo contenido espiritual.

*Gazelem,* por lo tanto, identifica en la Estela 5 al eminente joven de porte distinguido que emerge del oeste como una rama fructífera con el primer fruto de la estación en su mano camuflado a la vez en un ciervo. Al igual que los videntes *Pedro «Piedra»* y *Cipac «Quijada»,* dicho discípulo será envuelto por el poder del Espíritu y recibirá una sagrada visión cerca de un puerto de migrantes durante un cenit solar cuando los hemisferios de la tierra se hayan descubierto entre sí; y no hay otro puerto en la tierra de la serpiente del norte donde confluya gente de todas las naciones y lenguas gentiles que el puerto de Nueva York. Cuando los ingleses llegaron al este de Norteamérica, el jefe de los hopi recordó sobre un hermano perdido que vendría entre ellos, entonces sacó *"las placas sagradas y leyó la profecía: cierta persona había sido enviada hacia el este... Llegando ahí debía construir un templo... El nombre del hermano blanco perdido era Pahana «el del otro lado del agua salada». [A] él se le entregó un pedazo roto de la placa sagrada para que, cuando nuevamente se reuniera con sus hermanos, fuese posible comparar ese trozo con la placa de la que se había desprendido"* (Waters 1996, 128, 304). Dicho hermano del linaje de los peces gemelos, estirpe también dispersa en el Viejo Mundo, sacaría a la luz el registro de sus ancestros, la descendencia de José en la América antigua, anales que traduciría por el poder de Dios; él sería un *Chilam, «intérprete»* de lenguas y escrituras antiguas (Arriola 1954, 55); un *H'ilol,* o sea, un *«vidente y profeta»* (Zartman 1966, 89).

*Mazatl «venado»* se asocia además con *mazacacti «herrador»* (Molina 1571, 50), un antiguo oficio rural que consiste en forjar el hierro bajo brasas o piedras candentes con herramientas como la tenaza y el mazo para dar forma a la herradura para bestias de carga. *Gazelem «el maestro herrero»,* cuyo emblema fue la barra de hierro, la 'U', el yugo o herradura prehispánica, será acechado y perseguido del mundo, y junto con su rebaño se desplazará de un lugar a otro entre bosques, desiertos y montañas. Un golpe en su talón desdibujado en la talla insinúa que, de la misma forma que su homólogo se ofreció a sí mismo como el supremo sacrificio bajo las garras de la bestia-jaguar, *Gazelem* será acorralado bajo las garras del águila y morirá en manos de los iniciados apóstatas confabulados con el poder político de la época; otro testador que habrá derramado su sangre en beneficio del fruto del árbol en la séptima y última cosecha del final de los tiempos.

# Capítulo VIII. Glifo día 8
## *Lamat "Estrella, Brújula"*
## *Tochtli "el Conejo"*

*Regente: Tlachieloni "la esfera sagrada"*

*"Guiados por una esfera sagrada o disco solar, nuestros primeros padres llegaron a la tierra prometida".*
*Lienzo de Jucutacato de los purépechas*

La corona, emblema distintivo de la realeza en toda época, se ubica sobre el tocado de grano del rey del maíz; su aspecto a modo de una esfera con dos punteros u "orejas de conejo" es similar al gorro estilo arlequín que porta el cráneo. Algunos la comparan con un elote abriendo su follaje, lo cual armoniza con las hojas de maíz que caen tras la espalda del rey quien identifica a los vivos, tal como el cráneo personifica a los muertos. Dicho tocado

Figura 123. Corona de arlequín; Estela 5 de Izapa.

desentraña el enigma del octavo glifo del calendario maya: *Lamat* «estrella», cuyo equivalente nahua es *Tochtli* «conejo» y en zapoteco es *Nelaba*, que viene de *lapa* «corona» (Córdova 1578, 92).

## El dios bufón maya

Cuando los eruditos no pueden descifrar un glifo le asignan un nombre a lo más parecido que representa; este es el caso del "dios bufón" maya, localizado en la frente del rey y que se ha olvidado redescubrir su verdadero significado. El supuesto tocado medieval fue llamado *sak hu'unal* por los mayas, el cual apareció durante el Preclásico tardío e identificó a la realeza maya durante más de mil años tornándose *"en lo más sagrado para los reyes"* (Gutiérrez Solana 1991, 46-49). *"En la Placa Leiden aparecen varias insignias reales, entre ellas el cetro serpentiforme y el tocado del*

Figura 124. Placa Leiden; Tiesto, el Mirador.

*"dios bufón"* que ostentaban los reyes de Palenque, estrechamente asociados con la entronización del rey"* (Freidel and Schele 1988).

**Figura 125. Tocado de "bufón"; Estela 5 de Izapa.**

La Estela 5 de Izapa es el origen del singular tocado del "dios bufón" maya; su logograma se delinea sobre la serpiente del oriente cuyas colas entornan grandes olas de mar con la luna y el sol de trasfondo produciendo el efecto cóncavo de los punteros de un gorro de arlequín (**Figura 125**). Por lo tanto, la corona bufónica en realidad se flanquea con la luna y el sol en un cielo contenido; estrellas muy apropiadas para distinguir a la realeza también presentes en los tocados de los dioses egipcios *Ra* e *Isis* quienes se coronan con el sol y la luna evocando la aspiración de vivos y muertos de alcanzar las glorias de la eternidad.

### *La brújula sagrada*

**Figura 126. Pies y brújula; Estela 5 de Izapa.**

Como otras figuras de la talla, la corona del rey es un difrasismo, es decir, se desdobla en un director o brújula, término actual para designar un instrumento de orientación. Sus punteros o agujas indican el camino hacia dónde dirigir los pies; en este caso, *otli «camino»* de *tochtli «conejo»* señala en dirección al Árbol de la Vida (Simeón 1977, xxxvii). No debería sorprender que una civilización capaz de diagramar sus ciudades según la orientación astronómica no tuviese acceso a la tecnología básica de una brújula. John B. Carlson propone que *"el pulido de hierro para enfocar la luz solar transversal y provocar incendios previos a la siembra, bien pudo ser el paso para descubrir las propiedades magnéticas del imán previo a descubrir la brújula. Esta hipótesis se confirmó con el hallazgo en la ciudad olmeca de San Lorenzo de una barra de magnetita tallada en forma de paralelepípedo con finas líneas incisas. Carlson reconoce en el objeto una brújula anterior a la China"* (Carlson 1975, 753). Se sabe que los caribes alcanzaron fama por sus empresas marítimas, poseyendo navíos de hasta cincuenta remeros; asimismo, existieron rutas costeras que conectaron el Soconusco con Perú y los Andes, lo cual obliga a replantear las posibilidades náuticas y el uso de la brújula, cuya función fue semejante a la Estrella Polar, *Xaman Ek, Lamat* o *Kanel*, en maya (Caso 1958, 47); la referente cósmica de todo navegante que determinaba su rumbo y latitud.

Sin embargo, la Estela 5 muestra que fueron los migrantes en su trayecto por tierra y por mar a la América de antaño quienes trajeron consigo la brújula; el objeto esférico camuflado en la corona del rey que le otorga el rol del capitán del barco. El *Título de Totonicapán* cita que los ancestros de los quichés *"trajeron del oriente el Pisom C'ac'al, que interpretado es «mirar acechando», lo que está envuelto en la manta y que es poderoso y majestuoso, la señal del señorío que vino de donde sale el sol"* (Carmack and Mondloch 1983, 186, 233). ¿No acaso "mirar acechando" describe a quien lee una brújula? Fray Diego Durán cita que los aztecas lo llamaron *itlachiayan "su mirador"*, porque el usuario *"cubría la cara con este objeto y miraba por el agujero"* (Vesque 2017, 13, 1); tenía *"una chapa redonda de oro muy relumbrante y bruñida como un espejo... aquel espejo veía todo lo que se hacía en el mundo"* (Durán 1995, 48, 100). También fue llamado *ixcozauhqui «de rostro amarillo»; tlachiyaloni «que tiene la capacidad de ver»* o *tlachieloni «instrumento para ver»* (Vesque 2017, 1). Su aspecto fue el de una esfera con "orejas" o agujas, y una 'U' o herradura infija que evocó el ojo de la serpiente, símbolo de luz y conocimiento; la cual no sólo trazó rutas, sino por su medio fue revelado conocimiento respecto a los astros y los ciclos astronómicos del tiempo que, como algunos eruditos afirman, no fue mero producto de la observación sino conocimiento revelado por medio de una tecnología superior.

### La Ley de obediencia

*El lienzo de Jucutacato* del siglo XVI, narra la migración de los ancestros de los purépechas guiados por un personaje en posesión de una esfera que, a modo de una estrella señalaba los puntos cardinales; éxodo que concluye al encontrar un árbol (**Figura 127**). Dicha esfera es recreada por la Piedra del Sol que semeja una gran brújula antigua a modo de una rosa de los vientos cuyos rayos solares señalan los ocho rumbos cardinales. En la *Relación de*

**Figura 127.
Lienzo de
Jucutacato.**

*Michoacán "el cazonci o gobernante se presenta como custodio del disco o esfera sagrada que según los purépechas identificó al nuevo rey luego del deceso de su antecesor"* (Tejeda A. 2019, 83, 45). Por lo tanto, la brújula encarnó al mismo rey como el director y guía que dirige los pies de su pueblo.

Figura 128. Brújula: a) Relación de Michoacán; b) Códice Magliabecchiano; c) Códice Florentino.

La belleza de los signos sagrados consiste en traer a la mente conceptos espirituales de aplicación personal; de tal modo, *Lamat*, portador del año y trecenio del ciclo de 52 años no evocó literalmente la brújula, sino fue la invitación de seguir sus agujas en cualesquier bifurcación de la vida mortal, en particular en la crucial elección del bien sobre el mal. Al posicionarse como la corona real, dicha brújula moral significó la Ley de la obediencia, la primera ley de los cielos; un recordatorio de obedecer la ley de Dios, porque para mandar primero hay que obedecer. El *Códice Florentino* retrata a *Xiuhtecuhtli* «*el señor del tiempo*», advocación del profeta *Cipac*, quien lleva en sus lomos la quijada colgada y la esfera en su mano (**Figura 128**); instrumento que aparece en el *Códice Borgia*, lám. 38, al lado de la pareja primigenia y cuya custodia recayó en el rey del maíz y sus sucesores en turno.

Figura 129. Monumento 19, La Venta, 550-450 a.C.

*El Monumento 19* de La Venta, Tabasco, muestra un personaje que sostiene en su mano un bolso o planchas con asadera; frente a él la caja llamada *maben tun* por los mayas, escoltada con dos quetzales y custodiada por una gran serpiente donde se infiere eran guardados el libro de la ley, las piedras videntes y la brújula o director que, según los quichés, estuvo en poder de los hombres de maíz: *"Hijos nuestros que ya se han multiplicado, reciban este Pisom C'ac'al. Guárdenlo por el momento"* (Carmack and Mondloch 1983, 185). A lo largo de la historia religiosa la custodia de registros y objetos sagrados, cuyo papel supera la lógica humana, fue dado a los profetas y al pueblo del convenio; entre ellos, las tablas de piedra, el arca de la alianza, la vara de Aarón, el cayado de Moisés, la serpiente de bronce, la brújula sagrada, etc. Los indios hopi aseguran que *"llegará el día en que [los tesoros desaparecidos] vuelvan a surgir para probar la verdad de sus palabras"* (Waters 1996, 36).

### El conejo y la estrella

Figura 130. Brújula; Códices Fejérváry-Mayer; Borgia; Nuttall; y Piedra del Sol.

Una nota del *Rabinal Achí* cita que *quiché* es un nombre deformado del primitivo *quitzé* *«los del envoltorio»*, que designa al conjunto de tres grandes tribus durante la época de su migración; el nombre *"tuvo su origen en un objeto sagrado, de gran potencia mágica, que se guardaba casi siempre envuelto y constituía su paladión, su oráculo portátil"* (G. Raynaud 2015, 4). En lengua zapoteca *conejo* es *péelaláce nácequicha «piel delgada cubierta de pelo»* (De la Cruz 2007, 161), lo cual describe al envoltorio con el que se protegía a la esfera o brújula sagrada.

Los aztecas igualaron sus diseños tecnológicos con las fuerzas de la naturaleza y el reino animal, tal como hoy se compara el avión con un pájaro, el dron con un abejorro o el submarino con un pez. *Tochtli, romerolagus diazi*, el *teporingo de los volcanes*, un nervioso conejo que contrae su cuerpo donde sobresalen sus largas orejas, fue figura de la brújula que mueve sus agujas sin control en busca del norte magnético; de allí el concepto de ebriedad en relación con el signo. Cuando la brújula cesa de funcionar es como el ebrio embrutecido sin noción de sus sentidos que toma el rumbo equivocado y para corregirlo es necesario recuperar el magnetismo —el Espíritu— y pulir para ello el imán de la mente y el corazón.

Por otro lado, el jeroglífico egipcio *UN «existir»*, representado con la liebre evocó *"la noción de reproducción por el carácter prolífico del animal, símbolo del dios Osiris, aquel cuya existencia se regenera"* (Jacq 1998, 54). Según el mito nahua de la creación, los mexicas vieron en el manchado de la luna la figura del conejo que fue arrojado a su cara para apagar su luz; desde entonces nació la noche y con la noche comenzó a correr la medida del tiempo, y con el tiempo la existencia; también se establecieron los rumbos cardinales y el oriente le fue dado al sol. *"La estrella indica que la palabra 'hora' pertenece a la categoría de los fenómenos cósmicos... y se reproduce de manera prolífica, como la liebre"* (Jacq 1998, 77). De tal modo, el sincretismo de la liebre asociado con las estrellas, con la luna y el sol se originó en el Viejo Mundo y fue traído por los migrantes al Nuevo Mundo.

159

### La corona-brújula

La brújula guía los pies del gentil con el niño sobre sus hombros quien camina del oriente al occidente, o sea, del Viejo Mundo al Nuevo Mundo en dirección al Árbol de la Vida; lo cual revela que en América dará comienzo la cosecha o el recogimiento de Israel por medio de los gentiles en ambos lados del velo; escena que forma parte de la visión revelada al anciano profeta para los últimos días.

Un rasgo esencial de la doctrina maya fue procurar la salvación de todo el género humano incluidos los muertos, quienes son recordados en la Estela 5 de Izapa con la filacteria craneal y en la Piedra del Sol con el glifo del cráneo; el mismo Árbol de la Vida es un árbol genealógico cuyas raíces personifican a sus ancestros, y cuyos registros genealógicos resguardados en cuevas "a modo de sepulcro" saldrán a la luz en el cumplimiento de los tiempos.

Tal como el hombre establece requisitos para participar en una boda o graduarse de alguna institución, Quetzalcóatl exige el bautismo para ingresar a su reino. ¿Cómo pueden los muertos entrar al reino de los cielos si no recibieron el bautismo o si éste careciese de validez al no efectuarse por un poseedor legítimo del sacerdocio? Los espíritus están imposibilitados de ser sumergidos en agua debido a que no cuentan con un cuerpo físico; por lo tanto, en los últimos días bajo la dirección del sacerdocio los vivos efectuarán dicha ordenanza a favor de sus muertos, del mismo modo que el sacrificio expiatorio traspasó los umbrales del tiempo y el espacio para redimir a vivos y muertos, y aún a quienes no han nacido. El niño impedido de ver por el velo que cubre su rostro representa a las tribus perdidas de Israel, quien se ubica al pie del tocón o entrada a una cavidad o cenote de aguas limpias donde, en una analogía, se lleva a cabo la obra vicaria en la parte baja de los templos, cuya fuente descansa sobre doce bestias domesticadas, símbolo de las doce tribus que fueron dispersas por la bestia salvaje. Los espíritus podrán aceptar o rechazar dicha ordenanza hecha a su favor y ser redimidos de la prisión espiritual en el *Xibalbá* o *Mictlán* donde merodea el cocodrilo para ingresar al *Tlalocan* o paraíso espiritual donde se halla el Árbol de la Vida; tal como los gemelos del *Popol Vuh* descendieron al inframundo de los muertos y renacieron de las aguas como peces para elevarse a los cielos y ser galardonados con la corona de arlequín, esto es, con la gloria del sol o la luna.

# Capítulo IX. Glifo día 9
## *Muluk "la Luna"*
## *Atl "las Aguas"*

*Regente: Ixchel "la diosa de la luna"*

> *"Luego uno de los dioses hirió la cara de la luna*
> *y su gloria fue menor que el sol".*
> Leyenda de los Soles

*M*uluk *«la Luna»*, que se ubica a una distancia aproximada dc 400 mil km. de la Tierra genera, debido a su fuerza de gravedad, las mareas altas y bajas sobre *Atl «las aguas»*; glifos que comparten la novena posición del calendario.

### La Luna: la gloria terrestre

Una media luna en su fase menguante se ubica entre la ramas del Árbol de la Vida ligeramente más abajo que su acompañante el sol, ambos astros sostenidos por la serpiente del oriente en la Estela 5 de Izapa. Su opuesto quiásmico, la greca, configura a *Kaban «la Tierra»*; de tal modo, la Luna fue equiparable a una gloria intermedia de orden terrestre menor que el Sol, pero mayor que Venus.

Figura 131. Luna; Estela 5 de Izapa.

Para los mayas la luna fue una lumbrera con luz prestada, un falso sol, capaz de reflejar mas no de emitir luz propia; por lo tanto, la deidad fue representada con el sol y su antagónico con la luna. En el mito nahua de la creación, Nanahuatzin, advocación de Quetzalcóatl, se ofrece a sí mismo al arrojarse a la hoguera del sacrificio, y Tecuciztécatl, advocación de Tezcatlipoca, con su orgullo mal herido le siguió. Entonces Nanahuatzin aparece en el firmamento como el sol, y más tarde Tecuciztécatl aparece como otro sol, pero los dioses le arrojan un conejo para apagar su luz y así nació la luna, la cual irónicamente es capaz de eclipsar al sol. Y tal como el día es presidido por el sol, la luna preside sobre la noche, la que además fue asociada con lo femenino y la maternidad, tal como su consorte el sol fue vinculado con lo masculino y el sacerdocio.

### La mujer y la Luna

**Figura 132. Ixchel e Isis.**

En la Estela 5, la contraparte quiásmica de la luna es la mujer con alto tocado estilo faraónico adornado con cuernos y plumas quien sostiene en su mano izquierda un cetro de cascabel con cuerno lunar que la identifica como reina y sacerdotisa, la cual trascendió a Ixchel, la diosa maya de la luna; un paralelo de Isis, la diosa de la maternidad de la mitología egipcia quien también porta un tocado con cuernos que envuelve la luna ¿por qué la mujer fue vinculada con la luna? Para los antiguos, la luna creciente emuló a la mujer joven y su fase menguante a la anciana; además, la luna fue asociada con la fecundidad y el vientre en estado de gravidez, ya que influye directamente en el reloj biológico de la mujer que cuenta en promedio con trece períodos menstruales de 28 días en el año, espejo de las trece lunaciones anuales que comprenden cuatro fases lunares de siete días durante los cuales siete días la mujer es fértil. En náhuatl *Metztli «mes»* es homófono de *Meztli «luna»*; cuando el ciclo menstrual se detiene nueve lunas, alrededor de 260 días, la mujer gesta un bebé contenido en una placenta con agua. *«Dolor de parto»* en quiché es *Chiwiq'uibal*, donde *iq'ui* es *«menstruación»* y la raíz *iq* es *«Luna»* (Carmack and Mondloch 1983, 208). Como ilustra la Estela 5, el matrimonio y la familia fueron el núcleo más importante de la sociedad prehispánica; y la mujer, la obra suprema de la creación, fue con el Creador la cocreadora que preserva la simiente del Árbol de la Vida.

Tabla 18. **Elementos asociados con la mujer**

|  | Elemento | Lectura |
|---|---|---|
| Cabeza | **Cuernos y plumas.** | Reina y sacerdotisa en un estado celestial. |
|  | **Velo o tocado** | Lo sagrado y oculto al ojo natural. |
|  | **Rama con fruto.** | La simiente de la rama injertada en América. |
| Oído | **Flor/Mariposa.** | Fruto nace de la flor/renacer como un ser celeste. |
| Cuello | **Collar de cascabel.** | Convenios con aquel que sostiene su cabeza. |
| Mano derecha | **Cetro de cola de pescado.** | Emblema de la primogenitura de José a través del linaje gemelo de Efraín y Manasés. |
| Mano izquierda | **Cetro de cascabel con cuerno lunar.** | Emblema del linaje real de la tribu de Judá; poder y fertilidad. |
| Conector | **Lomos del anciano.** | Vínculo conyugal con Cipac "Quijada", su esposo. |
| Piernas | **Cojín serpentino.** | Trono o distinción de realeza ante el altar. |

162

### Las aguas y la Luna

*Atl*, raíz náhuatl idéntica al griego *Atlas* de *Atlántico* significó *«fuente de aguas»* —signo de la tribu de Rubén— las aguas impetuosas del planeta que según el mito son soportadas por columnas y cuyo glifo calendárico maya fue el pez. Para los aztecas *Meztli «la Luna»*, tenía la facultad de dominar el océano por medio de la serpiente, lo cual constata la Estela 5 de Izapa donde las colas de la serpiente del oriente se camuflan en grandes olas de mar con la luna y el sol de trasfondo.

a. *Luna.*
b. *Marea.*
  c. *Cola de serpiente.*
   d. *Serpiente del oriente.*
    e. *Culebra (Torbellino).*
    f. *Viento.*
     g. *Barca.*
    f. *Vela.*
    e. *Pez sumergido.*
    d. *Pez emergiendo.*
   c. *Cola de serpiente.*
  b. *Ola de mar.*
a. *Sol con rayos.*

**Figura 133. Logograma al oriente; Estela 5 de Izapa.**

La pequeña barca bajo un cielo contenido es el centro del quiasmo de dicha escena. En su travesía intervienen dos serpientes: una empuja el viento a favor de la barca, en tanto la culebra maligna desdoblada en torbellino la azota con tormentas e inundaciones. Entre el torbellino y el viento, las mareas son atraídas hacia la luna, una ingeniosa forma de plasmar el fenómeno de la gravedad sobre los mares de la tierra. La culebra se camufla además en la soga que envuelve la luna, cuya cola se injerta en la grieta del gran edificio. Como instrumento náutico la soga evocó la esclavitud desde tiempos inmemoriales, lo que orilló a la rama desgajada del árbol de doce raíces a dejar la ciudad con el alto edificio bajo la luna y embarcarse hacia el amanecer del sol.

Una barca con inmigrantes y refugiados, obra escultórica de Timothy Schmalz, retrata dicha vía crucis recurrente hasta el día de hoy: la búsqueda de condiciones más favorables de vida al huir de la guerra, el hambre, la esclavitud física y de pensamiento, casi siempre debido a gobernantes influidos por la culebra maligna que privan a hombres y mujeres de libertades y otros derechos esenciales.

### Migraciones por mar

La diáspora o dispersión, es decir, la migración israelita se ilustra mediante la barca que zarpa del oriente, el rumbo por donde sale el sol, la cual se acompaña con los peces gemelos. En zapoteco, el noveno glifo calendárico es *pelaque*, de *pela «serpiente o pez»* y *que «precioso»*, el nombre del sauce *yagaque «árbol precioso»*, un árbol que crece junto a los ríos (Córdova 1578, 372). De allí que el glifo pez-serpiente evoque los linajes de José y Judá, cuyas raíces fueron injertadas en la tierra del occidente para crecer en un gran árbol.

**Figura 134. Injerto del linaje de los peces gemelos en el occidente; Estela 5 de Izapa.**

La hoja de árbol al frente de la barca representa la rama del linaje de José que fue injertada en el Nuevo Mundo por medio de los siete clanes de la colonia de *Cipac «Quijada»* en el 592 a.C. Dicho linaje gemelo también representado con el gran pez que emerge de las aguas hacia el sol y con el pez sumergido en contacto con el banco de niebla con forma de crótalo de cascabel, sugiere que tras desembarcar en la tierra de la serpiente del sur la colonia se separó en dos grupos: los hombres del grano liderados por los hijos menores de Cipac, y el pueblo de Lamanai liderado por los hermanos mayores. Una segunda colonia de migrantes representada con el crótalo de cascabel en la barca (**Figura 113**), desembarcó en Mesoamérica cerca del 587 a.C., el clan del linaje de Judá; con ello se dio un primer mestizaje con los nativos olmecas o pueblo de la colmena siglos antes de Colón. La *Estela de Alvarado* retrata a un hombre blanco y barbado cuyo alto turbante estilo oriental se adorna con el pez-serpiente; delante de este, esculpido en el lateral del monolito y que no se observa en la imagen, un hombre con rasgos olmecoides se arrodilla ante él en un acto de servilismo (**Figura 135**).

Los colonizadores de antaño debieron cuestionarse cuándo los del hemisferio oriental separados de ellos por el muro transoceánico sabrían de esta nueva tierra, lo cual fue revelado al anciano profeta en su visión del Árbol de la Vida, acontecer que sucedería también con otro judío: Colón. La posteridad del hijo mayor de Cipac asociada con el pez plata oscuro, abandona su relación de convenio con Quetzalcóatl; y los hombres de maíz cuyo emblema fue el pez dorado se injertan en el clan de la serpiente previamente mezclado con los nativos olmecas o pueblo de la colmena, los que se amalgaman en pez-serpiente y surge el pueblo maya con la aparición de su escritura cerca del 200 a.C. (**Figura 220**). El judío mezclado con el nativo y estos con los hombres de maíz posiciona el linaje gemelo de Efraín y Manasés como la casta dominante de la América antigua, cumpliéndose la palabra de la Torá que la descendencia de José se extendería más allá del muro.

Figura 135. Hombre barbado con tocado pez-serpiente; Estela de Alvarado; 600-100 a.C.

La especie esculpida en la talla podría ser la *petenia splendida*, pez conocido popularmente como la *tenhuayaca*, lo cual podría agregar luz al tema. Este pez endémico de la cuenca mesoamericana presente desde el río Grijalva al Usumacinta cuenta con dos especímenes: uno dorado y otro plateado oscuro; sus franjas en los costados se desvanecen o acentúan en cierta temporada como si cambiara de piel. Su mandíbula protráctil le permite engullir otros peces de tamaño notable y su capacidad reproductora permite a la hembra desovar hasta mil huevos.

### El río junto al gran edificio

En el costado del gran edificio un río de cuatro vertientes —número que delata las aguas mundanales fluyendo en los cuatro rumbos de la tierra— se desliza sobre la quijada de la serpiente del oriente y corre paralelo a la barra cruzando el desierto obscuro y lúgubre fuera de los límites del ángulo recto donde se interna el glifo ceguedad y sordera y un cocodrilo se camufla entre los vapores de niebla. El río bordea la sombrilla y desemboca río abajo mezclando sus aguas sucias con la fuente de aguas limpias que se elevan en vertical tras la espalda del siervo aferrado al timón de caña con ambas manos.

165

### Nacer otra vez del agua

Garth Norman interpreta la pequeña barca como un feto humano sumergido en el líquido amniótico del útero de la madre, lo cual es posible según la naturaleza dual de la talla. Bajo dicho contexto, la culebra que envuelve la luna se desdobla en el cordón umbilical que alimenta el feto con la sangre de la madre y el viento es el espíritu o soplo de vida que impulsa el alumbramiento del nuevo ser. En un sentido histórico, la cuerda o soga, *tela «nudo o lazo enredado»* en zapoteco, nos remite a la sangre de la opresión y el cautiverio que empujó a los migrantes a embarcarse hacia una tierra de libertad y dejar atrás la oscuridad de la noche. Por consiguiente, ya sea una barca o un feto, cada interpretación ilustra un nacimiento por agua, que al igual que un parto conlleva dolor que se transforma en gozo.

Tabla 19. **Los tres elementos presentes en un nacimiento**

|          | Agua | Aire | Sangre |
|----------|------|------|--------|
| **Barca** | Aguas envuelven la barca. | El viento empuja vela hacia el sol. | La sangre de la opresión orilla a renacer en una nueva tierra. |
| **Feto** | Líquido amniótico envuelve al bebé. | El 'soplo de vida' o nacimiento. | La sangre del cordón umbilical acompaña el alumbramiento. |
| **Bautismo** | Ser sumergido en el agua. | El Espíritu. | La sangre expiatoria limpia al ser que ha renacido. |

Ser sumergido en el agua fue la ordenanza inicial con la que todo discípulo de Quetzalcóatl "nacería otra vez" al ser limpiado del pecado y dejar su condición pagana o gentil para ser adoptado en la familia del Árbol de la Vida y caminar en el recto y angosto sendero que conduce a la vida eterna. Dicho renacimiento no tiene otra expresión más adecuada que el bautismo por inmersión. Fray Diego de Landa refiere el entendimiento que los mayas tenían respecto a dicha ordenanza antes de la conquista: *"No se halla el bautismo en ninguna parte de las Indias sino sólo en esta de Yucatán y aun con un vocablo que quiere decir nacer de nuevo u otra vez, que es lo mismo que en la lengua latina significa renacer, porque en la lengua de Yucatán zihil quiere decir nacer de nuevo u otra vez, y así caputzihuil quiere decir nacer de nuevo"* (Landa 1566, 45). El ocho, símbolo de renacimiento, fue la edad idónea para iniciar a una persona en el discipulado de Quetzalcóatl por medio del bautismo en agua seguido por el bautismo de fuego mediante la imposición de manos.

### La greca y la Luna

*Muluk* «*Luna*», incluye las siglas *MLK* de indiscutible procedencia hebrea, no maya, cuyo significado es «*rey, realeza o la acción de reinar*». El libro *Monedas Griegas* incluye fotografías de monedas antiguas que acuñan la raíz *MLK* aludiendo al rey en turno (Vico Belmonte 2005, 127). Sin embargo, Dios fue el excelso modelo de reinar y administrar sobre todas las cosas. Partiendo de ese modelo *"los hombres comparten con*

Figura 136. Imposición de manos; Figuras prehispánicas.

*Dios el atributo de poseer y tener bienes de todo tipo, tierras, siervos, inclusive esposas... nunca injusto dominio"* (Ayuch 2008, 31, 33). Por lo tanto, la raíz *MLK* no sólo evocó la realeza, sino según el diccionario árabe *Lisan al - 'Arab*, la idea elemental de *MLK* es *"la autoridad que la mano puede tener y sostener"* (Kasimirski 1967, 1150), refiriéndose a poseer la autoridad del sacerdocio de Dios en la mano, el cual se confiere mediante la imposición de manos en una línea de sucesión patriarcal de padres a hijos, cuyo convenio implicaba que quienes fuesen ordenados administrarían y gobernarían según el orden de Dios.

De acuerdo con la práctica de los reyes del oriente incluidos los faraones, se cortaban las manos a quienes falsificaban el sello real grabado en el anillo del rey, quien sellaba sobre cera decretos de

Figura 137. Hexagrama y octagrama; anillo de Tumba 7 de Monte Albán.

validez inalterable en todo el reino. En el islam aún persiste el sello de Salomón, un hexagrama semejante a la estrella de David; y el sello de Melkisedec, un octagrama con dos cuadrados entrelazados a semejanza de un sol de ocho puntas. *Malki-Tzedec* contiene la raíz *MLK*, cuyo significado integral es *"Rey de justicia"*, el gran sumo sacerdote de Salem o Jerusalén quien, debido a su rectitud para gobernar, su nombre fue adoptado para referir al sacerdocio de Melkisedec que como un sello real tiene validez inalterable tanto en la tierra como en el cielo; es decir, toda ordenanza efectuada por un poseedor ordenado con dicho sacerdocio, por ejemplo, un bautismo o un matrimonio, tendrá vigencia aún después de esta vida, de no ser así, no será válido en los cielos.

**Figura 138. Greca-anciano; Luna-rey; Estela 5 de Izapa.**

En el Nuevo Mundo, los migrantes del linaje gemelo de la tribu de José también adoptaron un sello real para su gobierno teocrático; este sello fue la 'G' o la Greca que en su origen rústico se alinea en la talla sobre el anciano sacerdote, la cual se conforma por las colas de la serpiente en espiral cuyos espejos inversos son la cola que sostiene la luna y la cola que rodea el sol, las que anuncian dos clases de sacerdocios: un sacerdocio mayor según el orden de *Melkisedec*, cuya esfera como el sol, no se limita a la tierra, sino trasciende más allá de la muerte para gobernar en dominios eternos; y un sacerdocio menor de orden levítico o temporal como la luna. Como se ha develado, la corona de arlequín se conforma por la luna y el sol, la cual porta el rey quien se ubica bajo *Muluk «la luna»*, voz que incluye la raíz *MLK*, de *Melek «rey»* o *Mulek «hijo del rey»*, propiamente el príncipe; título adecuado para el joven monarca cuya autoridad se limita a una esfera temporal o menor. De tal modo, el anciano personifica el sacerdocio mayor y el joven rey el sacerdocio menor, ambos sacerdocios indispensables para administrar las ordenanzas salvadoras, presidir la familia bajo el orden patriarcal e instrumentar un gobierno de rectitud y justicia que se practicó durante cada dispensación y que será restaurado en su plenitud en los últimos días. Es decir, el sacerdocio estará disponible a todo hombre que cumpla los requisitos para ser ordenado sin importar su ascendencia.

*Kukulkán*, llamado *Muku-leh-chan* por los mayas chontales, el personaje central de la Estela 5 de Izapa, reúne todos los títulos y facultades de la raíz *MLK*; su corona indica que es *Melek «el rey»*, tanto en la tierra como en el cielo; asimismo, es *Mulek «el hijo del rey»*, o sea, el hijo del Padre Eterno; es el gran sumo sacerdote según el orden de *Melkisedec* que extiende su brazo en señal de autoridad del mismo modo que el anciano sacerdote y el joven rey para sellar todo decreto con validez inalterable tanto en la tierra como en el cielo. Sin embargo, la raíz *MLK* también fue utilizada para designar un término antagónico lo cual se abordará en el capítulo XVI.

# Capítulo X. Glifo día 10

## Oc "Venus"
## Xoloitzcuintli "el Perro"

*Regente: Xólotl "el can gemelar"*

*"Xólotl que es Venus, la estrella de la tarde, descendió al inframundo de los muertos".*
*Leyenda de los Soles*

E l décimo glifo del calendario maya fue *Oc «el perro»* y los nahuas lo representaron con el *xoloitzcuintli*, según su término íntegro en náhuatl, el endémico perro azteca que más dolor de cabeza ha dado a los eruditos. Algunos académicos coinciden que *"Xólotl es una deidad extranjera"* (Paleari 1988, 291); cuya raíz también foránea fue adoptada por los nahuas para referir lo extraño, lo extranjero. Su entendimiento se aclara en una de las escenas más erosionadas de la Estela 5 de Izapa, cuya figura conlleva una doble lectura. Al definir su etimología, la lingüista Karen Dakin concluye que *"la más certera posibilidad es que Xólotl se interprete como un árbol envuelto por una serpiente"* (Dakin 2004, 217). Del mismo modo que las raíces del árbol se camuflan en un cocodrilo, la cabeza perfilada de un perro que mira hacia el occidente se configura por la culebra que envuelve la rama sin fruto del árbol y que además se enrosca en la rama con fruto delineando con precisión su oreja y hocico, lo cual confirma con certeza la conclusión de Dakin.

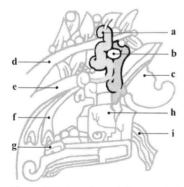

**a**. Culebra sobre el gran edificio envuelve la rama del árbol y configura la cabeza del perro.
**b**. Venus, el ojo del perro.
**c**. La luna.
**d**. Rama con fruto.
**e**. Rama sin fruto.
**f**. Injertos atados con vendas.
**g**. Serpiente del poniente en el hemisferio oriental.
**h**. Gran edificio y ciudad.
**i**. Río de cuatro vertientes.

Figura 139. La cabeza del perro; Estela 5 de Izapa.

169

**Figura 140. *Oc*, el perro; glifos mayas.**

La culebra que conforma la figura del perro sobre el gran edificio se desliza por el contorno de la luna y enrosca su cuerpo de tal manera que configura su ojo. En los códices *Telleriano-Remensis* y *Vaticano*, de igual manera el perro se dibuja con un aro alrededor de su ojo; y en los glifos mayas el ojo del perro como flor de cuatro pétalos significó la estrella del amanecer y el ojo con huesos cruzados simbolizó la estrella que muere en la tarde (**Figura 140**). Dicha estrella es venus, también conocido como "la estrella de la mañana" o "la estrella de la tarde". Venus es envuelto por la culebra del mismo modo que la serpiente envuelve la luna y el sol, los tres astros sobre la copa del árbol que simbolizan cada cual una gloria en los cielos. El sol representó la máxima gloria de orden celeste; la luna significó una gloria intermedia de orden terrestre y venus una gloria menor de orden teleste, estrella asociada con el inframundo de los muertos.

### Canis, el perro

**Figura 141. Anubis.**

¿Por qué venus fue vinculado con el perro? *Canis Major*, constelación conocida desde el tercer milenio antes de Cristo se compone por varias estrellas entre las que destaca Sirio, la estrella más brillante del cielo, cuya aparición coincidía con los días de la canícula, los días más calurosos del verano cuando ocurre el paso cenital del sol. Los egipcios asociaron a Sirio con Anubis, el dios chacal o perro guardián de los muertos, cuyos cuerpos embalsamados, según la creencia, debían conservarse íntegros hasta el día de la resurrección. Su cualidad de ver almas permitía acompañar a los muertos en su camino al inframundo teleste. Los griegos incorporaron a su mitología la antigua tradición referente a las constelaciones del *Can mayor* y el *Can menor*, cuya estrella Sirio fue además el fiel perro del cazador Orión que, según Eratóstenes Zeus dio a Europa, tierra de gentiles, para que la cuidase; su antagónico fue el cancerbero, el perro de tres cabezas que guarda las puertas del Hades. Dicha cosmovisión trascendió a la América antigua con *Xólotl* «el perro», *cóyotl* «el coyote» o *nexcóyotl* «el lobo».

De acuerdo con Génesis 49:27, el lobo fue el emblema de la tribu de Benjamín, *"de la que dicen provenir los sefardíes españoles"* (Real Academia 1930, 426). Según el mito, el

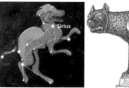

Figura 142. Sirio y la loba del imperio romano.

imperio romano surge de los gemelos Rómulo y Remo amamantados por una loba, lo cual refuerza el vínculo de dicho imperio gentil con el gran edificio bajo el perro que representa a Europa. Además, la estrella Tiang Lang coincide con el chacal celeste chino. Con los mitos se confirma que conceptos aparentemente inconexos son afines en diversas culturas, lo cual nos dirige al origen común de la humanidad.

## Venus: la gloria teleste

Venus, el segundo planeta del sistema solar es prácticamente igual en tamaño a su gemelo la Tierra y el más próximo a ella, ambos cuerpos de orden teleste; sin embargo, pese a ser un planeta desolado y sin vida venus es la estrella más brillante después de la luna. Llamado *Tlahuizcalpantecuhtli* «*el señor de la estrella del alba*» por los mexicas, puede ser visto incluso a plena luz del día y desaparece ciertos días para ser visible otra vez durante su ciclo de 584 días. Cinco años sinódicos de venus, 5x584=2920, equivalen a ocho años solares de la Tierra, 8x365=2920. Los mayas nombraron a la conjunción de este evento astronómico *Oc* y su símbolo efectivamente fue el perro.

Dado que venus muere en la tarde y renace en la mañana, *"en el ciclo venusino se aprecia el concepto de la muerte y resurrección de Quetzalcóatl"* (Piña Chan 1992, 33), quien durante los días entre su muerte y resurrección fue entre los espíritus de los justos y los organizó para que llevasen las buenas nuevas de su doctrina a los espíritus encarcelados, aquellos que desde la época del gran diluvio estaban separados de los justos por un río. Al descender al Mictlán, el mundo teleste, Quetzalcóatl enfrenta a Mictlantecuhtli, el señor de la muerte diciendo: *"He venido por los huesos preciosos que tú guardas... me los llevo para siempre. Estaban juntos de un lado los huesos de varón y también juntos de otro lado los huesos de mujer. Así que los tomó... y a poco resucitó Quetzalcóatl. A los ocho días apareció la gran estrella, el lucero que llamaban Quetzalcóatl"* (Velázquez 1992, 120, 11).

**Figura 143. Quetzalcóatl y Xólotl; Códice Fejérváry-Mayer.**

Una sección del *Códice Fejérváry-Mayer* retrata a *Yacatecuhtli*, el llamado «*señor de los migrantes*» situado en el centro de la cruz y la huella del pie en los cuatro extremos de la cruz. Su rostro barbado con un singular tocado y su mirada en dirección al oriente identifica a *Quetzalcóatl "la Estrella de la Mañana"*, cuyo arquetipo invertido es la culebra desdoblada en *Xólotl "el lucero de la tarde"*, aquel que imita el verdadero amanecer; la estrella que cayó del cielo convertido en el *xoloitzcuintli* —como el *axolotl*, que se metamorfosea en una rana— el perro que cuida los huesos de los muertos de los cuatro rumbos cardinales y que también se coloca en la cruz, pero vuelto hacia el norponiente, el rumbo de los gentiles, quienes se adjudicaron la obra de la Serpiente Emplumada. Pero dado que la sabiduría de la Estrella del Alba es más potente que la astucia de la culebra es, a través del reino de la loba, o sea, el imperio romano, que se expandirá su palabra en los cuatro rumbos de la tierra.

### Los extranjeros o gentiles

El perro fue el calificativo con el que los judíos se refirieron a los extranjeros, aquellos fuera del pueblo del convenio o los israelitas que se habían mezclado con ellos: las tribus perdidas. El perro es un animal que conforme a la ley de sacrificio era considerado inmundo dado que no podía ofrecerse como ofrenda consagrada para un propósito santo. El Maestro comparó a los de su propio linaje con quienes ellos mismos despreciaban: los perrillos que comen de las sobras que caen de la mesa de su amo. En su rol maligno el canino actuó como un depredador y en su rol benigno significó fidelidad a su amo; por lo tanto, el glifo del can identificó a los extranjeros o gentiles en dos roles antagónicos:

*Culebra sobre la rama sin fruto:* 1). Representa a gente del linaje del árbol de doce raíces que se ha tornado silvestre al perder su identidad y mezclarse entre las naciones gentiles. 2). Representa a gente del linaje de la serpiente que en una paradoja inexplicable son fieles a la ley de su amo, pero lo desconocen como su mesías.

*Culebra sobre el gran edificio:* representa a personas que no pertenecen al linaje de sangre de alguna de las doce raíces del árbol, es decir, quienes proceden de un árbol silvestre. El reino del jaguar es un reino gentil, aunque en él residan linajes de las doce raíces.

### Los dos injertos

Dos injertos identificados con el glifo de la 'S' penden de la octava rama sin fruto, los cuales indican dos grupos de migrantes injertados en el Nuevo Mundo. El primer injerto proveniente de la rama fructífera, la séptima, es identificado con la hoja de árbol al frente de la barca que personifica al anciano del linaje de José, quien no fue seducido por el gran edificio sobre la bestia-jaguar y cuya colonia desembarcó en la tierra de la serpiente del sur en el 592 a.C. El segundo injerto proviene de la rama estéril envuelta por la culebra desdoblada en *Xólotl «el perro»*, que "extrae" del gran edificio al segundo grupo de migrantes del linaje de Judá que huye del imperio de la bestia por Nabucodonosor cerca del 587 a.C. Estos arriban casi paralelamente con el primer grupo de migrantes a la tierra de la serpiente del sur. El *Título de Ilocab* cita que los ancestros de los mayas quichés *"vinieron de Tulán. Allí al otro lado del lago, al otro lado del mar. Nosotros somos hijos de Jacob y Moisés cuando vinimos de Babilonia"* (Carmack and Mondloch 1973).

De acuerdo con los ciclos repetitivos del tiempo dos migraciones se replicarán en el futuro. El primer injerto representado con la hoja de árbol al frente de la barca identifica a Colón, a quien se le atribuye el descubrimiento de América; el otro injerto con el crótalo de cascabel define a los gentiles europeos del gran edificio que asolarían con sangre y horror el Nuevo Mundo. Abanderados con el catolicismo se injertan en la tierra de la serpiente del sur donde se hallan dispersos los descendientes del hijo mayor del anciano quienes, pese a proceder del árbol cultivado se han tornado silvestres; y pese a lo doloroso del injerto por medio de la conquista, la transfusión de sangre gentil salvaría dicha rama y la mezcla produciría un fruto de mejor calidad. El encuentro de dos mundos dio origen al mestizaje, un sistema de castas producto de la colonización basado en la distinción de sangre y piel; cuanta más "sangre pura y blancura" mayor la jerarquía social del individuo; con ello, al mezclar su sangre con los nativos, los gentiles también adquirirían las promesas dadas al linaje de la primogenitura.

Tabla 20. **Injertos en el Nuevo Mundo**

|  | Serpiente sobre la rama estéril | Serpiente sobre el gran edificio |
|---|---|---|
| **Venus, las ramas y el edificio** | Xólotl, el perro, configurado por la culebra posada sobre la rama estéril, la octava, asciende a la rama fructífera y "toma" una de sus hojas para llevarla al frente de la barca. El ojo del perro da forma a venus, *la estrella de la mañana*. | Xólotl, el perro, configurado por la culebra posada sobre el gran edificio injerta su cola en su abertura y "extrae" gente para llevarla a la barca de crótalo de cascabel. El ojo del perro da forma a venus, *la estrella de la tarde*. |
| **Injertos de las yemas o escudetes** | El *primer injerto* cuyo vendaje hace contacto con la rama fructífera y con la *cabeza* de la serpiente salva la rama estéril. | El *segundo injerto* cuyo vendaje hace contacto con la rama silvestre y con los cascabeles de la serpiente salva la rama estéril. |
| **Primer injerto 7º. Baktun** | El anciano Cipac y su familia, del linaje de los peces gemelos, son injertados en Meso-Sudamérica posicionándose como *cabezas*. Ellos son el primer injerto. | Gente del linaje de la serpiente real, inferida por la desambiguación de *MLK*, rey, son injertados en Meso-Sudamérica posicionándose como *colas*. Ellos son el segundo injerto. |
| **Segundo injerto 13º. Baktun** | Gente del linaje de los peces gemelos, mayormente ingleses son injertados en la tierra de la serpiente del norte para posicionarse como *cabezas*. Ellos son el primer injerto tomado de una rama fructífera. | Gente del gran edificio, mayormente españoles y portugueses son injertados en la tierra de la serpiente del sur para posicionarse como *colas*. Ellos son el segundo injerto tomado de una rama silvestre. |

No fueron los ibéricos quienes huyen del autoritarismo del gran edificio sostenido por la bestia-jaguar, más bien fueron los peregrinos y puritanos ingleses quienes hieren el poder de la bestia al abanderarse con el protestantismo y embarcarse en busca de una tierra de libertad. Así fue como las hojas del Árbol de la Vida dispersas entre las naciones gentiles fundan trece colonias en la tierra de la serpiente del norte; bajo el simbólico número trece, el número de la ley, los trece estados sientan las bases para que el absolutismo no vuelva a repetirse y sea abolida la esclavitud en ese *campo grande y espacioso* donde ya no habría reyes ni monarquías. El reino del jaguar deja de ser el imperio dominante para dar paso al imperio del águila en el occidente. Su remonte a las alturas se debe en gran parte a las leyes que garantizasen los derechos básicos de libertad y justicia contenidos en su Constitución, modelo inspirado por Dios que retomarían todas las naciones de la tierra.

Quetzalcóatl injerta a su pueblo, generalmente una minoría dentro de una nación poderosa y gentil, para que desde allí expanda su influencia a todo reino; patrón que se suscitó con los grandes imperios como Egipto, Babilonia, Persia, Grecia y Roma, así como el Olmeca y Maya que después de alcanzar la gloria y volcarse al orgullo, tendencia que también se da en el plano personal, indefectiblemente caen tras su período de gloria. La Estela 5 pronostica que tales reinos darán paso a un reino que no sucumbirá a la fugaz gloria de los hombres; y quienes lo conformen deberán cubrir los requisitos de rectitud y justicia exigidos por el rey de reyes desdoblado en el Árbol de la Vida, cuya raíz se injertó en los cuatro rumbos de la tierra y sus ramas alcanzaron el cielo; y junto con Él aquellos que hayan dado fruto.

### El cargador

Un hombre cargando un niño sobre sus hombros forma parte de la narrativa que sale por boca del rey del maíz, quien da continuidad a la visión desplegada en la mente de su padre para los últimos días. *Tameme «cargador»*, no sólo de mercancía sino incluso de personas, fue el término nahua asociado a *Itqui mama «llevar a cuestas en la espalda»* cuyo significado es «gobernar», *"porque se conceptualizó a los gobernados como una carga"* (Montes de Oca 2019). ¿A quién representa el hombre con sombrero de copa alta estilo Abraham Lincoln?

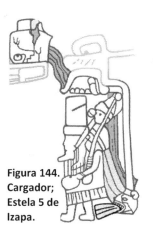

**Figura 144. Cargador; Estela 5 de Izapa.**

Dado que los tocados revelan lecturas; el cargador con sombrero rectangular refiere genéricamente a los gentiles que en los últimos días llevarán sobre sus hombros a la Casa de Israel, tal como lo cita Isaías 49:22; de tal modo, el niño con gorro cónico representa el remanente de Efraín y Manasés por medio de la posteridad de los hijos mayores de *Cipac* quienes también portan gorros cónicos, forma derivada del triángulo. El panel dentro del cual se ubican las pirámides posiciona al triángulo dentro del rectángulo, es decir, el linaje israelita dentro del mundo gentil. Por lo tanto, los *Bacabes* o cargadores mayas representan a los gentiles llevando a cuestas sobre sus hombros a la descendencia de Israel dispersa en los cuatro rumbos de la tierra.

175

El colmillo del jaguar tras la cabeza del niño con gorro cónico sugiere el yugo que los reyes del Viejo Mundo tendrían sobre el indígena a quien vieron más como una carga que como un beneficio en tanto este alcanzase su independencia social y económica; un paralelo a los egipcios que llevaron sobre sus hombros a la Casa de Israel cuando fueron afligidos con los siete años de vacas flacas y tras cuatrocientos años de cautiverio hasta independizarse de Egipto.

**Figura 145. Gorro cónico y greca.**

Tras la espalda del cargador fluyen tres hileras de agua que según su carga numérica se interpretan como aguas limpias; una cuarta vertiente las convierte en aguas sucias procedentes del gran edificio. La escena sugiere que el extranjero ayuda al infante a salir del desierto obscuro y lúgubre en donde ambos se han internado y dejar atrás el río de aguas sucias para cruzar el río de aguas limpias y encaminar sus pies rumbo al Árbol de la Vida. El fruto partido en dos mitades entre el sombrero rectangular y el gorro cónico de ambos personajes (**Figura 144**), sugiere que tanto el israelita como el gentil se unen en un solo fruto para formar parte del pueblo del convenio en los últimos días. De tal modo, el significado glífico de Xólotl adquiere sentido; los gentiles simbolizados con el perro llevan sobre sus hombros a Israel para ayudarlos a cruzar las aguas del bautismo que los separa del Árbol de la Vida, no sólo en la vida mortal sino también en el inframundo. Según el mito: *"el perrillo se echa nadando el río del inframundo hacia el otro lado donde está su amo y lo pasa a cuestas"* (Sahagún 1830, 221).

La Estela 5 enseña de manera gráfica el injerto de los gentiles simbolizados con el perro en la rama estéril del árbol cultivado, ¿por qué es vital rescatar el linaje primogénito al grado que los gentiles los lleven sobre sus hombros? La razón primordial es porque al rescatar al linaje gemelo de José, éste rescatará al resto de las tribus; un espejo de la historia de José vendido a Egipto quien al ser rescatado de la prisión por el faraón y nombrarlo su visir llamándolo *Zafnat-Panea «el que revela lo oculto»* —porque le reveló el significado de su sueño— este rescata a la vez a sus hermanos elevándolos a su condición privilegiada. Fue a través de José que el pueblo de Israel fue injertado por primera vez en una nación gentil: Egipto; acontecer que se replicaría en el futuro con la diáspora o migraciones.

# Capítulo XI. Glifo día 11

## Chuwen "Mono aullador"
## Ozomatli "el Mono"

*Regentes: Hun Batz y Hun Chouén "los hermanos mayores"*

*"Los que Alá ha maldecido y convertido en monos, los más extraviados del camino recto".*
*El Corán; Sura V:65*

*O*zomatli «*mono*» en náhuatl, *Chuwen* en maya y *B'atz'* en quiché, es quizás el glifo más incomprendido del calendario; su significado podría resultar incómodo e incluso racista para los defensores de los Derechos Humanos hoy día; sin embargo, su carácter simbólico y no literal resulta comprensible al referir una condición figurativa del hombre, dado el lenguaje de la naturaleza con el que los antiguos expresaron sus conceptos; de tal modo, si hay reclamos deben ser dirigidos a ellos.

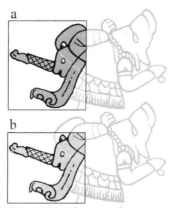

Figura 146. Difrasismo mono-jaguar; Estela 5 de Izapa.

Debido a la doble lectura de la Estela 5 de Izapa, el mono configura su cabeza con el manto o vestidura tras la espalda del ave humanoide, como si el primate fuese llevado a cuestas sobre sus hombros (**Figura 146**). Tal cual sucede con su contraparte, el cargador con el niño sobre sus hombros tras la espalda de la bestia nahual que, como se ha explicado, simboliza a la Casa de Israel llevada en hombros por los gentiles. Dicho difrasismo desdobla al mono en un jaguar cuya fosa nasal se convierte en su ojo y el ojo en su oreja; asimismo, el vuelo o caída del cinto crea la ilusión óptica de sus extremidades delanteras, el cual alarga su brazo derecho para asirse a la barra que proviene de la quijada de la serpiente del norte, mientras su garra izquierda se posa sobre la cabeza de la serpiente del sur. En la Piedra del Sol, el mono identificó el onceavo día de la veintena y en las *Líneas de Nazca* el mono señaló el rumbo cardinal del occidente, es decir, América.

## La teoría darwinista

La cosmovisión maya y la teoría darwinista respecto al origen del hombre se dirigen en direcciones opuestas. Mientras para Charles Darwin el hombre ha evolucionado de una especie animal, primitiva e inferior emparentada con el mono, para los mayas es todo lo contrario: el hombre cayó de una condición excelsa y divina y puede degenerar en un estado primitivo como el mono. Lo anterior no supone que sufra una metamorfosis genética y sean alterados sus cromosomas, más bien, el hombre puede descender por debajo de su potencial divino y actuar con una conducta animal o salvaje sin que necesariamente pierda su esencia y estructura humana, pero sí puede cambiar su apariencia física a través de las generaciones.

Tabla 21. **Comparativo entre la teoría darwinista y la cosmovisión maya**

|  | Pasado | Presente | Futuro |
|---|---|---|---|
| **Teoría darwinista** | El hombre procede de una especie inferior y posee una naturaleza animal. | A través de millones de años el hombre evolucionó a su condición actual sin perder su naturaleza animal. | Las especies evolucionan a un estado diferente al actual. El hombre no trasciende a otra vida sino con la muerte termina todo. |
| **Cosmovisión maya** | El hombre posee una naturaleza dual: humana pero también divina como hijo de un Dios. | El hombre puede degenerar en una naturaleza animal o puede desarrollar su potencial divino sin perder su condición humana. | El hombre puede alcanzar la inmortalidad y una condición divina de acuerdo con el buen uso de su albedrío moral en pos de la rectitud. |

Según Darwin, el hombre ha sufrido una regeneración evolutiva que lo ha llevado a ser tal cual es y en enésimos miles de años se convertirá en otro ente diferente debido a la ley del más fuerte, es decir, la supervivencia del más apto por medio de la fuerza física, la astucia y nuevas adaptaciones genéticas. No obstante, los antiguos amerindios reconocían que el hombre es una inteligencia superior según su naturaleza divina; y el tiempo por sí solo, surte poco o ningún efecto en producir cambios biomorfológicos en las especies, a menos que el clima o el hábitat potencialice ciertas características. La vida mortal fue considerada un estado de probación para perfeccionarse mediante el ejercicio consciente del albedrío moral para recuperar su estado divino gracias al refinamiento de su parte dual: el espíritu.

Egipcios, mayas e incas coincidieron que el espíritu del hombre procede de una esfera celestial y se hospeda en un cuerpo mortal, el que retomará nuevamente al resucitar con un cuerpo inmortal, por ello, le dieron gran relevancia a la momificación y embalsamiento del cuerpo; así mismo al resguardo de tumbas en centros ceremoniales. Contrario a los animales, el hombre puede controlar su instinto carnal y cultivar cualidades espirituales como la tolerancia, la industria, la honradez, la virtud, etc., llevándolo a descubrir que no es un animal, sino un ser con potencial divino que lo impulsa a superarse continuamente mediante el autodominio de la mente y el cuerpo, perfeccionándose a sí mismo y el ambiente que le rodea: *"el carácter se trabaja como un material de construcción"* (Jacq 1998, 127). Sin embargo, el hombre puede abandonar la ley y dejar de ser un ente cultivado para volverse silvestre y degenerar en el salvajismo como un animal; *"sólo a través de la salvajización es posible explicar la civilización"* (Echeverría 2015, 23). Un botón de muestra fueron los sacrificios humanos, práctica cruenta del categorizado reino del mono que Fray Bernardino de Sahagún describe en sus escritos.

### El mono saraguato

El mono saraguato del género *Alouatta pigra* es la especie endémica de la zona maya retratado en la Estela 5 conocido como *mono aullador*, dado que imita de manera extraordinaria el rugido del jaguar en medio de la selva; si algún ajeno lo desconoce podría asustarse. Para los choles es *brazo largo* y cuenta con dos especies de pelaje: uno negro y otro rubio o pelirrojo. *"El mono se manifiesta como quien parodia las acciones*

**Figura 147. Mono saraguato o "aullador".**

*humanas, representa la lujuria del hombre en estado de depravación… era un símbolo de la degradación del hombre y su común denominador era ser esclavo de su naturaleza carnal. Es un animal incontinente que excreta mucho, defeca desde arriba, roba y desperdicia comida, tira el alimento; simboliza todo lo contrario a las conductas de templanza"* (Nájera Coronado 2012, 165). Un ámbito húmedo, bajo, exuberante e inframundano lo destinaron a la ociosidad, los vicios, el placer sexual desenfrenado y las bajas pasiones; además estuvo ligado a la alegría, la danza, la música, el canto y la elaboración de artesanías.

Según el mito, el cual rescata hechos históricos en forma simbólica; dos hermanos mayores: Hun Batz y Hun Chouén, movidos por *"el odio y la envidia"* contra sus dos hermanos menores los maltratan en toda oportunidad hasta el punto de desear su muerte; por lo que son convertidos en monos mientras juegan despreocupadamente sobre las ramas de un árbol *"y así se perdieron"*, narra el *Popol Vuh* (A. Recinos 1960, 65, 69). Desde entonces, los hermanos mayores serían los *"guardianes de los árboles que protegen con su sombra el cacao... alter ego de Hunahpú e Ixbalamqué"*, los hombres de maíz (Girard 1952, 143). *"El mono no comía salvo frutos de origen silvestre que contrastan con el maíz, una planta cultivada, el alimento prototípico del hombre verdadero... marcador de civilización"* (Echeverría 2015, 9, 22). De tal modo, los hombres de maíz frente a sus hermanos convertidos en monos fueron el enfrentamiento de dos modelos disímbolos, uno sobre el otro: un pueblo sedentario frente a un pueblo nómada alejado de la ruda vida del agricultor y los imperativos de la vida. No obstante, el mono desafía la prisión terrestre y trepa las ramas volviéndose aéreo y celeste; el árbol, proveedor de su alimento y su refugio natural, no lo abandona del todo.

**Figura 148. Los hermanos mayores; Estela 5 de Izapa.**

Los personajes de espalda al árbol en la Estela 5 son los hermanos mayores a los que se refiere el mito del Popol Vuh, quienes en la Matriz Tzolkin son identificados puntualmente con el numeral once que corresponde al mono (Tabla 31). Uno de los hermanos se dibuja en la misma posición que *"en varias vasijas mayas se representó al mono con un brazo extendido y la mano abierta hacia arriba en actitud de ofrecimiento"* (Echeverría 2015). Durante su migración al Nuevo Mundo estos disputan por causa del mando contra el joven capitán y su fiel ayudante, sus dos hermanos menores; que a su arribo condujo a la formación de dos grupos rivales. Un lingüista del idioma quechua propone que *Bat "se relaciona con la voz asiria Balu: «no ser, decaer, extinción»"* (Patrón 1902, 39). Por lo tanto, el simio, un reflejo distorsionado del ser humano cuya apariencia devenía en un *amotlacatl «no humano»*, fue figura de quienes caen y *"viven bajo el imperio de los instintos alejados de la ley"* (Echeverría 2015, 59, 65).

Para los iniciados, Dios no sólo fue el responsable de la diversidad de lenguas y culturas surgidas tras la dispersión del pueblo en el gran edificio de Babel, sino de la variedad en el color de piel. Su origen se remonta al inicio de los tiempos cuando un hombre alzó su mano contra su hermano menor y lo mató, ocasionando su expulsión y una marca visible en su piel sobre sí y su descendencia; el propósito fue diferenciar al pueblo del convenio de quienes se habían soltado de la barra de la ley y los profetas, la que continuó con los hijos de *Egyptus* y *Cam* que poblaron el continente africano. La raíz egipcia *Kam* «*negro*» (Patrón 1902, 7), coincide con el mopán *chuwen* «*mono*», que además significa «*quemado*»; adjetivo para calificar el tono oscuro de piel debido a la melanina, un pigmento contra la exposición al sol que se acentúa en ciertos climas entre aquellas tribus semidesnudas cuya única prenda es el taparrabo. En zapoteco el glifo proviene de *lobiahui* «*cara untada de zapote o cara de mono*» (De la Cruz 2007, 163), debido a la afición de algunas tribus de pintar su rostro.

En los *Murales de Cacaxtla* un bando de piel clara contra otro de piel oscura evidencia las diferencias raciales que hubo antes de la llegada del hombre blanco. Durante sus viajes por el Nuevo Mundo, el capitán James Cook comentó sobre algunos nativos: *"la blancura de su piel era semejante a la de los europeos… sus hijos… igualaban en blancura a la nuestra"* (Cook 1846, 276). Sin embargo, el tono cobrizo predominó entre los amerindios. La figura de Thot, el dios con cabeza de babuino adorado en el período predinástico antes del 3000 a.C., y que no fue ajeno a los israelitas durante sus 400 años de cautiverio en Egipto, de algún modo se replicó en América. Thot fue el inventor de los jeroglíficos, el que mantenía el equilibrio entre el orden y el caos; se le representó con un disco lunar y color de piel azul que evocó las aguas del río Nilo.

**Figura 149. Dios egipcio.**

## El reino del mono

El Nilo de los mayas, o sea, el gran río *Usumacinta*, de *ozoma* «*mono*» y *zintlan* «*lugar viejo*»: «*lugar viejo de monos*», marcó la división étnica y geográfica en la Mesoamérica de antaño entre el reino del noroeste y el reino del sureste, es decir, entre los hombres de maíz de tez blanca y el pueblo de Lamanai de tez oscura.

181

Su ruptura se muestra en la Estela 5 sobre el incensario del que emanan dos columnas: el humo blanco del incienso camuflado en serpiente, cuya quijada fue el emblema del anciano; y el humo oscuro camuflado en cocodrilo, cuya quijada fue el emblema adoptado por el hijo mayor. Tras varias generaciones los hombres de maíz, la prole del anciano a través de su hijo el rey del maíz, alcanzan la cumbre como civilización, pero sus ciudades caen gradualmente ante el reino del mono, la posteridad del hijo mayor, en un conflicto interminable de masacres y guerras. Dicha rama sobrevivió sin dar el fruto esperado, sin duda hubo brotes inspirados por reverdecerla, pero al rechazar a la raíz principal la revelación cesó, las ordenanzas se tergiversaron y prevaleció la superchería sacerdotal; de tal modo, la sencilla y profunda religión monoteísta fue ahogada por un complejo politeísmo. Con la caída de los hombres de maíz paralela a la caída del imperio romano del occidente acaecida un baktun después de la primera venida de Quetzalcóatl, inicia la gran apostasía mundial llamada por los seculares la Edad Media. A la cabeza del reino del mono organizado sobre la estratificación social heredada por los hombres de maíz se encontraban los *almenehoob* «*los que tienen padres y madres*» (Ruz Lhuiller 1963, 56); una oligarquía y élite clasista que reclamaban tener sangre real, y monopolizaron los puestos políticos y religiosos pervirtiendo el sistema teocrático de Quetzalcóatl. En el *Ajaw*, el gobernante, residía el poder absoluto, quien tomó sobre sí el emblema de la serpiente combinándolo con el cocodrilo, símbolos de sus ancestros comunes. La posteridad de los hijos mayores del anciano se dispersan al sur y al norte del continente preservando su origen primigenio organizados en siete clanes más uno, en honor a los integrantes de la colonia original del gran barco. Los sacrificios humanos, producto de la falsa adoración, llevaron a la otrora gran era de progreso cuesta abajo sin poder alcanzar nuevamente la gloria de sus predecesores. A la llegada de los españoles sólo hallaron vestigios de lo que fue una civilización aún más gloriosa.

Al despejar el humo que nos impide ver, los hombres de maíz no son precisamente los mayas actuales, aquellos fueron exterminados por los descendientes de Lamanai y estos, según el mito, fueron convertidos en monos. El mono, cuya contraparte quiásmica en la Estela 5 es precisamente el glifo ceguedad y sordera, transmite la idea de una generación que se ha extraviado del camino recto.

### La era mono-jaguar

Para salvar un árbol sano en apariencia, pero estéril, se requiere un método igual de doloroso que una poda: un injerto, es decir, el implante de una rama extranjera en el Nuevo Mundo; suceso que se cumplió con la denominada "Conquista" consumada el 13 de agosto de 1521. Al arribar al Nuevo Mundo los del imperio del jaguar son recibidos por el tlatoani azteca Moctezuma, cuya traducción errónea "señor enojado" ha sido protegida por la élite mexicana. *Motecuhzoma* se conforma por *motecuhtli «nuestro señor»* y *ozoma «mono»: «nuestro señor mono»*, nombre que parece pronosticar el fin de la era del mono. Durante su encuentro con Hernán Cortés, Moctezuma confirmó *"que ninguno de los habitantes de esta tierra, ni siquiera yo, somos originarios de ella, sino extranjeros llegados aquí desde regiones más lejanas"* (Centini 2011, 57). Casi a la par, los incas son sometidos ante Francisco Pizarro quien aprovecha la rivalidad entre los hijos del rey Huayna Capac en disputa por el reino. Por consiguiente, el imperio del mono llega a su fin en una dolorosa purga de sangre; su caída es representada en la Estela 5 con el jaguar que aplasta con su garra la cabeza de la serpiente del sur que representa a Meso-Sudamérica (Figura 179).

El mundo europeo vio a los indígenas como *"salvajes peligrosos y caníbales"*, mientras los frailes los vieron como niños, *"inocentes... nobles salvajes"* (Chaumeil 2014, 79). El niño sobre los hombros del extranjero en la Estela 5 de Izapa, evoca de algún modo la función que cumplieron los frailes mediante la evangelización de los indígenas, al ayudarlos a salir de las espesas tinieblas del politeísmo idólatra incluido el sacrificio humano. Los gentiles retratados

Figura 150. Niño en hombros del extranjero; Estela 5 de Izapa.

con un adulto han llegado a ser más maduros que la Casa de Israel representada con el niño en posición fetal envuelto en su tilma o huipil, tal como se dibuja en los códices nahuas. Sin embargo, el niño con sombrero cónico no sólo tiene como contraparte al mono, sino también al par de colibríes; lo cual sugiere que la descendencia de *Cipac «Quijada»*, del linaje de Efraín y Manasés, después de renacer del agua como peces serán revestidos con el bello plumaje de los colibríes.

El injerto de españoles y portugueses en el Nuevo Mundo traería aparejado el mestizaje, o sea, la mezcla mono-jaguar. He aquí la razón por la cual el mono saraguato, cuyo rugido es semejante al del jaguar fue elegido para representar dicha fusión. El binomio mono-jaguar conjuga el pelaje blanco de la piel del jaguar que retrata a los hombres barbados de piel blanca con el manchado oscuro del pelaje del mono resultando un fruto de color naranja o mestizo como el sol, una nueva raza de piel cobriza con diversos matices: la etnia latinoamericana. *"Ekel, en maya, que también significa 'manchado', es decir, jaguar; podría corresponder a la constelación de la Osa Mayor, la cual estuvo relacionada con el mono y el juego de pelota"* (Galindo Trejo 2009).

**Figura 151.
Mono-jaguar;
Estela 5 de Izapa.**

En la imagen adjunta, el mono-jaguar alarga su brazo para aferrarse a la estaca o *tepuzhuitzoctli «la barra de hierro»* camuflada en el pico del colibrí (Molina 1571, 312). Asimismo, el pico se desdobla en la raíz de Judá y el cuerpo del colibrí se camufla en una quijada, emblema del anciano profeta del linaje gemelo de Efraín y Manasés, los tres linajes del árbol de doce raíces injertados en el reino de la colmena, de los cuales surgieron los varios pueblos dispersos encontrados al arribo de los conquistadores. El binomio *barra-quijada* traducido como *"la ley y los profetas"*, sugiere que el mono habiéndose apartado previamente de la senda, al mezclarse con el gentil se allegará nuevamente a la barra, o sea, a la ley y los profetas ¿Cómo se llevará a cabo esto? Por medio de los anales o palo de los judíos que será traído a los indígenas por medio de los gentiles, o sea, la Biblia; asimismo, por el libro o palo de los josefitas, el desaparecido registro del pueblo de los hombres de maíz y sus profetas, el cual saldrá a la luz por mano divina en el albor del cumplimiento de los tiempos.

Latinoamérica, la tierra de *Lamanai*, tiene su paralelo en África, en el hemisferio oriental, quienes también serán llevados en hombros por los gentiles, sus caciques. Pese a que un resto de la Casa de José degeneraría en la idolatría y el paganismo, las promesas dadas a su descendencia continuarían vigentes en los últimos días; y junto con los gentiles adoptivos, la Casa de José estará lista para rescatar al resto de las tribus perdidas dispersas por el mundo y aplastar la cabeza de la serpiente opositora, según la lectura dual (**Figura 179**).

# Capítulo XII. Glifo día 12
# *Eb "Diente, Fruto"*
# *Malinalli "Rama encorvada"*

*Regente*: Malinalli "la rama con fruto"

*"Rama fructífera es José, junto a una fuente, cuyos*
*vástagos se extienden sobre el muro".*
*La Torá, Génesis 49:22*

*M*alinalli, el glifo doce del calendario azteca, es identificado en la Estela 5 de Izapa y en la Piedra del Sol con una *hierba o rama torcida* ligada con una *quijada*, emblema de la pareja ancestral cuyo vínculo conyugal se infiere tras el círculo que los enlaza con la serpiente del sur, la cual se alza sobre el cetro de cascabel con punta de cuerno lunar en la

Figura 152.
Rama ligada con
quijada; Estela 5
de Izapa.

mano izquierda de la mujer (**Figura 152**). El círculo evocó la rueda calendárica conformada por ciclos sin fin, tal como fue concebido el matrimonio, un convenio eterno con la Deidad sellado mediante el sacerdocio más allá de la muerte y no hasta que la muerte los separe. De tal manera, para preservar el linaje de las doce raíces en los cuatro rumbos de la tierra donde una rama del Árbol de la Vida fuese plantada, sería necesario establecerlo mediante un matrimonio bien arraigado en sus raíces sagradas; de otro modo, se secaría o ahogaría por otras raíces.

*Cipac «Quijada»*, el patriarca de larga barba y la matriarca, fueron la pareja primigenia que junto con su familia cruzaron el muro de agua en el gran barco y arribaron a la tierra de la serpiente del sur: Meso-Sudamérica. La colonia de migrantes encontró un campo fértil donde fueron plantados, un nuevo comienzo para ese remanente. Si los olmecas no hubiesen estado en decadencia hubiese sido muy difícil su prosperidad porque habrían sido subyugados, pero la rama desgajada del árbol de doce raíces creció hasta convertirse en un gran árbol de ocho ramas al grado de encorvar sus ramas cargadas con fruto.

Lo torcido de una rama resulta del peso de un fruto a punto de caer o un *«botón a punto de brotar»*: *xotla cueponi* en náhuatl, que en el contexto humano significa *«nacer, morir»* (Montes de Oca 2019); un reflejo de los hombros encorvados de la pareja de ancianos por causa del peso de los años. En el calendario zapoteco el signo es *piñopija*, cuya voz *pija pea* es el *fruto de la pitaya*, la tuna de grana incluida en el escudo nacional de México. Cabe destacar que *Malintzin* derivación de *Malinalli*, fue el nombre de la intérprete de Hernán Cortés y madre de Martín Cortés, uno de los primeros mestizos nacidos de la conquista.

### Los dientes de la quijada

Los académicos no han podido correlacionar el náhuatl *Malinalli «rama cargada con fruto»* con su equivalente maya *Eb «diente»* (Rublúo 1972, 220). Sin embargo, la Estela 5 resuelve el enigma con el ideograma adjunto cuyos esféricos frutos del árbol se desdoblan en los redondos dientes de la quijada. En yucateco *huutul* es *«diente o fruto»* (Pío Pérez 1866); en maya lacandón *coh* es *«diente o grano de maíz»*; el grano es propiamente un fruto. *Kan* es *«grano»* y en quechua *ka* es *«diente»* (Patrón 1902, 121). El *Popol Vuh* dice que *"los dientes eran granos de maíz blanco, el hueso molido con el cual fueron hechos los hombres de maíz"* (A. Recinos 1960, 37-38). Por lo tanto, el difrasismo fruto-diente significó la descendencia de *Cipac «Quijada»*, cuyo conector tras su espalda ilustró la parte del cuerpo asociada con llevar cargas, o sea, el "fruto de sus lomos" (**Figura 154**). La *quijada de la serpiente* en su conjunto evocó el emblema del anciano padre y los frutos camuflados en dientes, dos separados de tres, retrataron a los cinco adultos de su familia en plena facultad de su albedrío moral: tres dientes situados bajo la cabeza de la serpiente retrataron a la madre, el rey del maíz y su hermano protector; y sobre la cola de serpiente camuflada en fuente de aguas dos dientes más proyectan una quijada más alargada: la del *cocodrilo*, asociada con los dos hermanos mayores quienes rechazan participar del fruto del árbol (**Figura 153**). De tal modo, la quijada con cinco dientes representó la rama desgajada que perpetúa el convenio de Abraham por medio de *Cipac* y su mujer, cuya descendencia se multiplicaría en toda la tierra.

**Figura 153. Frutos se camuflan en dientes; Estela 5 de Izapa.**

**Figura 154. Colmillos; Estela 5 de Izapa.**

Un detalle del conector tras los lomos del anciano es su roce con el diente más incisivo de la quijada: el colmillo; *coatlantli «diente de serpiente»* en náhuatl, o *dzib-bacal «maíz blanco o colmillo»* en maya (Molina 1571, 83); el cual hace quiasmo con el colmillo de la quijada al oriente alineada con el rey; este quinto diente, insignia de poder, asume el mismo valor que el pulgar de la mano. El cinco, la cuarta parte del universo vigesimal, también fue inferido en los veinte dientes de Tonatiuh en la Piedra del Sol. Por lo tanto, el colmillo al occidente posiciona a la mujer como reina y el resto de los dientes aluden a los cuatro hermanos adultos.

Los dientes de la mandíbula camuflados en frutos o granos simbolizaron la simiente de José, el señor del grano del antiguo Egipto a través de los lomos del anciano *Cipac "la Quijada de la Serpiente Emplumada"*, en otras palabras *"el que es boca de Quetzalcóatl"*, el

**Figura 155. Ek Balam y reina de Uxmal.**

profeta cuya descendencia fructificó en dos clases de frutos: los hijos del maíz asociados con la quijada de la serpiente y los hijos del cacao asociados con la quijada del cocodrilo; estos últimos degeneraron en *"monos porque se ensoberbecieron y maltrataron a sus hermanos"* (A. Recinos 1960, 69). Al sobrepujar a los hijos del maíz, los hijos de Lamán se tornaron nómadas y primitivos como una rama silvestre, dispersándose mayormente en la tierra de la serpiente del sur, y tras el descubrimiento de América, los gentiles ejercieron fácilmente dominio sobre ellos; sin embargo, con el mestizaje surgió un fruto de mayor calidad. Con ello se resuelve el enigma de Sansón, donde el *juez* de toda la tierra vencerá a sus enemigos con los dientes de una quijada, es decir, con el fruto de los lomos de José a través de *Cipac*, los ancestros comunes del nativo americano. La quijada se halla expresada en cientos de vestigios prehispánicos, por ejemplo: **a)**. la gran quijada del templo de Ek Balam o, **b)**. la quijada de serpiente de la cual surge el rostro del sacerdote mal llamado "la reina de Uxmal" (**Figura 155**).

### El gobierno teocrático

El maya *Eb* podría ser la contracción del hebreo *Heber*; su glifo es una cabeza con quijada acentuada cuyo significado es además *«líder, ancestro»*, que evocaría al padre de los hebreos quien aparece después del diluvio durante la época de la torre de Babel cerca del 2243 a.C., según la cronología de Calmet. A dicho patriarca le nacieron dos hijos y en sus días fue dividida la tierra, tal como sustenta *"la teoría difundida por Alfred Wegeneger, un geólogo alemán, en el sentido que nuestros continentes modernos se separaron de masas de tierra más grandes, flotando lentamente hacia posiciones nuevas"* (Waters 1996, 41). De Alva Ixtlilxóchitl cita que los olmecas *"vinieron en navíos o barcas de oriente... de la torre altísima... [donde] se les mudaron las lenguas, y no entendiéndose unos a otros, se vinieron a estas partes del mundo"* cerca del 2,200 a.C. (Alva Ixtlilxóchitl 1640, 12). El *Título de Totonicapán* ratifica que *"ya no entendieron sus lenguas unos a otros. Y así ocurrió como fueron divididos"* (Carmack and Mondloch 1983, 171). Desde entonces los hebreos se repartieron en ambos hemisferios del planeta; más tarde el patriarca *Cipac «Quijada»* preservaría el linaje de José mediante el fruto de sus lomos en América.

El barco de Izapa enarbola la vela de doce ángulos cuyo mástil, el árbol de doce raíces evoca las doce tribus lideradas por el linaje gemelo de Efraín y Manasés; su misión es embarcar a los doce linajes dispersos por toda la tierra, aún a los gentiles adoptados por medio de los injertos para llevarlos a la tierra prometida, o sea, la vida eterna. La iglesia no será establecida en el Medio Oriente como aconteció en el inicio de los tiempos; tampoco en el Medio Occidente como sucedió a la mitad de los tiempos, sino las llaves del sacerdocio interrumpidas por la gran apostasía serán restauradas a un heredero legítimo de Efraín en la tierra de la serpiente del norte, cuyo centro de gobierno será un edificio de tres torres opuesto al gran y viejo edificio del oriente donde predomina el secularismo más que la revelación. El apostolado continuará como doce fuentes de aguas puras que sostendrán el navío que conducirá al establecimiento del reino teocrático y milenario de Quetzalcóatl. Siete pirámides forman parte del armazón del barco: el triángulo en el rectángulo, es decir, tres más cuatro igual a siete o tres por cuatro igual a doce. El tres preside sobre doce, o sea, la Tríada sobre el apostolado, y los Doce sobre siete, o sea, sobre Setenta.

### La rama fructífera

La joven y vigorosa rama que emerge del tronco mimetizada en el hombre con el primer fruto de la estación en su mano es retratada fielmente en Isaías 11: *"Y saldrá una rama del tronco de Isaí, y un vástago retoñará de sus raíces"*. Con la aparición del hombre-rama camuflado además en cabeza de venado no hay más una línea divisoria entre ambos hemisferios lo que permite ubicar la época de su aparición. La rama fructífera nace de la raíz gemela que descansa sobre el primer escalón o injerto,

Figura 156. La rama principal del tronco; Estela 5 de Izapa.

símbolo de los gentiles; por lo tanto, el hombre-rama es un descendiente legítimo del linaje de *Efraín «fructífero»* en hebreo, quien aparece después del injerto de los gentiles en la tierra de la serpiente del norte, o sea, después de la colonización de Norteamérica. Éste rescatará al mundo del hambre espiritual tal como José de Egipto, el señor del grano rescató del hambre a gentiles y hebreos con el grano almacenado. Para los nativos *"la llegada del hermano blanco perdido de los hopis, Pahana, al igual que el regreso del dios blanco y barbado de los mayas, Kukulkán... fue anunciado durante largo tiempo por las profecías"* (Waters 1996, 269). En sus *Cartas de Relación* dirigidas al rey Carlos V, Hernán Cortés escribe que Moctezuma lo identificó con el regreso del dios Quetzalcóatl; del mismo modo, el líder de los hopis *"alargó la mano palma arriba hacia el líder de los hombres blancos. Si en efecto era el verdadero Pahana, los hopis sabían que alargaría su propia mano palma abajo"*; sin embargo, Tovar desconoció el antiguo saludo de hermandad. *"Entonces los hopis supieron que Tovar no era el verdadero Pahana"* (Waters 1996, 270).

### El fruto en la mano

Aceptar el fruto en la mano del hombre-rama es la invitación primordial de la Estela 5 de Izapa. Dicho vidente y profeta inaugurará la séptima y última dispensación del cumplimiento de los tiempos con el establecimiento de la iglesia sostenida por doce apóstoles en preparación para el retorno del rey de reyes y su reinado milenario. Sin embargo, cada personaje al pie del árbol representa una actitud diferente respecto a la visión del Árbol de la Vida y su fruto.

Tabla 22. **Actitud de los personajes respecto al Árbol de la Vida.**

| Personajes al occidente | Personajes al oriente |
|---|---|
| **Gazelem**, el hombre- rama que mira al occidente con el fruto en su mano nace en los últimos días de la raíz de Efraín. | **Quetzalcóatl**, el hombre- tronco con el brazo extendido al oriente nace a la mitad de los tiempos de la raíz de Judá. |
| **La mujer** dirige su mirada hacia el Árbol de la Vida y su fruto. | **El siervo** se aferra con sus manos a la barra que conduce al Árbol de la Vida. |
| **El anciano** ve en visión el Árbol de la Vida que la serpiente despliega en su mente. | **El rey** predica sobre la visión del anciano respecto a comer el fruto del árbol. |
| **El hijo mayor** vuelve su espalda contra el árbol y es cegado por el humo que cubre sus ojos. | **El hombre** de espalda al árbol cegado por el humo abre su mano dispuesto a tomar el fruto. |
| **El niño de pie** con un velo en su rostro alza sus brazos hacia el árbol. | **El niño** se postra de rodillas frente al Árbol de la Vida. |
| **El ave** nahual toma del fruto del árbol del cual comen los peces gemelos. | **El jaguar** huella tras su pie el fruto del cual come el cráneo, símbolo de los muertos. |
| **El cargador** con el niño en sus hombros deja atrás los vapores de tinieblas y el fruto partido en dos sugiere que ambos comparten del fruto. | **El glifo ceguedad y sordera** representa a quienes se internan en las tinieblas sin soltar el fruto y quienes lo han soltado después de haberlo probado. |

El náhuatl *maitl «mano»*, ligado con el verbo *kuilia «agarrar»*, de *okuilli «dedos o serpientes de la mano»*, forma la composición *makuilli «lo que se agarra con la mano»*. Su equivalente maya es el glifo con el pulgar e índice juntos que significa *«cavidad, agujero o hueco en la mano»*, lo cual revela el verdadero significado de *Manik «el fruto en la mano»*, camuflado en la piedra del *Urim y Tumim «luz y perfección»*, emblema de la tribu de Leví. Aceptar el fruto culmina una serie de convenios sagrados sólo entendidos por iniciados que, a semejanza de una escalera se requieren para entrar en la presencia de Dios.

### La escalera

Figura 157. Greca escalonada.

*Eb*, el doceavo glifo del calendario maya significó además *«escalera»*. Las escalinatas en los centros ceremoniales, los escalones de las pirámides, la greca escalonada y la *chakana* que en quechua significa *«escalera hacia lo más elevado»*, formaron parte del simbolismo ritual de dichos complejos, los cuales evocaron el descenso de seres celestiales a la tierra o mundo teleste, así como el ascenso del hombre al mundo celeste, dos mundos interconectados (**Figura 157**).

En la tradición de los catíos de Colombia *"se dice que Caragabí tenía una maravillosa escalera la cual llegaba de la tierra al cielo para que los catíos pudieran subir a conversar con él. Cuando los primeros indios pecaron Caragabí les quitó la escalera para que no volvieran a subir al cielo. El pecado que acarreó a los hombres semejante castigo fue la fornicación"* (Villa Posse 1993, 66). Un hombre subiendo por una escalera se dibuja en la pared de un salón del templo de Ek Balam en la zona maya, semejante a un apartado del *Códice Fernández Leal*, el precedente de la *Danza de los Voladores* donde estos vestidos con sus ropas sacerdotales ascienden al cielo por una escalera cuyo mástil es el tronco de un árbol. La escalera fue *"la primera noción del eje del mundo, que conecta los diferentes niveles del cosmos y que se encuentra en numerosos mitos de la creación bajo la forma de un árbol"* (Narby 1997, 70); con ello se explica por qué las raíces del árbol de Izapa asumen la forma de escalones los cuales sugieren la progresión del ser humano en su vida premortal, mortal y postmortal; un paralelo al inframundo, la tierra y el cielo, o sea, los niveles teleste, terrestre y celeste; sincretismo que se remonta a la escalera de Jacob, el padre de las doce tribus, también presente en los 33 escalones de la masonería.

Lo opuesto al orden es el caos, y dado que Dios es un Dios de orden, la escalera evoca el orden de los cielos por medio de sus *ordenanzas*; del latín *ordinare* y el sufijo *anza* que significa *«poner en orden»*. Bajo el orden del sacerdocio no se puede avanzar al siguiente nivel sin escalar el anterior; los discípulos se iniciaban con el bautismo por inmersión, la primera ordenanza exterior que culminaba con otras ordenanzas interiores, entre ellas el matrimonio eterno llevado a cabo en la parte más elevada del templo que simbolizó el reino celestial.

### La greca y el sacerdocio

La greca, término europeo acuñado al peculiar diseño de lectura familiar para iniciados fue la expresión más simple y profunda de la Geometría Sagrada prehispánica. *Xicalcoliuhqui* en náhuatl, *«torcido o encorvado como la jícara»*, un fruto que después de partirse en dos y extraer su contenido produce dos recipientes semicurvos a modo de tazones sin asas (Molina 1571, 149, 225).

**Figura 158. Chimalli de Yanhuitlán; Oaxaca.**

191

En la Estela 5, un fruto partido en dos se ubica entre el cargador y el niño sobre sus hombros. Un mito relata que *"los dioses pensaron cómo sería la forma del recipiente con que verterían el agua para apaciguar la sed de todas sus creaciones; acordaron que fuera redondo como el cielo, porque el círculo completo representa la Deidad, y el medio círculo representa la comunión del hombre con la Deidad"* (Barrera Vásquez 1980). Su diseño dual también sugiere a dos serpientes enlazadas que convergen inversamente en espiral hacia un centro formando dos 'G' en una simetría tipo espejo cuya imagen sólida es exactamente igual a su fondo vacío. La existencia o ausencia de una implica la presencia o inexistencia de la otra, lo que sugiere una oposición en todas las cosas: lo interior y lo exterior; lo tangible y lo intangible, lo conocido y lo desconocido, lo carnal y lo espiritual, lo temporal y lo eterno. Así como dos triángulos entrelazados conforman la Estrella de David, emblema real de la tribu de Judá, es razonable que el linaje de *José «el que añade, el que reúne»*, adoptase un emblema geométrico para su estirpe que evocase la unión de lo que ha sido separado, la reunión de dos bandos contrarios que conviven entrelazados: el oriente y el occidente; el cielo y la tierra; la vida y la muerte.

Su mayor exponente se encuentra en Mitla, Oaxaca, de *Mictlán «El lugar de los muertos»*, una antigua necrópolis donde aún se observa el blanco del exterior y el rojo del interior de las grecas cuyas diversas formas proyectan la espiral ampliamente replicada en arquitectura, códices, cerámica, joyas, vestimenta, etc. Las espirales entrelazadas podrían simbolizar los dos órdenes del sacerdocio, es decir, el sacerdocio menor o levítico y el sacerdocio mayor o de Melkisedec. En *Historia General de las Cosas de Nueva España*, Sahagún menciona *"sacerdotes menores que eran como obispos, el primero le llamaban tlamacazto, es como acólito; el segundo le llamaban tlamacazqui, que es como diácono… los sumos sacerdotes se llamaban quequetzalcoa, que quiere decir sucesores de Quetzalcóatl"* (Sahagún 1830, Libro 3, Cap. IX). Molina nombra a *"teopix, el presbítero"* (Molina 1571, 305). Dichos oficios del sacerdocio se constituyeron en cuórums según los múltiplos del número doce: (12x1) doce; (12x2) veinticuatro; (12x4) cuarenta y ocho; (12x8) noventa y seis; y (12x12) ciento cuarenta y cuatro.

# Capítulo XIII. Glifo día 13
## Ben "la Ley"
## Ácatl "la Caña, la Barra"

*Regente: Tepuzhuitzoctli "la barra de hierro"*

*"Bochica arrojó su cetro de oro purísimo*
*y se precipitaron las aguas".*
*Texto sagrado de los chibchas*

*Á*catl *«caña»* un carrizo de tallo largo, el más influyente glifo del calendario azteca cuyo equivalente maya es *Ben «ir»*, no sólo cierra la trecena, sino es el principal de los cuatro portadores del año y uno de los *tlalpillis* de 13 años que, repetidos cuatro veces resulta el *Fuego Nuevo* de 52 años. En la Estela 5 de Izapa, la barra de la sombrilla en manos del siervo del rey se extiende desde la quijada de la serpiente del oriente y se conecta con las raíces

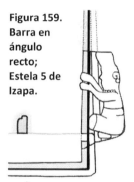

Figura 159. Barra en ángulo recto; Estela 5 de Izapa.

del árbol en el panel inferior conformando un ángulo recto "⌐", y justo en medio se ubica el libro de la Ley (**Figura 159**). En el sentido ético y moral, el *ángulo recto* significó *la rectitud*, es decir, andar derecho, sin curvas ni desviaciones; aquello que por su carácter lineal es recto y justo; el punto preciso donde la vertical y la horizontal coinciden; el punto decisivo donde el hombre y la deidad concilian.

La contraparte quiásmica de la barra es el cetro o báculo de anillos de cascabel en la mano izquierda de la mujer, que además se conecta con la quijada de la serpiente del occidente, el emblema del anciano; lo cual supone que el cetro de anillos de cascabel no pertenece propiamente a la matriarca, sino que es propiedad del patriarca, o en el mejor de los casos que pertenece a ambos. Quien porta el cetro de justicia es digno de ser

Figura 160. Cetro y barra; Estela 5 de Izapa.

*Ajaw «el señor y rey»*, cuyo prefijo maya *aj* significa *«lo recto o correcto, lo firme o lo fijo»* (Gómez and Lucas 2003, 61).

### La Ley de Quetzalcóatl

El báculo, el cetro o la vara simbolizó la Ley de Quetzalcóatl, o sea, la ley de la rectitud, el máximo emblema de autoridad teocrática preservado hoy entre varios pueblos indígenas que se rigen bajo el sistema de usos y costumbres, donde un consejo de ancianos inviste al gobernador con el bastón de mando; sincretismo originado en la vara convertida en serpiente bajo la mano del egipcio adoptivo que recibió la ley en tablas de piedra y cuyo jeroglífico *HLQA «gobernar»* fue representado con el *cayado de pastor*; y *HEM «servidor»* con la *estaca* clavada en la tierra que evoca la idea de estabilidad y firmeza. *"Tal era el sentido de la monarquía egipcia; el que cumplía la función de gobernar debía servir, y no servirse [del pueblo]"* (Jacq 1998, 59).

**Figura 161. Vara; códice mexica.**

¿Cuál fue pues la clave del éxito en el arte de gobernar? La autoridad moral, atributo que resulta de la rectitud personal, la cual debería permear de arriba a abajo y devolverse de abajo hacia arriba en una vertical, como una vara, siendo la cabeza el primero en dar el ejemplo. La Geometría Sagrada tuvo sentido y lectura. El Disco de Chinkultic del Período Clásico, muestra a un personaje con tocado de pez-serpiente y hojas de árbol; su pierna derecha conforma un ángulo recto y su brazo derecho configura un ángulo de compás **(Figura 162)**. A la nobleza e iniciados en el sacerdocio *"se les enseñaba a través de los años los secretos de la astronomía y los sagrados símbolos religiosos, a cambio se les exigía una rectitud aún mayor en su vida, tanto personal como pública, ya que ellos debían dar el ejemplo en todos los aspectos al resto de la comunidad"* (Gutiérrez Solana 1991, 101). En su obra clásica Garcilaso de la Vega escribió que los incas movidos por la fama de sus ancestros, cuya justicia y rectitud fueron tan divulgadas, uno de los cuales se llamó *Chipana* —homófono de *Cipacná «Quijada»*— conservaron la memoria de sus nombres heredándolos de una a otra generación; *"y por esta rectitud que guardaron fueron tan amados como lo fueron"* (Vega 1609, 150, 284).

**Figura 162. Disco de Chinkultic; Chiapas.**

Alfred Kroeber admite que los gobiernos amerindios pasaron *"por cuatro etapas sucesivas: la organización preclánica; un sistema de clanes patrilineales… los clanes unidos entre sí, y el imperio, un sistema complejo de organización política"* (Martínez Estrada 1990, 28). Estos condujeron a monarquías y gobiernos de jueces divididos entre libres o realistas, lo que hoy es izquierda y derecha; y cuyas ideologías no determinaron por sí mismas el éxito sino la rectitud personal del gobernante. En el *Calmécac* azteca, a todo joven se le educaba y exigía andar *in cualli, in yectli «en integridad»*, esto es, a evitar la corrupción, el cohecho, el fraude, la infidelidad y la calumnia. Para el sentido lineal maya, la rectitud fue condición necesaria para una vida feliz, cuya ausencia afectaría en primer lugar a la familia. Si un sacerdote era descubierto se le excomulgaba; si un juez era sorprendido se le ejecutaba; a la luz de los valores modernos esta legislación pareciera cruel e inhumana, pero evitaba que otros lo hicieran. Sin embargo, las *combinaciones secretas* infiltradas en el gobierno tarde que temprano aniquilaban a todo un pueblo. Una guerra civil exterminó a los olmecas y el ciclo se repitió con los hombres de maíz.

Algunos autores piensan que la deformación del cráneo entre algunos pueblos mayas fue un método extremo de simular la rectitud; al bebé se le colocaba una tabla en la cabeza con el objetivo de lograr la rectitud cefálica. Sin embargo, la rectitud no podía provenir de un método engañoso que la aparente. Como sucede hoy en día, la diferencia entre *ser* y *parecer* es una trampa muy difícil de identificar porque la astuta serpiente y sus secuaces simulan ser rectos.

### El que oye y los cinco sentidos

Dado que los protagonistas de la Estela 5 de Izapa son regentes de alguno de los 20 días del calendario sagrado; en este caso, el siervo del rey que se aferra con ambas manos a la "barra o caña" es el regente del glifo 13 del calendario. Este fue dibujado con toda intención sin detalles en su rostro excepto su gran orejera, la más sobresaliente de todos y la cual revela su identidad. Su puntero hacia adentro del oído describe el perfil idóneo de *"aquel que escucha"*; aquel que sigue órdenes e instrucciones; aquel que auxilia al líder en sus tareas o actos. El tamaño de su figura y su alto turbante estilo oriental lo sitúa a semejanza de su allegado, un hombre de confianza más que un sirviente.

**Figura 163. Orejas de Nebet-hetepet; Egipto.**

En náhuatl, *Tenacaz «mensajero, embajador»* incluye el sufijo *nacaztli «oreja u oído»*, vocablo emparentado con *"rectitud"* (Molina 1571, 256, 280); ambos términos componen la voz *Tenacaztli «esquina o piedra angular»*, ubicación que ocupa en la esquina de la talla el ministro del rey quien se aferra a la barra que conforma un ángulo recto (**Figura 159**). Dicha barra de la rectitud que conduce al Árbol de la Vida marca la división entre el escenario donde se ubica el Libro de la Ley y los vapores de tinieblas donde se interna el glifo ceguedad y sordera, lo que sugiere que el siervo halla seguridad en los límites del ángulo recto. Al traspasar lo señalado, es decir, al cruzar la barra de la Ley se presupone pasar a un estado de riesgo, fuera de la protección que brinda el cumplimiento de la Ley, la cual separa lo justo de lo injusto, lo recto de lo incorrecto, lo puro de lo impuro. En conclusión, el siervo del rey personifica a toda persona sin distinción de género que se aferra a la barra, o sea, a la Ley de Quetzalcóatl, y se asume como su embajador y siervo. Además, los personajes de la talla se vinculan con alguno de los sentidos; *nacaztli «oído»*, el órgano que representa a los cinco sentidos identifica al siervo de la gran orejera como *"El que oye"*, que recuerda a Simeón, el hijo del oído, padre de una de las doce tribus. El cometido del autor es llevar al espectador a poner sus cinco sentidos en aquel que es recto, aquel cuyo fruto es deseable para hacer a uno feliz.

Tabla 23. **Los cinco sentidos**

| | |
|---|---|
| Oído | El siervo del rey *escucha con su oído* acerca del Árbol de la Vida. |
| Vista | La mujer *mira con sus ojos* el Árbol de la Vida. |
| Olfato | El anciano *huele con su nariz* el incienso ofrendado al Árbol de la Vida. |
| Gusto | El rey *habla con su boca e invita a saborear* el fruto del Árbol de la Vida. |
| Tacto | El niño *toca con sus manos* el Árbol de la Vida y *posa sus pies* en sus raíces. |

### La caña

La Estela 5 de Izapa es una panorámica dual. Si se elimina el toldo o copa de la sombrilla en cuyo poste o barra se apalancan las manos del siervo del rey, éste adquiere otro perfil, el de *Acalueltecani «timonero»* en náhuatl, cuyo prefijo *acalli «barco»* comparte la sintaxis con *ácatl «caña»* y *nacaztli «oído»*: *«el que oye para dirigir la caña del barco»* (Simeón 1977, 8).

Al desdoblar el escenario en el barco, *acalli «casa de agua»* en náhuatl, el ayudante es quien maniobra el timón de caña como el segundo de a bordo bajo la dirección del capitán (**Figura 164**). Se sabe que los timoneles de barcos antiguos como los fenicios, grandes constructores navales de la época, utilizaban un

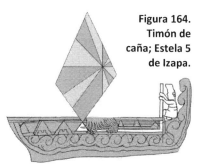

**Figura 164. Timón de caña; Estela 5 de Izapa.**

palo largo fijado directamente al timón. Esta barra de hierro o madera llamada desde tiempos remotos *«la caña»*, era la palanca que permitía articular la vela para dirigir el rumbo del barco aferrándose a ella con la fuerza de las dos manos para sortear las tempestades y las olas al vaivén del viento. Caña en babor o caña en estribor significó virar a la izquierda o a la derecha respectivamente, y caña a la vía se entendió como seguir el mismo rumbo. Aunque el timón de caña cayó en desuso y fue sustituido por el timón de rueda, el término "caña" continúa vigente en la jerga de los marinos hasta el día de hoy.

La regia estructura marítima no fue sólo una remera o canoa fluvial de trayecto corto, sino utilizaba una vela en el mástil para un viaje de largo alcance; sus dimensiones sugieren capacidad para una colonia numerosa, aunque sólo se destaquen los ocho personajes principales. Al considerar la incapacidad física del anciano y su mujer, los modelos a seguir serenamente asentados en cojines serpentinos, los niños y la oposición de dos de los viajeros, las tareas prácticamente recayeron en el joven capitán y su ayudante, dejando entrever una mutua cooperación entre ellos. La mujer y el anciano se ubican en la proa sobre el esperón, la parte más elevada y saliente del barco; y el capitán y el timonel se ubican en la popa, el lugar donde todo navío maneja el timón. Un sinnúmero de estudiosos enfocan la caña exclusivamente en función de un pueblo agrícola asociado con el maíz, lo cual resulta obvio, debido a que los amerindios no sobresalieron como grandes navegantes; sin embargo, las Estelas de Izapa con más de dos mil años de antigüedad dibujan embarcaciones y personajes con fisonomía barbada y atuendo oriental que sugieren su origen del Viejo Mundo. Seguramente hubo otros, pero fueron estos quienes renovaron la faz del Nuevo Mundo, en particular debido a lo estricto de su religión.

**Figura 165. Barca egipcia.**

Cada personaje a bordo del barco personifica una actitud diferente hacia dónde ir y a quién seguir, por ello, la posición de sus manos y pies adquieren relevancia. Al apalancarse obstinadamente con sus manos, el ayudante del capitán evita hundirse en las turbulentas aguas que desembocan tras su espalda, sin soltarse del fundamento seguro que los conducirá sanos y salvos en su travesía hacia la tierra prometida bajo la dirección del antiguo timón de caña donde el Árbol de la Vida se yergue como el mástil central. Gran coincidencia con la barca egipcia piloteada por *Ra*, quien se desplaza por las aguas del río Nilo aferrado con su mano al cayado de caña. Para los egipcios *"el faraón es el de la caña, el junco, el papiro"* (Jacq 1998, 56). El papiro, semejante al *amate*, el papel vegetal utilizado en Mesoamérica fue sinónimo de la caña porque ambos se obtenían de los juncos del Nilo. Además, el glifo de la barca significó una carga numérica, un período solar de mil años. Un puerto de barcas fue el emblema de una de las doce tribus, la de Zabulón, lo cual confirma el origen oriental de los símbolos religiosos y la continua conexión de los hebreos con Egipto; desde Abraham, el cautiverio de Israel y la huida de Jesús a Egipto. La *Estela de Merneptah* datada cerca del 1200 a.C., incluye la primera mención conocida del vocablo "Israel" en un monolito egipcio.

### El estandarte o pendón

El epigrafista David Stuart sugirió que los mayas vieron las estelas como *Lakamtun «estandartes de piedra»*; de *lakam «estandarte, pendón»* y *tun «piedra»* (Stuart 1996, 154). *Pantli «bandera»* fue su equivalente náhuatl, la tela que ondea sobre un asta y que en egipcio significó *«Dios»*. *NETER, MEDU «bastón, pendón»*, significó además *«la palabra de Dios»*: *"el bastón sobre el que se puede apoyar en los momentos difíciles de la vida"* (Jacq 1998, 23). Las estelas, *"bloques monolíticos de piedra fijados al suelo con predominio de la verticalidad"* (Somohano 2015, 47), ocuparon lugares prominentes en los centros ceremoniales que en su conjunto retrataron a la monarquía, como es el caso de la Estela 5; en ella, la mujer y el anciano se dibujan sentados sobre tronos o piedras a modo de cojines quienes, junto con el rey, manifiestan su preeminencia como personajes de la realeza.

 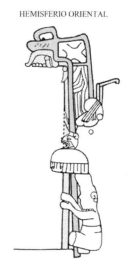

**Figura 166. La serpiente izada en lo alto como estandarte o pendón; Estela 5 de Izapa.**

La reina al occidente y el siervo del rey al oriente enarbolan a la serpiente que se yergue como un estandarte o pendón en lo alto, figura que simboliza a Quetzalcóatl, quien habiéndose hecho maldito al condescender en la figura de la serpiente y ser levantado en lo alto, tomó sobre sí las transgresiones de su pueblo y los redimió de la maldición de la culebra maligna al atraer hacia sí a todos los hombres.

### Los palos de la ley

Al igual que su equivalente amerindio, la barra o el bastón fue el glifo egipcio que significó *MEDU* «*la palabra*», quizás por la forma de conservar papiros o pergaminos que era enrollarlos en palos que se desenrollaban para ser leídos. La Puerta del Sol en Tiahuanaco, Bolivia, muestra con peculiar geometría a Viracocha, otro título de Quetzalcóatl, quien se corona con doce chalchihuites y cuatro serpientes, las cuatro tierras. Éste sostiene en sus manos dos barras o palos como aves-serpientes,

**Figura 167. Viracocha; Tiahuanaco, Bolivia.**

símbolos de la palabra o la Ley, y los dos reinos. El palo en su mano izquierda que representa el occidente se divide en dos en alusión al linaje gemelo de la tribu de José que fue injertado en la América antigua y que se dividió en dos grandes pueblos.

El Tanaj profetiza en Ezequiel 37 respecto al palo de Judá y el palo de José; el primero se refiere a los escritos sagrados de la tribu de Judá, empero, ¿cuáles son los escritos sagrados del palo de José? La Estela 5 de Izapa confirma la existencia de un libro sagrado escrito por profetas y reyes de la tribu de José; la historia secular y religiosa de su linaje que arribó al Nuevo Mundo bajo la tutela del anciano profeta *Cipac «Quijada»* y su hijo *Kneph* o *Kan*, el rey del grano de maíz.

### El libro desaparecido

El *Popol Vuh*, el *«Libro del Consejo»* de los mayas quichés concluye su relato con estas palabras: *"Y esta fue la existencia de los quichés, porque ya no puede verse el libro que tenían antiguamente los reyes, pues ha desaparecido"* (A. Recinos 1960, 162). Un libro es el centro en la escena derecha de la Estela 5 de Izapa, donde el rey del maíz sostiene en su mano izquierda un lápiz que alude a la *palabra escrita*; al mismo tiempo que exhala por su boca la voluta de vapor que representa la *palabra hablada*.

**Figura 168. Caja de piedra; Templo Mayor, México.**

La escena sugiere que el soberano transmite su discurso apoyado en la escritura, o en su defecto que la sagrada visión del Árbol de la Vida revelada a su anciano padre es de tal relevancia que consideró necesario registrarla *"sobre las placas entregadas a [ellos] al inicio de sus migraciones"* (Waters 1996, 126). El rey del maíz es además el escritor y custodio de las crónicas y revelaciones sagradas de su pueblo.

Los antiguos mayas guardaron sus registros sagrados en cajas de piedra denominadas *maben tun «a modo de sepulcro»* y *tz'eb* fue el peculiar *«pincel o pluma»* con el que grababan sus jeroglíficos en planchas de metal de cobre, bronce e incluso de oro; no obstante, los manuscritos de uso común eran elaborados en cuero de animal, generalmente de venado, o corteza de árbol: el *amate*, algunos doblados a manera de biombo y que hoy llamamos códices (Ershova 2013, 48-51). Sin embargo, el primer botín de saqueo llevado *"a Don Carlos Quinto, emperador de Castilla"* en Europa, fue el oro, junto con collares, brazaletes, anillos, turquesas, *"perlas, diamantes y esmeraldas, y todas las joyas que habían quitado los conquistadores a todos los pueblos que habían conquistado"* (A. Recinos 1957, 92, 83).

En su obra *El libro de los hopis*, Frank
Waters cita, según la profecía, el tiempo en
que el clan de los hopis sería conquistado
por extranjeros; *"sin embargo, no debía
resistirse sino esperar a la persona que lo
redimiera. Esta persona sería su perdido*

**Figura 169. Tablillas hopis.**

*hermano blanco, Pahana, quien volvería a ellos con el trozo faltante
de la esquina de la tablilla. Los redimiría de sus opresores y
construiría con ellos una nueva hermandad universal de todos los seres
humanos"* (Waters 1996, 47-48).

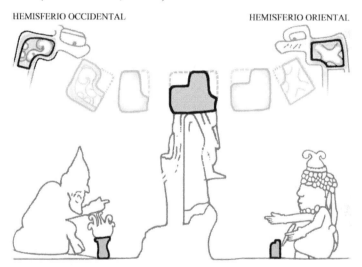

**Figura 170. Cuadrángulos con esquinas faltantes; Estela 5 de Izapa.**

La profecía hopi refiere la aparición de un libro o anales sagrados
descrito como tablillas con esquinas faltantes. En la Estela 5 de Izapa
el libro ubicado frente al rey del maíz es un cuadrángulo con una
esquina faltante, o sea, un voluminoso ángulo recto 'J'; además, dicho
ideograma geométrico se replica en los cuerpos de las serpientes
erguidas en lo alto (**Figura 170**). Nada en la talla fue hecho al azar y para
descifrar la lectura del ideograma con una esquina faltante, éste se debe
asociar con la pictografía correspondiente, o sea, con el libro cuya
contraparte es el incensario ubicado frente al anciano. Ambos amplían
su significado mutuo al posicionarse como el centro de cada escena
siendo equivalentes en importancia al eje que es el Árbol de la Vida.

El incensario representa el viejo pacto o antiguo convenio, la llamada Ley Mosaica contenida en la Torá revelada a los patriarcas del Viejo Mundo bajo la custodia de la tribu de Judá; y el libro frente al joven capitán y rey del maíz representó otros anales de escrituras, pero del Nuevo Mundo escrito por el linaje de la tribu de José.

La serpiente del oriente que representa el Viejo Mundo encuadra con su cuerpo las tablas de la ley, o sea la Biblia que, según la cruz cardinal en su interior será llevada por los gentiles europeos a los cuatro rumbos de la tierra. La serpiente del occidente que representa el Nuevo Mundo encuadra con su cuerpo dos frutos y dos crótalos de cascabel que en lenguaje figurado simbolizan a los cuatro hijos de Cipac: dos hermanos fieles y dos hermanos rebeldes, padres de dos pueblos rivales: los hombres de maíz y los hijos de Lamán, cuya historia se remonta a sus ancestros José y Asenat, su madre egipcia de piel cobriza. Ambos registros sagrados, uno en el hemisferio oriental y otro en el hemisferio occidental, posicionan a Quetzalcóatl como el Dios de toda la tierra; los cuales testifican uno del otro al cruzarse y completarse en uno solo al encajar en la cabeza o corona de Quetzalcóatl en el centro de la talla, la fuente de toda palabra y escritura sagrada (**Figura 170**).

Tabla 24. **Métrica quiásmica de los Libros de la ley**

| Serpiente del occidente | | Serpiente del oriente |
|---|---|---|
| | Corona o velo (esquinas faltantes) | |
| Incensario (Ley Mosaica) | | Libro de la plenitud de la ley |

Este otro testamento escrito por profetas de la América antigua, sin el cual no se podría descifrar el código del Árbol de la Vida, completa la plenitud de la Ley y sigue el patrón de ser un registro endémico del Nuevo Mundo; dicho libro desaparecido saldrá a la luz mediante *Pahana*, según la profecía hopi, un profeta, traductor e intérprete de lenguas antiguas, cuyo ancestro fue el gobernante hebreo que almacenó grano durante siete años y salvó del hambre a los egipcios y a su pueblo. La simiente de José dispersa en América volverá su corazón hacia sus padres y serán librados del hambre espiritual en los últimos días por dicho descendiente del linaje de *Efraín «rama fructífera»*; tal como se observa sobre la cabeza del hijo mayor donde los peces gemelos son alimentados de su mano con el fruto del Árbol de la Vida.

## Aferrarse a la rectitud

El Árbol Cósmico invertido *"hunde sus raíces en el cielo y extiende sus ramas sobre la tierra"* (Eliade 2007, 405). Camuflado en un cocodrilo, que representa la muerte y el infierno, el árbol desdobla sus doce raíces en fauces y garras con las que se aferra al *tepuzhuitzoctli «la barra de hierro»* (Figura 171). Las raíces antes sepultadas en el inframundo ahora se introducen en el cielo; por medio del recogimiento de Israel incluido el mundo de los muertos, vivos y muertos finalmente se aferrarán a la barra que es la Ley de Dios y doblarán su rodilla ante aquel que es recto: el treceavo apóstol y cabeza de los

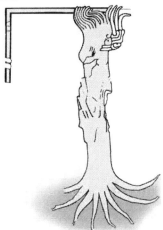

Figura 171. Árbol invertido y barra; Estela 5 de Izapa.

Doce, el mismo Árbol de la Vida cuya raíz serpentina se injertó en el inframundo para conectar a los muertos con el cielo.

*Ácatl «la barra de hierro»* ligeramente inclinada de extremo a extremo, ahora invertida, significó la escritura sagrada, o sea, la ley, *"la palabra escrita que garantiza la inmortalidad"* (Jacq 1998, 25). Su equivalente maya *Ben «ir»*, sugiere poner los pies en el recto y estrecho camino que conduce —no a una vida feliz con momentos tristes o a una vida triste con momentos felices— sino a la felicidad eterna, el propósito final de la existencia; en sentido espiritual migrar al jardín paradisíaco de la tierra edénica en cuyo centro se halla el recto Árbol de la Vida, cuyas hojas eternas alcanzan la barra del cielo sobre la cual caminan los peces gemelos, emblema del linaje de la primogenitura, es decir, de todos aquellos que guardan los estatutos de Dios. El glifo egipcio del *"pez Barbus Bynm, un auxiliar para 'resurrección"* (Jacq 1998, 92), sugiere que los seres resucitados representados con los peces caminan sobre la barra de la ley. No es lo mismo aferrarse a la rectitud, un esfuerzo que no siempre resulta exitoso, que caminar en la rectitud, un hábito que ha dejado de ser un esfuerzo. En los *Murales de Tepantitla*, Teotihuacán, bajo el árbol del Tlalocan, barras en horizontal se pierden entre la multitud de personajes en la obra más explícita del sueño del Árbol de la Vida.

En el panel superior, dos herraduras o 'U' cada cual escoltada con dos barras flanquean el ojo de la serpiente que se adorna con los glifos de la cola de la serpiente y la cola de pescado en ángulos de 90 grados, símbolos de los dos reinos a la cabeza de los dos hemisferios de la tierra: La Casa de Israel o Efraín en América y la Casa real de Judá en el Viejo Mundo que con los gentiles adoptivos compartirán las promesas para ser primogénitos y reyes en el grado más alto de gloria. El título principal de la Estela 5 es: *"Mantengan sus pies en el camino de la rectitud aferrándose al orden de los convenios".*

Tabla 25. **Significados del treceavo glifo calendárico**

| Ben-Ácatl: | Significado |
|---|---|
| 1. Cetro/Bastón de mando | Realeza/Sacerdocio |
| 2. Báculo/Cayado de pastor | Gobernar/Rescatar |
| 3. Estaca/Vara | Servidor del pueblo de Dios |
| 4. Poste/Asta | Protección/Pendón/Estandarte/Bandera |
| 5. Barra/Palo/Ángulo recto | Ley de la Rectitud/La Palabra de Dios |
| 6. Caña | Timón del barco que lleva a la tierra prometida |
| 7. Flecha/Carrizo | El castigo por infringir la Ley |

El cetro real del sacerdocio con el cual se inviste a quien obedece la ley de Dios, no sólo significó la recompensa, sino desdoblado en un manojo de carrizos o haz de flechas también significó la vara del castigo cuando se transgrede la ley de Dios, quien justifica a quienes no la conocen, porque Él juzgará según la luz y el conocimiento que cada uno haya recibido. Al sucumbir al engaño de la culebra maligna el hombre cruza la barra de la rectitud para hundirse en el caudaloso río de aguas turbias que representa el bajo mundo de los vicios, la carnalidad, el lucro, el orgullo y el secularismo, donde el monstruo de la tierra acecha sigilosamente. El siervo del rey aferrado con ambas manos a la ley personifica a todo discípulo de Quetzalcóatl, sea hombre o mujer, que no está exento de soltarse de la barra durante su éxodo hacia la tierra prometida; pero la barra también englobó la misericordia de Dios, quien a sabiendas que la mortalidad es una prueba todavía extiende su cayado de pastor para rescatar a las ovejas que se han internado en desiertos oscuros y lúgubres donde se ubica el glifo ceguedad y sordera. Las espesas tinieblas son dispersas por los radiantes rayos del sol que iluminan a todo aquel que quiera rectificar y volver al camino recto que conduce al Árbol de la Vida Eterna.

# Capítulo XIV. Glifo día 14
## *Ix-Balam "la Bestia"*
## *Océlotl "el Jaguar"*

**Regente**: *Tezcatlipoca "el nahual bestia-jaguar"*

*"Balam, la bestia nahual que reina*
*sobre los reinos del mundo".*
*Texto maya*

**Figura 172. Bestia-Jaguar; Estela 5 de Izapa.**

Varios autores coinciden que la cabeza voluminosa, orejas redondeadas y garras de la imagen que flanquea el oriente de la Estela 5 de Izapa identifica a la bestia más poderosa del Nuevo Mundo: el jaguar; *Océlotl* para los aztecas e *Ix* para los mayas, el glifo catorce del calendario, el cual cumple el patrón que los protagonistas sean endémicos de América, como el colibrí entre las aves, la tenhuayaca entre los peces o la víbora de cascabel entre los reptiles. *Yaguar* proviene del guaraní *«fiera»*, su género *panthera onca* deriva de la voz griega *pan theerion* que significa *«bestia»*. Dicho nahual felino erguido sobre sus grandes pies es el antecedente más remoto de la deidad "gemela" y opositora a Quetzalcóatl, o sea, *Tezcatlipoca «espejo de humo»*, conocido como *"el señor de la tierra, la oscuridad y la luna, del conocimiento secreto y de la muerte, así como el amo de la guerra ligado con Akbal, el oscuro edificio"* (Morgan and Bandelier 2003, 244). *"¿Quién es aquel que ahuma el cielo?"*, cuestionaron los dioses en *La leyenda de los soles*. Y respondieron los hombres: *"Tezcatlipoca, aquel de quien somos esclavos suyos"* (F. Del Paso y Troncoso 1903, 28).

| | | | |
|---|---|---|---|
| **a.** Luna | **e.** Cielo nocturno | **i.** Collar | **m.** Piernas |
| **b.** Gran edificio y ciudad | **f.** Cuerno | **j.** Cinto grueso | **n.** Pie derecho |
| **c.** Río de cuatro vertientes | **g.** Orejera | **k.** Delantal | **o.** Pie izquierdo |
| **d.** Serpiente del poniente | **h.** Fauces | **l.** Garras | herido |

*Ihuicatl*, un *«cielo nocturno»* bajo la luna y sobre la cabeza de la bestia-jaguar ilustra el ambiente nocturno con truenos y relámpagos donde merodea *Tezcatlipoca* (**Figura 172**); cuyo reflejo es un *«espejo de humo»*, una entidad espectral que bajo la imagen de una bestia coronada con un gran edificio evocó el poder del mundo.

*"En varias lenguas mayas se conoce al jaguar como balam. Los mayas lo asocian con el poder político, la guerra y el inframundo. Su piel, garras y colmillos eran emblemas de poder de los gobernantes"* (Pérez and Sotelo 2005, 23). Contrario a lo que se piensa *balam «devorador»*, del preclásico maya es una transliteración del hebreo *balaam*; su afijo *bal*

**Figura 173. Tezcatlipoca; Códice Ríos.** también presente en *akbal*, el tercer glifo del calendario, *"en lengua maya se refiere al mundo y la esclavitud"* (C. Álvarez 1997, 448, 450). Asimismo, el homófono *Baal* fue el ídolo del imperio babilónico, antítesis del Dios de los judíos; irónicamente el emblema de la tribu de Judá fue el león y el emblema de la realeza faraónica fue *la Esfinge*, un rostro humano con cuerpo de león. En el *Popol Vuh,* el jaguar fue responsable de la destrucción de los hombres de madera, el antiguo pueblo de la colmena que desapareció de la faz de la tierra tras una larga guerra civil. *Balam* además significó *«forastero, extranjero»*, la alianza impía del pueblo de Dios con el mundo gentil por medio de la avaricia, la inmoralidad y la apostasía. De tal modo, el asociar una bestia con reinos u hombres poderosos data de tiempos antiguos.

El jaguar es un animal crepuscular, cuya mayor actividad se desarrolla entre la puesta del sol y el amanecer; es de naturaleza evasiva, fundamentalmente solitario y muy difícil de observar debido a lo inaccesible de su hábitat; su territorio se extiende desde las densas y húmedas selvas de América Central hasta el norte de Argentina; sin embargo, en esta vasta extensión no habita en las zonas frías o altas montañas; a menudo prefiere vivir cerca de ríos y pantanales con espesa vegetación que le permite emboscar a sus víctimas por sorpresa. El superdepredador de América se ubica en lo más alto de la cadena trófica ya que no cuenta con competidores en estado salvaje; su constitución robusta y musculosa, y la estructura corta de sus miembros permite que sea muy hábil a la hora de nadar, arrastrarse y escalar; posee una marcada habilidad para trepar árboles cuyas ramas utiliza como su hábitat; lugar ideal para descansar y asechar a sus presas.

### El cuerno de la bestia

El cuerno no forma parte de la naturaleza ósea del felino; sin embargo, un gran cuerno sobre la cabeza de la bestia-jaguar secunda un cielo tormentoso (**Figura 172**). Dicho atributo adoptado de algún animal como el buey, el rey de las bestias domésticas, fue un símbolo de poder. Además de apuntalar hacia el árbol cuyo objetivo es acornear a su presa, el cuerno evoca la alianza político-religiosa representada por el gran edificio sobre la bestia; un centro de poder al norponiente del hemisferio oriental, tierra de extranjeros o gentiles. El venado, el glifo número siete, evoca con sus astas la verdadera corona de la realeza y su opositor el doble siete, o sea el catorce, es el glifo del jaguar coronado con una falsa ornamenta. Según Jueces 14:14: *"Del devorador salió dulzura"*, es decir, de la bestia indomable surgirá un reino dulce como la miel que domesticará a la bestia, el cual será establecido por mano del señor venado en los últimos días.

### Las garras del jaguar

Al ser un cazador más dado a la emboscada que a la persecución, el jaguar se desplaza con sigilo desde un escondrijo ciego antes de lanzarse con un rápido salto sobre su presa; su zarpazo es suficiente para despedazar a presas de menor tamaño con sus mortíferas garras; además de los rugidos y la orina, los arañazos en árboles sirven para marcar su territorio. Un par de arañazos en la corteza del tronco del árbol corren como hilos de *«sangre de árbol» itz*

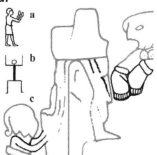

Figura 174. Manos hacia arriba: a) Glifo egipcio; b) Glifo hopi; c) Estela 5 de Izapa.

en maya, los cuales se ubican frente a las garras en pose de descanso de la bestia, como si un aguerrido ataque se hubiese consumado en la frente o pecho de Quetzalcóatl, según se vea.

Sus garras en posición dorsal hacia abajo son contrarias a las manos del niño hacia arriba, a semejanza del glifo hopi y el glifo egipcio *DUA*, en señal de «*adorar, venerar, orar, respetar*» (Jacq 1998, 100). Dicho acto sagrado, todavía vigente entre judíos y musulmanes, parece ocultar las manos del niño con el rostro cubierto como si este rasgase el velo que lo separa de lo sagrado. De tal modo, el niño con sus manos arriba y la bestia con sus garras hacia abajo son señales de adoración en dos movimientos opuestos. Las palmas hacia arriba sugieren el esfuerzo consciente de la verdadera adoración de un discípulo que *"no tiene nada que ocultar"* (Waters 1996, 67); mientras las garras hacia abajo se rinden ante la Deidad en una sumisión obligada, es decir, sugiere que los reinos de la tierra representados por la bestia finalmente se rendirán en devoción ante su inocente víctima, lo cual acontecerá tras «*la gran guerra*»: *In cuauhtli in océlotl.*

### La piel del jaguar

Dada su gran belleza, *"para las vestiduras reales se utilizó la piel del jaguar, precisamente por el temor y el respeto que este animal infundía. El vestir sus pieles indicaba el deseo de poseer un poder, una energía y un valor semejantes a los de ese animal"* (Piqueras 2012). La investidura rememora la túnica de piel de la pareja primigenia que para los iniciados sugirió el poder dual: las rosetas o manchas negras de la piel del jaguar permitió a éste camuflarse de sus presas y evidenció el oscuro poder tiránico al que el investido estaba expuesto; el dorado y blanco como el sol evocó la capacidad para gobernar con rectitud y justicia; asimismo, reflejó las diversas tonalidades de la piel de los hombres y los niveles de gloria: el color negro bien podría representar lo teleste, el naranja lo terrestre y el blanco lo celeste.

### El mandil del jaguar

El delantal de hojas de árbol es parte de la investidura sacerdotal que en la Estela 5 ostenta el ave humanoide cuya contraparte al oriente es el mandil del jaguar humanoide con una aparente 'S' bordada, símbolo del injerto, sostenido por un grueso cinto que rodea su cintura. Tras su espalda, la faja toma la apariencia de una caída de aguas a modo de "alas" que parece incompleta por causa del personaje que se interpone y que se ha completado con líneas punteadas (**Figura 175**).

Del cuello del nahual cuelga un collar de seis grandes crótalos o cascabeles, similar a los collares de cinco cascabeles que portan los personajes al pie del árbol. Al conjugar el delantal, el cinto y el collar resulta un ingenioso difrasismo: una serpiente circunda el cuerpo de la bestia cuyo mandil se camufla en su cabeza y ojo, el patrón con el que la serpiente se identifica; y el collar se desdobla en su cola de cascabel.

**Figura 175. Serpiente; Estela 5 de Izapa.**

El mandil fue adoptado en las logias masónicas como filosofía en el oficio de labrar la piedra bruta para edificar ciudades, monumentos y templos. *"Masón procede de un término germánico que significa «tallador de piedras»"* (Guerra 2017); por lo tanto, el gran edificio sobre la bestia-jaguar —supremo símbolo de la creación del hombre— se asocia con la masonería y los gentiles; una sociedad fraternal de orden secreto, un tanto excluyente a causa de las estrictas directrices para unirse a ella, dado el conocimiento especializado en arquitectura, aritmética, geometría y construcción con el que se debería contar.

*"George Washington utilizó un mandil masónico con los símbolos de la escuadra y el compás cuando se juramentó como presidente de las trece colonias el 18 de septiembre de 1793. Después de la firma de la Constitución, Washington encargó el diseño y la construcción de la capital y edificios públicos, incluida la Casa Blanca, a arquitectos y herreros masones. En el Capitolio, en la puerta del Senado, se ve a Washington participando en la ceremonia de dedicación. Todos llevan el mandil masónico, así como todos los edificios tienen símbolos de las herramientas en su decoración"* (Escobar 2009). En sus rituales, los masones avanzan de aprendiz a maestro, de grado en grado o de escalón en escalón hasta el nivel 33, el número maestro, valiéndose de saludos con las manos, palabras clave y vestimentas especiales asociadas casi exclusivamente a la instrucción en materia de la cantera, albañilería, herrería y edificación en la obra pública cuyo fin es satisfacer las necesidades de la sociedad, debido a ello, la masonería ha sido asociada con los gobernantes y con el ámbito político. Aunque algunos autores ubican el mandil como prenda ritual en la francmasonería de la Europa medieval; sin embargo, sus aspectos entendidos por iniciados guardan similitud con las más antiguas ceremonias egipcias y semitas.

**Figura 176. Compás; relieve egipcio.**

Según la exégesis del *Libro de Abraham* 1:25-27: *"Faraón, el hijo mayor de Egyptus, estableció el primer gobierno de Egipto... el cual era patriarcal... tratando sinceramente de imitar el orden [del sacerdocio]"*. Dicha imitación, o sea, el administrar aquello que estaba prohibido por su carácter sagrado —no secreto— sería el más antiguo y probable origen de la masonería. En 1842 Willard Richards citó que *"la masonería tuvo su origen en el sacerdocio"* (Grant 1991, 3:90); y Joseph Fielding concluyó que *"las ordenanzas en los templos son los verdaderos orígenes de la masonería"* (BYUS 1979, 145). En la masonería *"la figura de un árbol ornamenta el mandil... símbolo de la inmortalidad del alma [y] de la iniciación espiritual por medio de símbolos"* (Guerra 2017). Dicho conocimiento revelado al patriarca Adán en el mismo jardín de Edén se perdió con cada apostasía y fue restaurado durante la construcción del tabernáculo de Moisés y el templo de Salomón; no obstante, las sociedades secretas ahora llamadas logias imitaron y preservaron dicho ritual de generación en generación, en el entendido que con cada nueva dispensación Dios no revelará otra vez aquello que haya sido revelado, sino sólo restaurará aquellas partes que se hayan dañado o perdido.

Tabla 26. **Métrica quiásmica entre el sacerdocio y la masonería**

| Ceremonia sagrada | | | | Ritual secreto |
|---|---|---|---|---|
| | Sacerdocio | Masonería | | |
| Por revelación | | | | Por imitación |

**Figura 177. Mandil; Costa del Golfo, Veracruz.**

No se descarta entonces que las antiguas civilizaciones de América, dado su vínculo con el Oriente Medio, hayan practicado los convenios y ordenanzas del sacerdocio en los templos, los cuales se perdieron, desconocieron o alteraron durante la gran apostasía, siendo preservados por las sociedades secretas. En la América precolombina *"abundan símbolos que usa la masonería [como] el peto y el mandil"* (Aplicano 1971, 30).

"El ojo que todo lo ve" se halla en el palacio de Quetzalpapalótl en Teotihuacán; asimismo, se pueden descubrir varias alusiones a la escuadra y el compás semejantes a las halladas en grabados egipcios. Es evidente que muchas obras talladas en la piedra, como la Piedra del Sol, fueron fuertemente influidas por la masonería.

### Las combinaciones secretas

Las sociedades secretas, tema tan actual como en tiempos antiguos, son alianzas de personas unidas mediante juramentos y pactos secretos cuyo principal objetivo es el poder y el lucro mediante la corrupción, el soborno, el cohecho e incluso el asesinato. Al infiltrarse en los gobiernos dicha banda de ladrones realizan contubernios con el crimen de manera disfrazada. John F. Kennedy en su histórico discurso que se especula lo llevó a ser asesinado, describió el tema así en abril de 1961: *"La mera palabra 'secreto' es repugnante en una sociedad libre y abierta, y nosotros como personas nos oponemos intrínseca e históricamente a las sociedades secretas, a los juramentos secretos y a los procedimientos secretos... Nos enfrentamos a nivel mundial a una despiadada y monolítica conspiración que confía básicamente en los medios secretos para extender su esfera de influencia en la infiltración en lugar de la invasión; en la intimidación en lugar de la libre elección; en guerrillas nocturnas en lugar de ejércitos a la luz del día. Es un tejido que ha reclutado extensos recursos humanos y materiales, construyendo una densa red, una máquina altamente eficiente que combina operaciones militares, diplomáticas, de inteligencia, económicas, científicas y políticas. Sus preparativos son encubiertos, no publicados; sus errores son enterrados, no anunciados en titulares; sus disidentes son silenciados..."* (Kennedy 1961). En dichas alianzas secretas participan incluso organizaciones civiles y religiosas que, con los gobiernos de la tierra, se acoplan fielmente al gran edificio sostenido por la bestia-jaguar envuelta por una serpiente.

La cabeza desdoblada en el mandil con la 'S' bordada, símbolo del injerto, evoca a los gentiles cultivados en la ciencia, mas la cola desdoblada en el collar alude a quienes yerguen sus cuellos blancos adornados con poder y riquezas que obtienen por medio de la manipulación y el engaño. Cuéntese en la Matriz Tzolkin el número de la bestia, la cual se corona con una ciudad y un gran edificio.

211

Sólo los iniciados comprenderán que el título del gran Maestro Ahmán, el Gran Herrero, el Gran Constructor y Maestro naviero, es muy semejante en su fonética al Maestro Mahán, el gran imitador y padre de las combinaciones secretas, aquel que junto con sus secuaces convierte lo sagrado en pagano y ridiculiza lo que es bueno.

### Las fauces del jaguar

Las fauces de la bestia parecen prender y horadar con sus colmillos la mano del brazo extendido de Quetzalcóatl; escena enmarcada por una estrella de seis puntas ligeramente inclinada la cual se conforma al prolongar los ángulos piramidales y las horizontales cuya referencia son los frutos (**Figura 178**). Tal hexagrama generalmente conocido como la *Estrella de David*, también llamado *Azoth «el sello de Salomón»* en alusión a la *Estrella de Jacob*, del cual se discute si proviene de los primeros iniciados en la cábala, revela mediante la Geometría Sagrada que el pueblo cuyo emblema es la Estrella de David se confabula con el poderoso imperio de la bestia-jaguar para atacar y dar muerte a aquel que se desdobla en el Árbol de la Vida. La muerte y expiación de Quetzalcóatl es el tema central de la disertación que sale por boca del rey del maíz y que forma parte de la visión revelada al anciano profeta.

Figura 178. Hexagrama demarca a la bestia en acción de atacar; Estela 5 de Izapa.

El jaguar cuenta con una mandíbula prominente en comparación con otros grandes félidos, su técnica consiste en asestar una profunda mordedura en el cuello hasta provocar la asfixia; sus enormes y gruesos colmillos perforan letalmente el cráneo hasta alcanzar el cerebro, lo cual les permite matar al instante y perforar los huesos más duros, incluso caparazones de tortuga y cocodrilos. Un adulto puede cazar y arrastrar animales de mayor peso hacia algún escondrijo en lo alto de un árbol. Debido a que se alimenta exclusivamente de carne, su olfato bien desarrollado puede detectar el olor de sus presas a grandes distancias, además cuenta con una notable visión binocular en la oscuridad. Al ser territorial, su potente y ronco rugido dispersa a todo animal y disuade a sus competidores por el alimento y las hembras.

### Los pies de la bestia

Los enormes pies y las gruesas piernas de la bestia jaguar evocan el hemisferio oriental repartido en dos grandes imperios surgidos del reino de Rómulo y Remo amamantado por una loba; imperios al que les antecedió Grecia, Persia y Babilona. Ambas piernas exhiben un atuendo dispar, la pierna derecha se cubre con una túnica o manto que cae tras su talón y la pierna izquierda con un calzoncillo o taparrabo que cubre su trasero. Sus enormes pies aplomados, descalzos y pasivos "como de oso", el pie izquierdo poco más abajo que el derecho, denotan como si el híbrido hiciese un esfuerzo por afirmarse y lanzarse sobre su presa. Los pies separados indican *dispersión*, *diáspora* o *migración*, resultado del salvajismo, ferocidad y dominio absoluto de tiranos y conquistadores que han hecho de los pueblos su botín y presa. En su conjunto, monarcas y gobiernos corruptos, asesinos, carnívoros y de disposición brutal que despedazan, acornean y hieren al hombre mediante la esclavitud física, mental y económica, traducida en pesadas cargas de trabajo, analfabetismo, altos impuestos, pobreza y hambre. Los imperios se vuelven como bestias y degeneran a su condición más ruin cuando se embriagan de poder, lucro e injusto dominio. Al ser un animal que se desenvuelve en aguas pantanosas, *el jaguar representó un reino de orden teleste o inframundano*, cuyo enorme pie despunta contra el árbol, golpe que se reproduce al occidente, apropiándose de la obra de la Serpiente Emplumada para llevar al mundo a una larga era de oscuridad y apostasía.

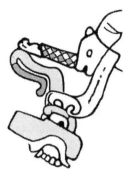

**Figura 179. Jaguar aplasta serpiente del sur; Estela 5 de Izapa.**

Meso-Sudamérica sería conquistada por el imperio del jaguar, lo cual se ilustra en la imagen adjunta donde el jaguar aplasta con su garra la cabeza de la serpiente del sur que representa lo que hoy es Latinoamérica. *Quiyik' «conquista»*, del maya quiché, viene de *yik' «pisar, hollar»*; *"la idea es aplastar, es decir, el sentido de conquistar por medio de la guerra"* (Carmack and Mondloch 1983, 212). La imagen idílica del encuentro entre dos mundos más bien se traduce en capítulos de sangre durante la conquista y la colonización, una transición históricamente dolorosa como el corte de una poda; no obstante, el injerto de los gentiles en el Nuevo Mundo traería aparejado el mestizaje, según el estampado del brazo del jaguar que, a la larga produciría un fruto de mejor calidad.

**Figura 180. Pierna de la bestia; MNAH, México.**

Un fruto se ubica tras la pierna izquierda de la bestia dando la apariencia que dicha pierna está incompleta; esta es la razón por la que Tezcatlipoca es dibujado en los códices nahuas con su pierna incompleta o herida. La analogía es cíclica, la bestia ataca con su pierna derecha el talón del "pie del árbol" y menosprecia el fruto que huella tras sus pies; y el árbol por medio de su fruto "contraataca" el talón del pie izquierdo de la bestia. De tal forma, el fruto del árbol o piedra de videntes, según su difrasismo, representa a los profetas o hijos de los profetas que pueden herir y derrocar a la bestia por medio de su rectitud. Tras varias podas e injertos, la vigorosa rama que nace al occidente finalmente producirá el primer fruto de la estación en su mano; sin embargo, el árbol solamente podrá vencer a la bestia hasta producir fruto en abundancia, esto es, hasta que la rectitud abunde por toda la tierra. Finalmente, las piernas de la bestia se desdoblan en dos grandes serpientes que abren sus fauces para devorar sus propios pies; dicho camuflaje ilustrado perfectamente con la *Coatlicue,* la de la *«falda de serpientes»*, se traduce en que los gobiernos bestiales de la tierra serán devorados por la misma culebra maligna o, mejor dicho, por los mismos adoradores de la bestia.

# Capítulo XV. Glifo día 15
## Men "el Ave"
## Cuautli "el Águila"

*Regente*: Ehécatl *"el ave nahual"*

*"La gran águila vino al Líbano y arrancó el principal de*
*sus renuevos, y lo llevó a tierra de mercaderes".*
El Tanaj; Ezequiel 17:3-4

El decimoquinto glifo del calendario en maya quiché: *Tz'ikin* *«Pájaro, ave»*, es un genérico que no especifica alguna especie de ave en particular. Su antecedente más remoto es el ave humanoide en el flanco occidental de la Estela 5 de Izapa que inclina su cabeza en aparente reverencia al árbol, imagen que se fusionó con la deidad que los mexicas llamaron Ehécatl; su singular pico parece referir a un ave acuática; no obstante, su garra la define como un ave rapaz. La mayor polémica gira precisamente en torno a su brazo derecho, si éste alza su garra para sostener el caracol en su cabeza o si el brazo desdoblado en jaguar cae hacia abajo tras la cintura (**Figura 181**). Ambas posturas entendidas por iniciados producen en el espectador la impresión de movimiento. Otra característica relevante es su gran ojo, ¿cuál de las aves es epítome de agudeza visual cuyo ojo es considerable al tamaño de su cabeza? La respuesta se halla en la siguiente lógica: lo que el jaguar es a las bestias, el águila es a las aves. Por lo tanto, el pájaro nahual representó a toda ave diurna y solar, rapaz o doméstica por medio de *Cuautli «el águila»*, la reina de las aves.

a          b

**Figura 181. Ave nahual y difrasismo de su brazo derecho; Estela 5 de Izapa.**

Los antiguos asociaron diversas aves con entidades celestes, como el quetzal con *Quetzalcóatl* o el colibrí con *Huitzilopochtli*; sin embargo, el águila como ave depredadora y rapaz fue un ente de orden terrestre superior al jaguar, depredador nocturno de orden teleste. Su antagónico fue el zopilote real, así como el búho o la lechuza, aves nocturnas asociadas a la hechicería, la clarividencia y las artes oscuras.

### El águila arpía

Un distintivo del ave nahual de la Estela 5 es su penacho o cresta que despliega sus plumas cual radiantes rayos del sol. Su encrestado identifica a la más grande de las águilas del continente americano y actual símbolo nacional de Panamá: el águila arpía: *Harpia harpyja*, llamada también *águila coronada*, endémica del soconusco chiapaneco donde se ubica Izapa, el núcleo de origen del calendario. Sus alas, espalda y pecho transitan del blanco al negro en

**Figura 182. Arpía.** diversos matices de gris generando una sensación de neutralidad e indecisión entre la oscuridad y la luz. Un autor advirtió que *"el cielo era representado por el águila arpía, que además tenía relación con la realeza"* ( E. Florescano 1994, 66). Dicha ave diurna de aire y de fuego puede rotar su cabeza casi 360 grados y obtener el doble de campo de visión que el ser humano; asimismo, distingue la luz ultravioleta y puede mirar directo al sol gracias a un segundo párpado. Su capacidad visual, digna del "ojo que todo lo ve", puede ver cuatro o cinco veces más lejos que la retina humana, la cual sólo distingue tres colores básicos y cuenta con doscientas mil células sensibles a la luz por milímetro cuadrado; la del águila tiene cerca de un millón que percibe colores más vivos, discrimina más matices y mejora su nitidez igual que una cámara fotográfica de mayor pixelaje.

### La ceiba y el águila

Comparada con otras águilas cuyo hábitat son las montañas, la arpía es la única especie arbórea que anida en árboles como la ceiba, con la que se asocia en el monolito y la que ofrece un buen soporte para su vuelo. Es una superdepredadora y uno de los animales más fuertes del mundo, porque puede levantar hasta tres veces el peso de su presa.

Al ser monógama, la arpía trabaja con su pareja en la construcción de su nido el cual erige sobre las ramas principales al centro de la copa para tener uno o dos huevos que incuba en 52 días cada dos o tres años; sus crías crecen totalmente dependientes de sus padres llegando a vivir cerca de 40 años. Su dieta incluye monos, venados, peces y serpientes, animales con los que se asocia en el monolito. *Arpía* proviene de la figura mitológica de una mujer cuya cresta evoca su cabello; quizás por ello, algunos autores asignan al ave un género femenino y al jaguar el masculino; aunado a su tamaño que es mayor en hembras que en machos. El ave nahual se ubica justo del lado de la mujer con un alto tocado. En el calendario zapoteco el glifo es *Palanna «madre, engendradora de vida»* (De la Cruz 2007, 167); lo que sugiere un alto índice de natalidad en el hemisferio occidental, o sea, América.

### El mandil de hojas de árbol

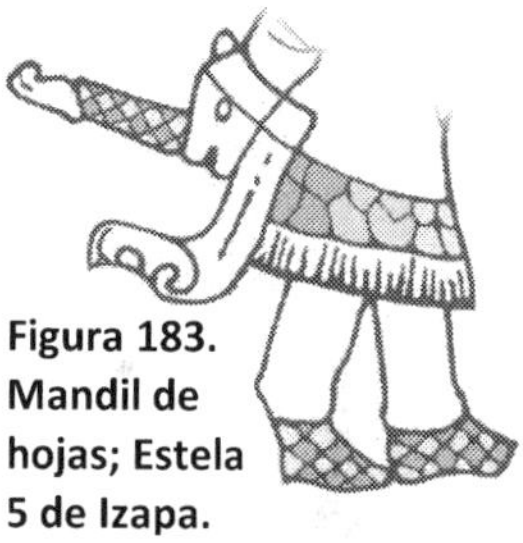

Los epigrafistas, incluido Garth Norman, no repararon en el mandil del ave nahual cuya ausencia anularía la métrica con su opuesto: el mandil de la bestia-jaguar. El delantal se compone con doce hojas de árbol entrelazadas en grupos de cuatro que, además de sugerir la naturaleza sagrada del poder de procreación, evoca el recogimiento o congregación de los

Figura 183. Mandil de hojas; Estela 5 de Izapa.

doce linajes o castas que iniciará en el hemisferio occidental: América. Varios eruditos bíblicos coinciden que la tierra extraña más allá del río donde nunca el hombre habitó, mencionada en el libro apócrifo de 4 Esdras 13:40-45 llamada *Arsareth*, se refiere a América; tierra donde serían dispersas las tribus perdidas de Israel para guardar las leyes de Dios que habían sido menospreciadas en su tierra. *"Colón identificó América con esta tierra"* (Singer and Adler 1901, 160). De tal modo, el ave nahual anuncia una era de libertad civil y religiosa que gozarán los pueblos de América al tornarse en naciones libres e independientes tras su largo cautiverio bajo el dominio de la bestia-jaguar; no obstante, un jaguar se ciñe a la cintura del ave cuyas patas se desdoblan en la caída del cinto; además, la piel de jaguar se replica en el brazo y calzado del ave lo cual insinúa que, pese a que la bestia habrá perdido poder al quedar sujeta al ave nahual, su influencia aún persistirá en el mundo.

217

### Ehécatl, el ave

El ave humanoide de la Estela 5 de Izapa es el antecedente más remoto de *Ehécatl*, el dios mexica del viento, que en el *Códice Nuttall* se atavía con un delantal de bordes circulares ceñido con un cinto que armoniza con el quinceavo glifo maya *Men «sacerdote de Dios»*, un genérico que identifica el gorro cónico y un singular pico tripartito que fusiona diferentes picos de diversas aves: el águila, el quetzal, el colibrí y el pato, cuyas plumas se despliegan como un abanico que cae del penacho. Sobre su frente una mano y una voluta de viento; otra de sus manos se dibuja a la altura de su oído y una más empuña el haz de flechas con dos pedernales camuflados en los peces gemelos.

**Figura 184. Ehécatl; Códice Nuttall, p. XLVI.**

### El pico tripartito

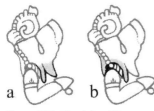

a          b

**Figura 185. Pico tripartito; Estela 5 de Izapa.**

¿Por qué *Ehécatl* es personificado con un singular pico tripartito, a veces de colibrí, otras de pato u otra especie de ave? La respuesta se halla en su precursor: el ave humanoide de la Estela 5 de Izapa, cuya imagen juega con un pico superior, un medio y un inferior que al combinarse uno con el otro maximiza el espacio en la piedra cambiando su apariencia a distintos géneros de aves; por ello, los quichés utilizaron el genérico *«pájaro»* para referir al glifo. Si al pico recto en acción de participar del fruto se añade el imperceptible pico de gancho localizado bajo su collar, este deja su aspecto de ave doméstica para convertirse en el pico de un ave rapaz o en un grotesco rostro humano con enorme nariz y grandes dientes que parece engullir con una bocanada su propio hombro (**Figura 185**). El brazo en escuadra sugiere la rectitud del iniciado en guardar los convenios depositados sobre su hombro; no obstante, al ser disuadido por la culebra opositora: *"¡Que nadie venga a coger de esta fruta!"* (A. Recinos 1960, 57); o sea la fruta del Árbol de la Vida, se torna en contra de su propia progenie al devorar su brazo del convenio.

## *El reino del águila*

Los personajes suspendidos en el aire forman parte de la visión o sueño del Árbol de la Vida revelado al anciano profeta. La bestia-jaguar que domina el hemisferio oriental, evoca con su rugido ahuyentador y con

Figura 186. Talones en contacto; Estela 5 de Izapa.

sus enormes pies separados y pasivos la *dispersión* de las doce tribus de Israel por toda la tierra; por el contrario, el ave nahual erguida en un plano más elevado que la bestia jaguar, evoca con sus pies calzados y activos, unidos por el talón, el *recogimiento* de la Casa de Jacob de los cuatro rumbos de la tierra. Donde estuviere el cuerpo allí se juntarán las águilas; por lo tanto, el recogimiento de Israel representa en sentido temporal y espiritual, gente de entre todas las naciones gentiles que se congregará para recibir el fruto de la plenitud del evangelio por mano de *Gazelem*, empezando con Efraín y Manasés, el linaje de los peces gemelos erguidos sobre sus aletas o "pies" (**Figura 186**). Miles migrarán al Nuevo Mundo para librarse del poder absoluto de la bestia, cuyas aguas tras su espalda camufladas en alas evocan una era de libertad aún para el Viejo Mundo; no obstante, su influencia persistirá incluida su alianza con el gran edificio, o sea, la complicidad iglesia-estado.

Una nación libre, independiente, poderosa y rapaz se elevará como un águila sobre todas las naciones, y a la vez será doméstica y pacífica como un ganso; su cresta se inclina ante el árbol y su pico desgarrador acecha. Dicho *imperio de orden terrestre* será fundado por migrantes y gentiles europeos en el *campo grande y espacioso* de la tierra de la serpiente del norte, cuya madre patria: la Gran Bretaña, será la abeja reina entre varios reinos que salieron del jaguar, nos referimos a los Estados Unidos de América cuyo estandarte con trece barras simboliza el número de la Ley. El imperio del águila se elevará por encima de la bestia-jaguar y pese a sus alas ausentes que ilustran su pérdida de vuelo, o sea, el poder de conquistar a otros, su vuelo recaerá en los colibríes con los que se corona. Efraín asumirá la primogenitura entre las naciones hasta que la rivalidad entre pueblos hermanos llegue a su fin.

### El tocado cónico

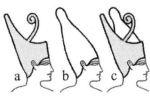

**Figura 187. a) Corona roja; b) corona blanca; c) corona doble.**

Como se ha explicado, los tocados indican lecturas jeroglíficas; práctica del período predinástico entre los egipcios. La corona roja *Dheseret «la abeja obrera»* con su antena en espiral fue el emblema que identificó al reino del norte o Bajo Egipto. La corona cónica *Hedyet «blanco»* vinculada al ave rapaz identificó el reino del sur o Alto Egipto casi exclusivo de raza negra. La unión de ambos reinos resultó en la corona doble *Sejemty "los dos poderes"*, emblema de la unificación de los dos Egiptos. Dicha fusión no sólo unió su estructura geo-sociopolítica sino el mestizaje de dos etnias donde predominaron los rasgos de los hicsos, sus conquistadores, que algunos sugieren fueron el mismo pueblo de Canaán al noreste de Egipto; y para evitar la propagación de su triste derrota, la historia oficial los describió como un pueblo sanguinario.

**Figura 188. Gorro cónico; Estela 5 de Izapa.**

El gorro cónico, insignia del linaje de la primogenitura, el cual también formó parte del atuendo de Quetzalcóatl se delinea sobre la cabeza del ave nahual mediante las siluetas de los colibríes, cuya contraparte es el alto tocado con el gran edificio sobre la bestia-jaguar (**Figura 188**). Los colibríes del norte y del sur representaron dos sedes de *Kaban "el reino de la colmena"* en dos diferentes eras del tiempo. La primera era fue en la Meso-Sudamérica de antaño: los hijos de Lamán del linaje gemelo se injertan entre los nativos olmecas al sur del reino de la colmena; en tanto los inmigrantes del linaje de la serpiente se injertan al norte del reino de la colmena, a quienes posteriormente se añade el pueblo de los hombres de maíz. Tras la primera venida de Kukulkán, el reino de la colmena del norte se unifica con el reino del sur, pero tras la gran apostasía son sobrepujados por el reino del mono donde predominó el color de piel obscuro. En la última era, el reino de la colmena será restaurado en América del Norte donde predominará gente de tez blanca que provendrá de los gentiles europeos; y en América del Sur gente de tez morena. Según la profecía, ambos reinos serán unificados.

## Las cuatro esquinas

Según la profecía, después que las tribus fuesen dispersas *"podrían reunirse de nuevo [en] una gran cruz cuyo centro, Túwanasavi, se ubicaba en la que ahora es la tierra hopi"* (Waters 1996, 52). La cruz se extendería en los cuatro extremos de la tierra tal como *"los reyes incas dividieron su imperio en cuatro partes que llamaron Tavantinsuyu «las cuatro partes del mundo»"* (Patrón 1902, 5). Este último gran centro de recogimiento de los discípulos de Quetzalcóatl se ubicaría en un campo grande y espacioso siguiendo el modelo de establecerse en los límites de un imperio poderoso cuyas divisiones políticas evocarían campos de maíz. En tierra de hopis, navajos y utes se ha delimitado el único punto geopolítico o cruz conocido como *Four corners «las cuatro esquinas»*, localizado entre cuatro estados de la unión americana. Al noroeste se ubica *"Deseret, posteriormente el territorio de Utah"* (Waters 1996, 294); estado cuya forma cuadrangular con una esquina faltante o un voluminoso ángulo recto 'L', nos remite a la Geometría Sagrada de la Estela 5 (**Figura 170**).

**Figura 189. Las cuatro esquinas.**

*Utah*, cuyo escudo es *Deseret «la abeja obrera»* advocación del *colibrí del norte,* será la sede de dicha cruz fronteriza donde se alzará un templo de tres torres con Efraín al mando (**Figura 39**). Dicha tribu asumirá el mismo papel que tuvo el linaje de Manasés representado con el *colibrí del sur* en la Mesoamérica de antaño; porque los primeros serán los últimos y los últimos los primeros. Grandes y continuas migraciones congregarán en esa tierra de libertad a los linajes dispersos de los cuatro rumbos de la tierra y un gran árbol de doce raíces florecerá en Utah, el desierto sagrado llamado *Wirikuta* por los indios huicholes, para convertir ese campo grande y espacioso en una tierra de miel.

*Utah* «*la casa en la montaña*» en lengua ute, será la cabeza de los montes, o sea, la sede del reino de la colmena en la cordillera de las montañas rocosas junto a un *Gran Lago Salado*, la contraparte del *Mar Muerto*, en los límites de la nación del águila calva o águila americana, concordancia con el náhuatl *quauhtli* «*águila*» y *quauhtla* «*monte o montaña*», raíz de *quauhtetepuntli* «*estaca*» (Molina 1571, 169, 265). En los últimos días el reino de Quetzalcóatl será como un tabernáculo que cubra toda la tierra firmemente sostenido por estacas, los clavos injertados en las cuatro esquinas de la tierra; un símil de los centros ceremoniales construidos a la mitad de los tiempos en la zona maya. Dicha nación sin alas representada con la cabeza del águila, será coronada con un centro de poder con alas representado con el colibrí del norte, el cual evoca el descenso y ascenso de mensajeros celestiales, así como el derramamiento de visiones y revelaciones divinas que acompañarán el reinado milenario de Quetzalcóatl, el cual contará con dos capitales de gobierno mundiales: la Nueva Jerusalén o Reino de Israel que será restaurado bajo el liderazgo de Efraín en la tierra donde fluye leche y miel, o sea, América; y la Antigua Jerusalén o Reino de Judá, la sal de la tierra en el hemisferio oriental.

Tabla 27. **Comparativo de las imágenes de mayores dimensiones**

|  | **EHÉCATL al occidente** | **TEZCATLIPOCA al oriente** |
|---|---|---|
| **Cabeza** | Cabeza de ave con ráfagas de aire cuyo gorro cónico se delinea por las siluetas de los colibríes. | Cabeza de jaguar con cuerno en un cielo nocturno, cuyo tocado sostiene una ciudad con un gran edificio. |
| **Oído** | Caracol con puntero hacia adentro del oído. | Pendiente con puntero hacia afuera del oído con forma de cascabel. |
| **Boca** | Pico tripartito en acción de probar el fruto. | Fauces en acción de horadar la mano que extiende el hombre-árbol. |
| **Cuello** | Collar de siete cascabeles. | Collar ostentoso de seis cascabeles. |
| **Lomos** | Cinto camuflado en mono-jaguar y delantal de doce hojas. | Delantal y cinto camuflado en serpiente. |
| **Brazos y manos** | Brazo izquierdo en escuadra con mano de pedernal. Brazo derecho dual garra águila-jaguar. | Garras de jaguar con pulseras en las muñecas en posición de adoración o ataque. |
| **Piernas y pies** | Pies unidos por el talón en acción de caminar con estampado de piel de jaguar (recogimiento). Pie derecho conectado con la frente del anciano. | Pies pasivos y separados como de oso (dispersión). Pierna izquierda incompleta a causa del fruto y pie derecho golpea el "talón del pie" del árbol. |

222

## La identidad de los personajes

La identidad de los personajes de la Estela 5 se define por los elementos en sus cabezas, tocados y yelmos, modelo practicado por los egipcios para referenciar antropónimos concretos o abstractos. *"Desde que los hombres de la Mesopotamia emigraron a América, [trajeron] consigo identidades y semejanzas en las creencias y costumbres, en los conocimientos y*

**Figura 190. Tocado estilo faraónico y yelmo de pez; Costa del Golfo,**

*artes de esos pueblos, capaces por sí solas de revelar su común origen"* (Patrón 1902, 3). Asimismo, trajeron consigo el hebreo y el egipcio entre otras lenguas que, al fusionarse con la civilización olmeca, conservaron algunas raíces semánticas por medio de la transliteración.

El personaje central de la talla es el Árbol de la Vida desdoblado en Quetzalcóatl quien se corona con el *xiuhuitzolli*, la mitra real que lo identifica como *Ajaw* «el rey». Su contraparte quiásmica es el hombre-rama con el primer *fruto* de la estación en su *mano* quien se corona con las astas de *Mazatl* «el venado», que en lengua híbrida es *Gazelem* «la gacela que ilumina o saca a luz»; en hebreo es *Efrath* «fructífero», un descendiente del linaje de Efraín conocido simplemente como «el señor venado». Este interactúa con el ave nahual cuyas ráfagas de aire sobre su cabeza lo definen como *Ehécatl*, el llamado «dios del viento», cuyo objetivo fue representar el cuerpo de la humanidad influenciado por *Ik* «el Espíritu» en los últimos días. Su parte contraria es *Balam*, el nahual que trascendió a *Tezcatlipoca*, la deidad que bajo la imagen de un «jaguar» evocó los reinos del mundo; y cuyo *talón* de su enorme pie parece posarse sobre la *mano* del rey justo en la cabeza del niño postrado de rodillas identificado como *Ya'akov* «la mano en el talón» en hebreo, cuyo equivalente maya es *kab* «mano» y *chol* «talón», toponimia de los mayas choles; asimismo, *ton cuy* «calcañar, talón» sobrevive como nombre propio en algunas tribus mayas (Beltrán 1859, 211, 166). *Netechzaloa* «juntar o unir una cosa con otra», término asociado a «pez» (Molina 1571, 227, 290), equivale al hebreo *Asaph* «el que reúne o une; el que añade», lo cual identificó al niño con sus brazos y pies juntos cuyo gorro se conecta con los peces gemelos.

**Figura 191. Identidad de los personajes; Estela 5 de Izapa.**

**a.** *Quetzalcóatl "el Rey"*
**b.** *Gazelem "el señor Venado"*
**c.** *Ehécatl "el dios del viento"*
**d.** *Tezcatlipoca "la bestia-jaguar"*
**e.** *Kab Chol "la Mano en el talón"*
**f.** *Netechzaloa "El que une o añade"*

**g.** *Lamanai "cocodrilo sumergido"*
**h.** *Cipac "el señor Quijada"*
**i.** *Ixchel "Reina, princesa"*
**j.** *Tlateochihualli "Consagrado a Dios"*
**k.** *Kneph o Kan "el señor del grano"*
**l.** *Tenacaz "El que oye"*

*Lamán*, homófono del sirio *Naamán* que denota la idea de *sumergir*, identificó al hijo mayor del anciano cegado por el humo camuflado en cocodrilo; en tanto la *«quijada o mandíbula»* de serpiente tras la cabeza del anciano es el emblema que revela su identidad: *Lehi* en hebreo, *K'aki* en quechua, *Cipac* en náhuatl y *Kama'ach* en maya. *Ixchel* para los mayas y *Xochiquetzal* para los mexicas identificó a la mujer con un alto tocado de cuernos y plumas que evocan el poder y la realeza de una *«reina o princesa»*. *Tlateochihualli «consagrado a Dios»* en náhuatl, identificó al hombre con las manos abiertas en actitud de dedicar su ofrenda. *Kan «grano o semilla»*, del egipcio *Knph* cuya derivación es *Knephi o Kan*, identificó al rey del maíz, el constructor y capitán del barco, el mismo cazador del *Popol Vuh*; y *Tenacaz «el que oye»* en náhuatl, traducido al hebreo como *Sam*, es el embajador o siervo del rey sin rasgos en su rostro excepto su gran orejera.

Quetzalcóatl retoma para sí mismo los nombres de los personajes de la Estela 5 de Izapa. Él es el venado del sacrificio que al ser herido en el talón por la serpiente maligna es consagrado a Dios con el fin de añadir lo que está incompleto o reunir lo que ha sido separado; es el "Árbol de Jacob" que produce el fruto con buena semilla; el que oye a su Padre, y el que da vida y movimiento a todas las cosas.

# Capítulo XVI. Glifo día 16
## *Kib "Cera"*
## *Cozcacuautli "el Zopilote"*

*Regente: Vucub Caquix "el ave carroñera"*

*"Y le fue dicho al zopilote: ¡oscurece de nuevo!*
*y al instante extendió sus alas y oscureció".*
*El Popol Vuh; libro sagrado de los quichés*

Un ave posa sus patas en parte sobre la luna y en parte sobre la culebra camuflada en la soga que envuelve la luna. Algunos sugieren que el ave sobre la luna es un pelícano; no obstante, su conexión con la luna la define como un ave nocturna ligada al inframundo. Además, existen dos detalles que se han eximido del tallado original, el collar sobre la base de su cuello y la protuberancia en su ojo. La Estela 5 de Izapa está diseñada de tal modo que cada figura se interprete en conjunto con las imágenes entrelazadas para ampliar la idea de la narrativa; y el gran edificio que sobresale de la ciudad se conecta con la luna sobre la que descansa el ave. El decimosexto día del calendario azteca es *cozcacuautli «águila de collar»*, es decir, el *zopilote*, que literalmente significa *«el que lleva carroña»*; deriva de los vocablos nahuas *tzotl* *«inmundicia o carroña»* y *pilotl «colgar»*. Dada su naturaleza, el zopilote se alimenta de animales muertos por lo que no es ave depredadora ni presa. *"En el calendario zapoteco el mismo numeral es peoloo, un autor lo traduce como «cara de luna», y una de sus variantes es piñaloo «lagrimeo», haciendo alusión a la protuberancia bajo el ojo del zopilote"* (De la Cruz 2007, 168). Pese a su gran tamaño y enormes alas, el zopilote esconde la cabeza durante su vuelo, contrario al majestuoso vuelo del águila. Es un ave carroñera y sedentaria, algunos lo califican de holgazán; no fabrica nidos y goza de una destacada impiedad y paciencia para vigilar implacable a animales enfermos, incluso ayudarlos a bien morir. Debido a la apariencia roñosa de sus patas fue llamado *kuch «sarna»* entre los mayas, trastorno

Figura 192.
Zopilote y la luna;
Estela 5 de Izapa.

**Figura 193. Zopilote sobre árbol. Códice Dresde.**

asociado con la transmisión de enfermedades, es decir, pestes, plagas, epidemias o pandemias; asimismo, fue vinculado con la hambruna al anunciar la muerte posado sobre un árbol o volando cerca de moribundos; también limpia la tierra antes de la siembra y recicla cadáveres. En la imagen adjunta se halla en espera de lanzarse sobre la víctima de un sacrificio humano. Pese a ser el representante menos atractivo del mundo de las aves, el zopilote evocó un carácter celeste. *"En su denominación popular el ave era un rey incluso se le daba el rango de Ajaw, señor; hasta hoy se le llama Batab, un importante cargo político prehispánico"* (M. De la Garza 1995, 81).

En el *Popol Vuh*, *Vucub Caquix* el ave sobre el árbol encarna al personaje que pretendía ser el Sol, pero el mito *"culmina con la aparición del auténtico Sol que es Hunahpú"* (Rivera Dorado 2004, 22). En casi todo lugar donde se distribuye desde México a Sudamérica se asocia con el término rey: rey zamuro, rey zope, zopilote real, rey gallote, rey gallinazo, jote real y cóndor real; también denominado buitre; la ciencia actual lo clasifica como *sarcoramphus papa*, del latín *Papa*, en alusión a su plumaje que tiene alguna semejanza con la túnica papal. Contrario al águila que simboliza repúblicas y democracias libres y soberanas, el zopilote sobre la luna es un rey en estado nocturno que evoca monarquías, personajes de la realeza y élites conservadoras; aún gobiernos disfrazados de democracias libres que acarrean esclavitud, pobreza, hambre, enfermedad, analfabetismo y opresión sobre los pueblos, pese a que en los últimos días no habría reyes en América.

### El zopilote sobre la luna

¿Por qué el zopilote se asocia con la raíz *MLK*, de *Muluk «luna»*, que evoca la realeza y el sacerdocio? *Molok*, desambiguación de *Melek «rey»*, fue la deidad pagana de los antiguos fenicios; una estatua hueca con cuernos de toro que recibía como ofrenda a niños en sacrificio, abominación semejante a la practicada en tiempos precolombinos y que de manera sutil y disfrazada acechará en los últimos días. Los hebreos al considerar un sacrilegio utilizar la misma palabra con que se referían a su Rey, cambiaron la pronunciación fonética a *Molok «vergüenza»*.

Ambas palabras *Molok* y *Melek*, contienen la raíz *MLK* asociada con la realeza, pero en dos vertientes antagónicas: el falso sacerdocio vs. el verdadero. De tal modo, el zopilote real fue el símbolo de gobernantes y sacerdotes que actúan en el nombre de Dios sin poseer la ordenación por imposición de manos de un poseedor legítimo del sacerdocio de Melkisedec; así como David fue ungido por el profeta Samuel o *Kneph* fue ungido por el profeta *Cipac*, ambos para ser reyes. El calendario sagrado incluyó el modelo antagónico del tipo de autoridad instituido por la serpiente opositora, cuyos gobernantes, sin el atributo de la rectitud y la justicia, y en complicidad con los falsos sacerdotes son como aves de rapiña que se ayudan mutuamente para ser servidos y mantenidos por el pueblo que les sirve. Representan el estatus y la élite en busca de gloria, poder y lucro, alimentándose de la carroña de un pueblo en agonía causada por ellos mismos. La mejor representación de este tipo de tiranos de ropas suntuosas fue dada en la figura del buitre cuyo numeral resulta del cuatro multiplicado por sí mismo, símbolo en extremo de lo mundano y promiscuo. Por ello, el zopilote se encuentra posado sobre *Muluk* «*la luna*» y no coronándose con ella, contrario a la serpiente que se corona con *Ajaw* «*el sol*» cuya contraparte es la greca o el sello real del sacerdocio, el linaje de la primogenitura donde los peces gemelos posan sus cabezas.

En tanto el sacerdocio real está asociado con *Melek* el verdadero rey, personificado con el rey del maíz cuya corona de arlequín se ubica bajo *Muluk* «*la luna*»; por el contrario, el falso sacerdocio y la falsa realeza se asocia con la culebra camuflada en la greca bajo la cual se ubica el hermano mayor que vuelve su espalda contra el Árbol de la Vida y es cegado por el denso humo camuflado en la figura del cocodrilo. Su coigual y aliado es el otro hermano recargado en el tocón quien parece dedicar su ofrenda a *Molok*, la bestia jaguar con un gran cuerno de

Figura 194. Greca-Hermano mayor; Luna-Rey del maíz; Estela 5 de Izapa.

toro asociado con *Baal*, el ídolo babilónico de la lluvia o los vapores de agua, el cual expresa la idea de tinieblas, injusto dominio, opresión y cautiverio por parte de aquellos que acornean a los pueblos de la tierra.

Dicho régimen ocioso con olor a hedor de muerte como el zopilote prevalecerá en los últimos días; sin embargo, antes del fin los justos, los pobres, los desvalidos y los oprimidos se levantarán contra sus opresores y los vencerán, pero no con las armas sino con la rectitud. Su contraparte industriosa fue *Kib*, nombre de un antiguo rey del pueblo de *Kab* «*la colmena*» hallado en los glifos mayas cuyo significado es «*cera*», material que las abejas segregan para construir sus panales o colmenas y que fue destinado a la fabricación de velas o candelas, ya que en la época no había otros sustitutos para el alumbrado. Los actuales habitantes de Yucatán refieren una antigua ciudad llamada *Coba* «*la capital de las abejas*», al occidente de la península y Cozumel tenía un antiguo nombre maya: *Oycib* «*cera de abeja*». Mayapan fue la ciudad de la colmena y *Muzencabob* «*de donde viene la miel*», recordó a los mayas el rumbo del oriente hacia donde orientaron sus ciudades. Por lo tanto, *Kib* fue el ideal de pueblos industriosos representados con la abeja obrera, cuyo representante animal en la Estela 5 es el colibrí.

El trabajo arduo en contra de la ociosidad y la dependencia fue el sistema económico entre los antiguos iniciados que los llevó a la autosuficiencia; un tipo de orden unida basado en el bienestar común que satisfacía las necesidades de cada familia e individuo. Por medio de la revelación, los jueces y magistrados eran seleccionados de entre las filas del sacerdocio, un clero no pagado que servía en diversas mayordomías en sus centros ceremoniales sin recibir pago alguno. El gobernador, prototipo de rectitud, además de sobrellevar dicha carga trabajaba con sus propias manos sin vivir a expensas del pueblo; modelo aún practicado entre algunos pueblos indígenas. La Estela 5 predice dos sistemas de gobierno que se alternarían en los últimos días: libertad y prosperidad bajo el sacerdocio de Dios; y opresión y desigualdad bajo un disfrazado régimen de gobernantes que se asumen como personajes de la realeza pero que en realidad son buitres.

Tabla 28. **Métrica quiásmica de la raíz polisémica MLK**

| MeLeK Peces sobre la greca | | MuLuK Zopilote sobre la luna |
|---|---|---|
| | MLK Rey de reyes y gran sumo sacerdote | |
| MoLoK El hijo rebelde Falso sacerdocio | | MuLeK El hijo del rey Real sacerdocio |

# Capítulo XVII. Glifo día 17
## *Kaban "la Colmena"*
## *Ollin "Movimiento"*

*Regente*: Hutzilopochtli *"colibrí del sur"*

*"...tierra que fluye leche y miel, la cual
es la más hermosa de todas las tierras".*
El Tanaj; Ezequiel 20:15

Figura 195. Ollin, Movimiento; Piedra del Sol.

E l segundo anillo de la Piedra del Sol enmarca el glifo diecisiete de la veintena: *ollin «movimiento, temblor»*; su paralelo maya es *kaban «tierra, pueblo, colmena»*, ambos signos evocan las cosas que actúan como aquellas sobre las cuales se actúa incluidos la rotación, traslación y movimientos telúricos del planeta, lo que muestra que la Tierra es un ente viviente en constante movimiento. Las cuatro aspas repartidas en los cuatro rumbos emulan de modo gráfico el verbo "hacer mover": dos serpientes enlazadas que forman una cruz o 'x' que comprende las cuatro eras o reinos llamados *"soles"* asociados en una secuencia cíclica con las cuatro estaciones y los cuatro elementos; su centro "el ojo", reproduce el "Quinto Sol", era en la cual todas las cosas serán reunidas en una, es decir, de las cuatro eras o reinos surgirá un reino de orden celestial a semejanza del sol.

Para los hopis, el rumbo *"oeste, fue el Primer Mundo; el sur o Segundo Mundo; el este o Tercer Mundo; y el norte o actual Cuarto Mundo"* (Waters 1996, 86). Su equivalente maya *Kaban «tierra, miel, colmena, abeja»* (Bastarrachea, Yah and Briceño 1992), refiere a un pueblo de gente industriosa que, a modo de una colmena es plantado en el centro de la tierra prometida donde fluye la miel. Cabe aclarar que las figuras e y f **(Figura 195)** se han invertido respecto a la piedra original para visualizarse en su debida perspectiva.

### Los rumbos cardinales

Figura 196. Oriente-Mitra Real; Piedra del Sol; Estela 5 de Izapa; Caja de Piedra.

**a.** *Oriente (E).* *"En la antigüedad el este era puesto en la parte superior de los mapas, quedando el norte al lado"* (R. Vinett 2012, 105). En la Piedra del Sol, el este fue asociado con el *Xiuhuitzolli*, la mitra real o diadema de turquesa para la entronización del rey. Dicha corona sobre una cabeza con cabello largo, pero sin rostro en dirección al este es categóricamente insinuante; semejante a la que porta Quetzalcóatl en la Estela 5 y que también se halla grabada en una caja de piedra que los historiadores señalan como *"el glifo onomástico de Moctezuma"* (López Luján and Olivier 2009).

Figura 197. Norte-Pedernal; Piedra del Sol.

**b.** *Norte (N).* El norte fue asociado con *Ce-Técpatl «uno pedernal»*, glifo asociado con la palabra que sale por boca de Quetzalcóatl y que es más cortante que una espada de doble filo. *"Las culturas semítica y mediterránea consideraban que… la mayoría de los imperios o naciones poderosas amenazaban desde el norte la paz del pueblo del convenio"* (R. Vinett 2012, 106). El norte fue asociado con los extranjeros o gentiles, por medio de quienes también vendría la plenitud de la ley.

**c.** *Sur (S).* El sur fue asociado con *Ce-Quiahuitl «uno lluvia»*, un grotesco rostro que despide vírgulas de humo o vapores de agua y cuya quijada con grandes colmillos evoca el emblema del anciano barbado y su descendencia envueltos en las oscuras tinieblas de la apostasía y los desastres naturales que cubrirían el Nuevo Mundo.

*Cipactli «Quijada»*, determinó el rumbo de la iconografía amerindia al dotar de mandíbulas a los elementos. Por ejemplo, la quijada del glifo de la lluvia manifiesta que un torrencial aguacero es un depredador que arrasa la cosecha; es un devorador cuando su ausencia ocasiona la sequía que agrieta

Figura 198. Sur-Lluvia; Piedra del Sol.

la tierra; es un destructor cuando se acompaña con los rayos de una tormenta eléctrica que recrea el lúgubre mundo de las tinieblas.

**d.** *Occidente (W)*. El oeste, el rumbo por donde se oculta el sol, fue asociado con *Chicome ozomatli «siete mono»*, que evoca la migración al Nuevo Mundo de la colonia original de *Cipac «Quijada»*, cuyos hijos mayores volvieron sus

Figura 199. Oeste-Mono; Piedra del Sol.

espaldas contra el árbol y que, según el *Popol Vuh*, degeneraron en monos, preservando sus siete clanes o tribus entre sus descendientes mayas, aztecas, incas y otras etnias. *Moctezuma*, el último tlatoani azteca, marca el fin de la era del mono durante el "Quinto Sol". Al añadir el ojo del mono se lee *Chicuei ozomatli «ocho mono»*, lo cual sugiere un nuevo comienzo para el linaje gemelo en el occidente.

### Las cuatro eras o soles

**e.** *El Sol de Agua, Nahui Atonatiuh,* fue representado con el *Toptlipetlacalli «arca cerrada»* (Alva Ixtlilxóchitl 1640, 12). Sobre la barca

Figura 200. Sol de Agua; Piedra del Sol; Estela 67 de Izapa.

una figura con rasgos humanos extiende sus brazos en posición similar al hombre barbado de la Estela 67 de Izapa. Dicha era evocó el gran diluvio que arrasó a los hombres de la faz de la tierra y aunque la ciencia ha tapado el sol con un dedo respecto al tema, según el *Códice Vaticano* una de las cuatro eras fue destruida por un *"diluvio, del que escapó la pareja que preservó el género humano; el objeto salvador fue un árbol. En esta edad hubo gigantes llamados tzocuilicxeque"* (Moreno de los Arcos 1967, 193). La cronología de Calmet *"ubica el Diluvio Universal en el año 2344 a.C."* (Pellegrino 1883, 142).

El mito agrega que los hombres fueron convertidos en peces, figura de las arcas que como ballenas cruzaron el muro de agua que divide los hemisferios de la tierra, o sea, los migrantes cruzando los océanos.

**Figura 201. Sol de Fuego; Piedra del Sol.**

**f.** *El Sol de Fuego, Nahui Quiahuitl Tonatiuh,* retrata la lluvia de fuego que desencadenó los vapores de humo producidos por cataclismos y erupciones volcánicas. De Alva Ixtlilxóchitl registró que hubo una destrucción en la América antigua *"en el mismo tiempo cuando Cristo nuestro Señor padeció, cuando el sol y la luna eclipsó, y tembló la tierra, y se quebraron las piedras"* (Alva Ixtlilxóchitl 1640, 14). *"En el fondo de los mares yacen todas las orgullosas ciudades, [sus] tesoros mundanales y las personas que no hallaban tiempo para [el] Creador"* (Waters 1996, 36).

**Figura 202. Sol de Aire; Piedra del Sol.**

**g.** *El Sol de Viento, Nahui Ehécatl Tonatiuh,* refiere la era cuando *"el jaguar dejó de ser el sol porque Quetzalcóatl lo golpeó con un gran bastón y lo derribó... Tezcatlipoca levantó un fuerte viento que se llevó a Quetzalcóatl y a los macehuales. Algunos de estos quedaron... y se volvieron monos"* (Moreno de los Arcos 1967). Quetzalcóatl venció a la bestia con su caña, es decir, con su Ley; en una época en que el común de las personas los macehuales, fueron *"hombres que nunca echaron tributo y eran libres"* (Ramírez Cabañas 2004, 371). *Ehécatl «el Espíritu»,* evoca un período de espiritualidad donde el pueblo tenía en común todas las cosas y no había pobres entre ellos. Dicha era concluyó cuando los justos fueron llevados.

**Figura 203. Sol de Tierra; Piedra del Sol.**

**h.** *El Sol de Tierra, Nahui Océlotl Tonatiuh,* simbolizado con *Océlotl «el jaguar»,* fue la era que según la *Leyenda de los Soles* culminó con *"temblores de tierra y los hombres fueron devorados por jaguares"* (F. Del Paso y Troncoso 1945). Al desentrañar la realidad histórica detrás del mito, el depredador evocó los grandes imperios de la tierra en un marco de invasión, guerra o dominio como fue la conquista europea sobre el Nuevo Mundo asociada al pedernal, el rumbo norte de los gentiles.

**i.** *Garras águila-jaguar.* Según la lectura dual, los imperios gentiles representados con las garras águila-jaguar aprisionan a la descendencia de *Cipac*, *«Quijada»*, en la cual serán injertados para tornarse en las mismas garras de Quetzalcóatl que vencerán a los reinos de la tierra.

**Figura 204. Garra aprisiona quijada; Piedra del Sol.**

### El pueblo de la colmena

*Ts'u' «centro»* de *ts'unu'un «colibrí»* en maya; y el náhuatl *cahuitl «estaca»* que alude al pico del colibrí, se refiere a una sede, capital, cabecera o centro de congregación o recogimiento integrado por miembros que trabajan unidos por el bien

**Figura 205. Colmena.**

común, un modelo de organización colectiva con una jerarquización y división de trabajo que en el mundo abejar es la colmena. *"El pueblo es el enjambre, el individuo la abeja obrera que trabaja para todos y la reina es el líder, el instructor, el encargado de la guía y la enseñanza"* (A. Mediz Bolio 1971, 10). A diferencia de las abejas silvestres que no se procura su crianza y a menudo anidan en un árbol, la abeja melipona mencionada en el *Códice Madrid* vive en colonias permanentes que cuando se sobrepoblan el apicultor las dispersa a otras colmenas y recapitula *"el acto divino de crear una nueva tierra y habitarla con abejas"* (De Jong 2001, 15). *Flor*, glifo egipcio que significa *UN «existir»*, recuerda que la dispersión del polen genera la existencia y aquellos que participan en la restauración del universo *"son los insectos y otras aves que transportan el polen, es decir, las abejas y los colibríes"* (M. De la Garza 1985, 91).

El panal llega a tener hasta trece niveles de mayor a menor tamaño en forma piramidal que reproduce los tres niveles cósmicos: el cielo, la tierra y el inframundo; o sea, un lugar de cría, un almacén de comida o miel que la colonia requiere para subsistir y el escutelo en la parte inferior del nido, lugar que recibe los desechos como heces, polen y capullos que un grupo de obreras remueve fuera de la colmena. Las abejas cambian de rol según la necesidad: identifican polen, reciben el néctar, fabrican la cera, etc., otras velan la entrada y ahuyentan insectos que puedan perturbar la paz y orden del recinto, y cuando se requiere actúan como un solo organismo, como un ejército.

Coincidentemente en la cultura egipcia *BIT o DHESERET* «*la abeja*» evocó al faraón el rey del norte con corona roja, cuya función fue *"unir al sur encajando la corona blanca, que así unidas son las dos potencias"* (Jacq 1998, 57). Sincretismo replicado en América, la tierra de miel con dos sedes de la colmena en dos diferentes tiempos simbolizados con "el colibrí del norte" y "el colibrí del sur". ¿Quiénes fueron el pueblo de la colmena simbolizado con "el colibrí del sur" también delineado en los geoglifos de Nazca? *"Los que poseían este Nuevo Mundo en esta tercera edad fueron los ulmecas"*; estos vinieron de *"la torre altísima... [donde] se les mudaron las lenguas, y no entendiéndose unos a otros, se vinieron a estas partes del mundo"* (Alva Ixtlilxóchitl 1640, 12). Según Sahagún *"vinieron en algunos vasos... [que] son los siete navíos o galeras en que vinieron los primeros pobladores de esta tierra"* (López-Austin 1993, 51).

Figura 206. Jobones.

*"El pueblo olmeca practicaba una apicultura primitiva usando los huecos de troncos"* (Casillas and Echazarreta 2001, 43). Dicho tronco ahuecado llamado *jobon*, cuyos costados eran sellados con tierra o madera y ajustados como un vaso, contaba en su centro con una abertura en forma de cruz la cual permitía la ventilación y entrada de las abejas. Los jobones eran apilados en horizontal; cultivo que los mayas heredaron de los olmecas.

Olmeca es el etnónimo acuñado por historiadores al "pueblo de la Colmena", el cual acogió a los migrantes del linaje de *Mulek*, el príncipe que escapó durante la deportación de los judíos a Babilonia; de igual modo, acogió a la colonia de *Cipac «Quijada»* que se dividió en dos pueblos: los hombres de maíz y el pueblo de Lamán. Estos cuatro reinos se unieron en uno tras la primera venida de Quetzalcóatl y con las generaciones su sangre se mezcló resultando en los muchos pueblos dispersos a la llegada de Colón. Los *Atlantes de Tula* de los toltecas,

Figura 207. Tocado de colmena; Atlante de Tula.

del náhuatl *tollan* y *ollin* «*movimiento*»: *"los que medían el movimiento"*, adornan sus tocados con panales en honor a dicho pueblo, igual que el *Chac Mool*. Por cierto, Topiltzin Quetzalcóatl, uno de sus líderes del Posclásico ha desviado la atención del verdadero.

Tabla 29. **Quetzalcóatl une a los cuatro reinos**

| Pueblo de Kan<br>Los hombres de maíz | ←Linaje gemelo→ | Pueblo de Lamanai<br>Quijada de Cocodrilo |
|---|---|---|
| | Pueblo de Quetzalcóatl<br>Unión los cuatro reinos | |
| Pueblo de Mulek<br>El linaje de la serpiente | | Pueblo de la Colmena<br>Olmecas y otros |

## Colibríes del sur y del norte

El colibrí, el ave más pequeña del mundo y que alguna de sus especies es del tamaño de un insecto, fue considerado el digno sustituto de *kaban* «*la abeja*», el único insecto que produce alimento para el ser humano y que *"en su epifanía animal asume la forma del colibrí"* (Medina 2003,

Figura 208. "Vuelo del cristo".

127). *Huitzilin «colibrí»* en el idioma azteca, comparte su raíz con *huitzo «espina»*; *tepozhuitztli «clavo»* y *tepuzhuitzoctli «barra de hierro»*, expresión singular registrada por Fray Alonso de Molina (Molina 1571, 312, 378). El pico del colibrí que puede ser tan largo como su cuerpo fue visto como una espina, clavo, barra o estaca; así como la raíz principal que se injerta en lo profundo de la tierra o como el colmillo al cual debe su nombre. *Colibrí*, del latín *colobro «culebra»*, injerta su pico en alguna abertura de la flor sin dañarla, para extraer su miel con su larga lengua bífida como de culebra; así como ésta inyecta su colmillo. Ave endémica y exclusiva de América la cual se distribuye desde el Ecuador, el centro de la tierra, a todo el continente. Su plumaje verde esmeralda en tonos iridiscentes y cautivadores cambia de color según los reflejos del sol, en particular las escamas de su cuello y pecho. Mientras la mayoría de las aves baten sus alas hacia abajo, el colibrí las bate hacia arriba; puede mantenerse con sus alas extendidas en un punto fijo, como si flotara, sin perder la "figura del cristo". Vuela de arriba a abajo, del frente hacia atrás, a los lados y en forma invertida; es capaz de desaparecer en un parpadeo debido a la imperceptible velocidad con la que bate sus alas. Algunas especies pueden recorrer en un segundo una distancia cuatrocientas veces mayor al diminuto tamaño de su cuerpo; dicha capacidad, lo más acercado a la idea de teletransportación, fue atribuida a los seres celestiales.

El colibrí *"pico de águila" phaethornis longirostris*, de marcado pico curvo hacia abajo, es la probable especie oriunda de Mesoamérica representado en la talla; otras especies migratorias se reproducen en Norteamérica y viajan largas distancias al sur. Cuando el invierno llega y las flores se ausentan, el colibrí injerta su pico en alguna oquedad para permanecer inerte *"hasta el mes de abril, que con las primeras aguas y truenos como quien despierta de un sueño torna a revivir y sale volando a buscar sus flores"* (Motolinia 1903, 333). Este período de hibernación o sueño del colibrí, alegoría central de la Estela 5 de Izapa, concluye con la primavera como si despertase de un profundo sueño.

Una popular leyenda maya cuenta que *"al concluir la creación de la tierra los dioses percibieron que a ninguno se le había asignado la tarea de llevar de aquí para allá sus deseos; por lo tanto, tomaron una piedra de jade y tallaron una pequeña flecha puntiaguda; cuando estuvo lista soplaron sobre ella y salió volando el tz'unu'un «colibrí». Los dioses advirtieron: nadie podrá ataviarse con su plumaje precioso, porque la función de esta singular ave, como el néctar que recoge de flor en flor, es llevar de aquí para allá los deseos de los dioses a la mente y el corazón de los hombres"* (versión libre).

**Figura 209. Colibríes glíficos y pictográficos; Estela 5 de Izapa.**

Los colibríes revoloteando sobre el ave nahual actúan como emisarios de los dioses al injertar sus picos en el ojo y cabeza de la serpiente para extraer de ella la dulce miel de la revelación de los cielos. Además, los colibríes se replican de modo glífico en el logograma al oeste evocando los reinos de la colmena del norte y del sur. "El colibrí del sur" cuyo cuerpo se camufla en una quijada, emblema de *Cipac* del linaje gemelo de Efraín y Manasés forma el difrasismo colibrí-quijada, mientras su pico se mimetiza en una estaca que hace quiasmo con la barra en manos del siervo del rey, símbolo de la Ley. "El colibrí del norte" cuya base de su cuerpo es el glifo 'S', símbolo de los gentiles, desdobla su pico en la raíz principal y linaje serpentino de Judá. Por lo tanto, tres de las doce raíces del "Árbol de Jacob" se injertan en el reino gentil de la colmena resultando un primer mestizaje a la mitad de la cuenta larga maya.

El colibrí es un glifo conceptual que identificó la Tierra Media de Mesoamérica, el Medio Occidente del Nuevo Mundo equivalente a Mesopotamia, el Medio Oriente del Viejo Mundo; ambos centros de dispersión y recogimiento. Según los indios hopi, un grupo lingüístico uto-azteca que se autonombra el clan de la serpiente del norte, refiere que uno de sus clanes: el clan azteca, dejó el desierto del norte porque no correspondía con una tierra de miel para buscarla en la tierra de la serpiente del sur donde fundaron la Gran México-Tenochtitlan. Humboldt ubicó el lugar de donde migraron los aztecas: *Aztlan «lugar de la blancura»*, en las inmediaciones del Gran Lago Salado en Utah (Tilger 1973, 169). Sin embargo, Aztlan también podría referirse al *Líbano «lugar blanco»* (R. Vinett 2010, 19); la tierra del oriente en la península arábiga de donde vinieron sus primeros padres. A 160 km. al sur de Jerusalén, junto a un gran oasis *"existe desde tiempos antiguos una rambla o wadi llamado 'Al Azlan' en las riberas del Mar Rojo, una antigua ruta de migrantes"* (Hilton and Hilton 1977, 18).

*Huitzilopochtli "el colibrí del sur"*, la figura mítica que anunció y guio el éxodo azteca a la tierra prometida en el *Anáhuac «cerca de las aguas»*, les dijo: *"Allí también está una laguna muy grande; allí se cría todo cuanto será necesario a vosotros, nada falta... ciertamente donde os he de llevar... allí de*

מְשִׁיחוֹ

meshi-chõ

Figura 210. "Ungido" en hebreo.

*veras los tomarán por señores... sobre el águila apareceré... allí me veréis, ya no volaré; de modo que allí haced mi adoratorio, mi casa"* (F. Del Paso y Troncoso 1903, 83-87). El águila devorando la serpiente o *atlachinolli* se colocó como el símbolo más poderoso de la mitología prehispánica; asimismo, Huitzilopochtli les dijo: *"Ya no os llamaréis aztecas sino mexicas"*; respecto a lo cual Fray Servando Teresa de Mier cuestionó: *"¿Qué significa México? Los indios no pronuncian sino Mescico con la letra hebrea scin, que del latín significa ungido y del hebreo mesci, mesías"* (Teresa de Mier 1821). Fray Gregorio García vio *"en México un nombre hebreo, debido al hecho que los mexicanos descienden de la tribu perdida de Israel"*. Fray Martín del Castillo citó: *"en los idiomas hebreo, caldeo y sirio es lo mismo México que Mesías"* (Tibón 1980, 104-105). Pese a que los académicos han forzado derivar el término México de *Meztli «Luna»*, que resulta "en el ombligo de la luna", *Meshi «ungido»* es la traducción más precisa para México.

237

Los ungidos o pueblo del mesías, es decir, los mexicas se colocaron a la cabeza de los pueblos junto al desolado lago salado de Texcoco bajo el cobijo del *Popocatépetl «monte que humea»* y el *Iztaccíhuatl «la mujer dormida»*, cerca de *Teotihuacán «el lugar donde los hombres se convierten en dioses»*, centro ceremonial edificado alrededor de la primera venida de Quetzalcóatl. Debido a las podas e injertos del Árbol de la Vida provocados por la bestia-jaguar por medio de migraciones, guerras y conquistas a través de los tiempos, el ADN de las doce raíces de Israel se ha esparcido en los cuatro rumbos de la tierra; y con el encuentro de dos mundos, el remanente de José en América se mezclará con los gentiles europeos resultando una mejora genética. Al ser injertados en el árbol cultivado la savia expiatoria de Quetzalcóatl producirá frutos más resistentes al veneno de la culebra maligna en los últimos días. La serpiente del oriente con el linaje de Judá a la cabeza y la serpiente del occidente con el linaje de Efraín a la cabeza, se mezclarán entre los pueblos del mundo en un orden sabiamente natural.

En los últimos días, la sede de *Kaban «el pueblo de la colmena»* representado con el "colibrí del norte", será restaurado en los límites del imperio del águila en la tierra de la serpiente del norte, o sea, Norteamérica, por mano de *Tz'ip «el venado blanco con corona de colmena»*, según el mito maya; un centro de recogimiento de los doce linajes donde el reino de Quetzalcóatl fructificará en un gran árbol y convertirá el desierto en *Kaban «una tierra de miel»*

**Figura 211. Tz'ip, el ciervo y la colmena.**

para llevar la plenitud de la palabra en todo idioma a negros y blancos, esclavos y libres, israelitas y gentiles. A finales del Clásico y durante el Posclásico, varias tribus migraron al norte buscando el profetizado centro de congregación. En Paquimé, Chihuahua, sobre una antigua ruta prehispánica se ubica el *"Montículo de la Serpiente"* cuya cabeza apunta al oeste de Norteamérica, tierra de los indios hopi, quienes refieren que sus ancestros emergieron de *Masauwu «el Árbol de la Vida»*, esperando el retorno de Quetzalcóatl al lugar llamado *Tanamazawa «el ombligo del mundo»* (Bonilla 2015); lugar donde actualmente se asienta la cruz o *four corners «las cuatro esquinas»* con Utah, el estado al noroeste cuyo escudo político sorprendentemente es la colmena.

## *El ADN y ollin «movimiento»*

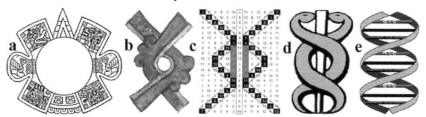

**Figura 212. a) Piedra del Sol; b) Ollin; c) Tzolkin; d) Báculo de Asclepio; e) ADN.**

Dos serpientes entrelazadas en direcciones opuestas, una que actúa y otra sobre la cual se actúa conforman el glifo *Ollin «movimiento»*, cuya estructura en espiral se replica a diversas escalas en el universo, desde la órbita de la Vía Láctea hasta el pequeño micromundo de la Física Cuántica; asimismo, se reproduce en la doble hélice serpenteante del Ácido Desoxirribonucleico, el ADN según sus siglas en inglés, el cual contiene la información genética o plano molecular para toda forma de vida, desde una bacteria, un animal o el ser humano.

No debería sorprender que el glifo *Ollin «movimiento»* tuviese el mismo valor para los antiguos que el ADN, constituido por un eje y dos serpientes entrelazadas que, en lenguaje glífico, una detonó la mortalidad y la otra abrió la puerta de la inmortalidad. La Matriz Tzolkin es una réplica gráfica de la Piedra del Sol y la Estela 5 de Izapa custodiada por dos serpientes, cuyo eje central es el sol o el Árbol

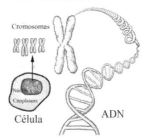

**Figura 213. Célula y ADN.**

de la Vida (**Tabla 31**). De tal modo, *"el Tzolkin, así como el ADN, es una representación de un patrón fundamental de la naturaleza no creado por el hombre"* (Argüelles 2005, 78); es decir, obedece a una fuente de inteligencia superior. Sus cuatro brazos o aspas evocan entre otras cosas los cuatro grupos sanguíneos: O, A, B, y AB, cuyo factor positivo o negativo según el sistema ABO, es tan determinante como el ADN en la variedad de la raza humana; como la sangre tipo O del indio americano. El ser humano se integra por millones de células, cada una compuesta por el núcleo y el citoplasma; el núcleo almacena 23 pares de cromosomas, 46 en total; la mitad proviene del padre y la otra mitad de la madre; y un cromosoma X o Y determina su género.

Cada cromosoma es un comprimido de ADN con forma de cruz, el cual si se desenrolla es como una larga escalera de caracol —hasta 200 mil millones de kilómetros en el cuerpo humano— cuyos peldaños se unen entre sí por compuestos químicos llamados nucleótidos que distribuidos a lo largo de la escalera brinda instrucciones a una copia de ella, el ARN o ácido ribonucleico, formado por un solo lado de la escalera. De este modo, la célula contiene la información genética por duplicado, el llamado genoma humano que, en constante movimiento genera combinaciones astronómicas de los rasgos únicos e irrepetibles que se heredan de una generación a otra.

En su obra *La Serpiente Cósmica: el ADN y los orígenes del saber*, Jeremy Narby comparte la tesis que la porción desconocida del ADN funciona como una esencia espectral o espiritual. Su base científica se encuentra en el hecho de que el ADN es un cristal; sus cuatro bases hexagonales están estructuradas como cristales de cuarzo o piedras transparentes que emiten fotones, ondas electromagnéticas que los científicos comparan con un láser ultra débil o luminiscencia como un holograma tridimensional que funciona como una pantalla espiritual. Desde el núcleo de la célula esa luz irradia al citoplasma que recibe las órdenes para materializar los aminoácidos y las proteínas. El núcleo del ADN es una entidad espiritual albergada en el cuerpo material del citoplasma compuesto por el ARN, casi idéntico al ADN. Dicha tesis respalda la concepción maya que los seres vivos se componen por un "gemelo" espiritual, un ente invisible e intangible idéntico a su cuerpo físico. Narby asocia lo anterior respecto a los estudios antropológicos de los antiguos amerindios quienes *"consideraban que las cosas espirituales pueden materializarse y volverse visibles. ¿Sería posible que el ADN estimulado por sustancias químicas active la emisión de fotones de luz provenientes de la red universal del conjunto de los seres vivientes y que inunden la conciencia en forma de visiones, revelaciones o experiencias espirituales?* (Narby 1997, 102).

Sin embargo, la parte espiritual del ser humano también puede ser afectada de forma maligna. Cada célula o neurona del cerebro humano posee en su superficie millones de receptores que son proteínas especializadas que reconocen y captan los neurotransmisores específicos o substancias que se les parecen. Por ejemplo, cuando una molécula de nicotina parecida al neurotransmisor acetilcolina se liga a la cima del receptor, el canal se abre como una cerradura y la deja entrar. La nicotina desengancha una cascada de reacciones en el interior de la célula que desemboca en la estimulación del ADN. Conforme más nicotina fluye a las neuronas el ADN más activa la construcción de receptores para esa substancia y produce el fenómeno de la adicción. Otro neurotransmisor podría ser la dopamina, la cual actúa de modo semejante en la estimulación sexual por medio de la pornografía. *"Una curiosa coincidencia es que el tabaco y el veneno de la serpiente actúan exactamente en la misma cerradura del cerebro"* (Narby 1997, 97). Siendo así, la nicotina y la pornografía actúan como un veneno.

Dos serpientes parecen competir por ganar el corazón del hombre en la espiral serpentina del tiempo: llevarlo a la muerte espiritual o fortalecer su yo espiritual. *Yóllotl* «*el corazón*» deriva de la misma raíz que *ollin*, lo que deja entrever que el corazón, el órgano donde se manifiesta el Espíritu, es lo que lleva a las personas a actuar (León-Portilla 2017, 98). Por naturaleza, el ser humano no fue clonado en una línea de producción o para ser una máquina que actúe mecánicamente, sino es una inteligencia única que maneja su albedrío en enésimas variables donde un velo le impide ver lo que sólo el eje rector puede ver para así crecer y desarrollarse. Si una madre en espera supiera con anticipación el día y minuto preciso del nacimiento natural de su bebé, le restaría emoción a la espera. Narby asocia los mellizos de las culturas indoamericanas con las serpientes gemelas cuyo terreno el *ollamaliztli*, el juego de pelota en el campo del inframundo implicaba que los héroes gemelos serían sometidos a prueba en la vida mortal para ganar el fruto del Árbol de la Vida, el ADN de la vida eterna.

Para entender la estructura de la Matriz Tzolkin tomemos por ejemplo el ADN de un perro. Los números en negrilla serían la constante independiente, o sea, el código responsable de transmitir la herencia canina. Como una constante, el perro no puede transitar hacia otra especie, es decir, engendrar elefantes o peces, porque el eje rector o ley que le gobierna representada por la columna central impone restricciones a su especie y no puede traspasar los límites señalados. Sin embargo, el resto de los números, los valores dependientes, permiten la variedad de razas que pueden diversificarse en tamaño, fisonomía, colores y pelaje. Por causa de ello, es posible que un samoyedo tenga como abuelos a un cocker spaniel o a un chow chow.

### La columna central

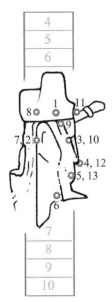

Figura 214. Columna central del Tzolkin; Estela 5 de Izapa.

Según los antiguos guaranís, Dios *"al crear la tierra, creó una columna indestructible, el Aju' y miri, el árbol primigenio"* (Cadogan 1959, 31). Dicha columna, la número siete de la Matriz Tzolkin, se posiciona como *"el eje cósmico y el reflejo del Árbol de la Vida, donde el [iniciado] debe ir para obtener visión"* (Argüelles 2005, 82). La columna envuelta por dos serpientes entrelazadas conforma el glifo *Ollin «movimiento»*, sinónimo de aquel que actúa por medio de su palabra para dar vida y movimiento a todas las cosas incluidos los ciclos del tiempo. El Árbol de la Vida desdoblado simultáneamente en la cabeza y cuerpo de Quetzalcóatl, comprende las trece partes del cuerpo humano alrededor del cual giran todas las cosas. De tal modo, todo se encuentra conectado entre sí por causa de, con y para el hombre. *Nezahualcóyotl*, tlatoani mexica plasmó en uno de sus poemas el valor del alma humana por encima de los animales, las plantas y las piedras preciosas:

*Amo el canto del cenzontle*
*pájaro de cuatrocientas voces,*
*amo el color verde del jade*
*y el enervante perfume de las flores,*
*pero amo más a mi hermano el hombre.*

La columna central se compone por veinte partes, tema abordado en el estudio del Glifo 1, trece de las cuales son las partes del cuerpo humano (**Figura 214**). Las veinte partes comprenden: 1. La cabeza; 2. El oído; 3. El ojo; 4. El olfato; 5. La boca; 6. El cuello; 7. Los hombros; 8. La espalda; 9. El pecho; 10. El ombligo y la entrañas; 11. Los brazos y las manos; 12. Los órganos sexuales y 13. Las piernas y los pies. De tal modo, los siete números restantes de la columna central, tres primeros y cuatro últimos son los siguientes: 14. El ojo de Quetzalcóatl; 15. La copa del árbol; 16. El injerto; 17. Las doce raíces; 18. El camino o cuerpo de la serpiente; 19. La barra y 20. La cola de serpiente camuflada en un río o fuente de aguas.

### Tabla 30. La Matriz Tzolkin

| | | | | | | | | | | | | | | |
|---|---|---|---|---|---|---|---|---|---|---|---|---|---|---|
| Imix | 1 | 8 | 2 | 9 | 3 | 10 | 4 | 11 | 5 | 12 | 6 | 13 | 7 | 91 |
| Ik | 2 | 9 | 3 | 10 | 4 | 11 | 5 | 12 | 6 | 13 | 7 | 1 | 8 | 91 |
| Akbal | 3 | 10 | 4 | 11 | 5 | 12 | 6 | 13 | 7 | 1 | 8 | 2 | 9 | 91 |
| Kan | 4 | 11 | 5 | 12 | 6 | 13 | 7 | 1 | 8 | 2 | 9 | 3 | 10 | 91 |
| Chikchan | 5 | 12 | 6 | 13 | 7 | 1 | 8 | 2 | 9 | 3 | 10 | 4 | 11 | 91 |
| Kimi | 6 | 13 | 7 | 1 | 8 | 2 | 9 | 3 | 10 | 4 | 11 | 5 | 12 | 91 |
| Manik | 7 | 1 | 8 | 2 | 9 | 3 | 10 | 4 | 11 | 5 | 12 | 6 | 13 | 91 |
| Lamat | 8 | 2 | 9 | 3 | 10 | 4 | 11 | 5 | 12 | 6 | 13 | 7 | 1 | 91 |
| Muluk | 9 | 3 | 10 | 4 | 11 | 5 | 12 | 6 | 13 | 7 | 1 | 8 | 2 | 91 |
| Oc | 10 | 4 | 11 | 5 | 12 | 6 | 13 | 7 | 1 | 8 | 2 | 9 | 3 | 91 |
| Chuwen | 11 | 5 | 12 | 6 | 13 | 7 | 1 | 8 | 2 | 9 | 3 | 10 | 4 | 91 |
| Eb | 12 | 6 | 13 | 7 | 1 | 8 | 2 | 9 | 3 | 10 | 4 | 11 | 5 | 91 |
| Ben | 13 | 7 | 1 | 8 | 2 | 9 | 3 | 10 | 4 | 11 | 5 | 12 | 6 | 91 |
| Ix | 1 | 8 | 2 | 9 | 3 | 10 | 4 | 11 | 5 | 12 | 6 | 13 | 7 | 91 |
| Men | 2 | 9 | 3 | 10 | 4 | 11 | 5 | 12 | 6 | 13 | 7 | 1 | 8 | 91 |
| Kib | 3 | 10 | 4 | 11 | 5 | 12 | 6 | 13 | 7 | 1 | 8 | 2 | 9 | 91 |
| Kaban | 4 | 11 | 5 | 12 | 6 | 13 | 7 | 1 | 8 | 2 | 9 | 3 | 10 | 91 |
| Etznab | 5 | 12 | 6 | 13 | 7 | 1 | 8 | 2 | 9 | 3 | 10 | 4 | 11 | 91 |
| Kawac | 6 | 13 | 7 | 1 | 8 | 2 | 9 | 3 | 10 | 4 | 11 | 5 | 12 | 91 |
| Ajaw | 7 | 1 | 8 | 2 | 9 | 3 | 10 | 4 | 11 | 5 | 12 | 6 | 13 | 91 |
| | 119 | 155 | 126 | 149 | 133 | 143 | 140 | 137 | 147 | 131 | 154 | 125 | 161 | **1820** |

La Matriz *Tzolkin* «*el orden de los días* o *cuenta de los tiempos*», es un sincronario numérico presentado en forma de tabla compuesto por 13 columnas y 20 filas que comprenden 13 números repetidos 20 veces en una secuencia de 260 permutaciones. Sobresalen una serie de recuadros en negro cuyo diseño similar a un código QR reproduce el glifo *ollin* «*movimiento*», dos 'x', una sobre otra con sus cuatro brazos o aspas que configuran el dorso romboidal de la víbora de cascabel o dos serpientes entrelazadas y cuyo valor numérico es 364; la columna central que representa un día completa el ciclo solar de 365 días. Cada una de las 20 filas suman 91, el número de días de las estaciones del año, de las cuales un grupo de cuatro filas suman 364 que repetido 5 veces resulta 1820 días equivalente a un lustro de 5 años o 5 soles. Los números de las cuatro esquinas exteriores e interiores suman 28, el ciclo lunar que repetido 65 veces suma 1820 días. Asimismo, cada una de las 13 columnas, cuya media es la columna central, suman en promedio 140 que repetido 13 veces resulta 1820 días. De tal modo, la Matriz Tzolkin tiene un valor cronológico de 5 soles, o sea, 1820 días o años, cifra calendárica de capital importancia llamada *Hotun* por los mayas.

243

Un *Hotun* de 1820 tiempos es equivalente a 5 soles (364x5), a 7 ciclos sagrados de 260 días (260x7), o a 35 Fuegos Nuevos de 52 años (35x52). Un *Hotun* a partir del nacimiento de Quetzalcóatl, el año cero de un nuevo conteo del tiempo nos conduce a 1820 d.C., el Quinto Sol, año clave del calendario sagrado que marca el inicio de la restauración y dispensación del cumplimiento de los tiempos con el descenso de Quetzalcóatl. Duplicado su valor, o sea, el doble de 1820, más "un tiempo fuera del tiempo" resulta un ciclo solar milenario de 3650 años; por consiguiente, el nacimiento de Quetzalcóatl se ubica entre dos ciclos solares de 3650 años, a la mitad de los tiempos de un período de poco más de siete mil años. ¿Cuál es el origen de la Piedra del Sol? Por supuesto la Estela 5 de Izapa, cuyo diseño a semejanza de la Matriz Tzolkin se compone por cincuenta y dos elementos de los cuales cinco por cuadrante conforman los veinte glifos calendáricos.

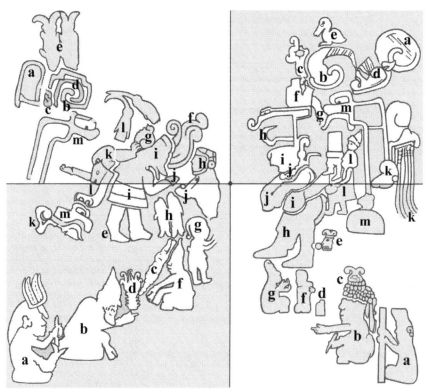

Figura 215. Quiasmo con 52 elementos, 13 por cuadrante; Estela 5 de Izapa.

Tabla 31. **Matriz Tzolkin de la Estela 5 de Izapa**

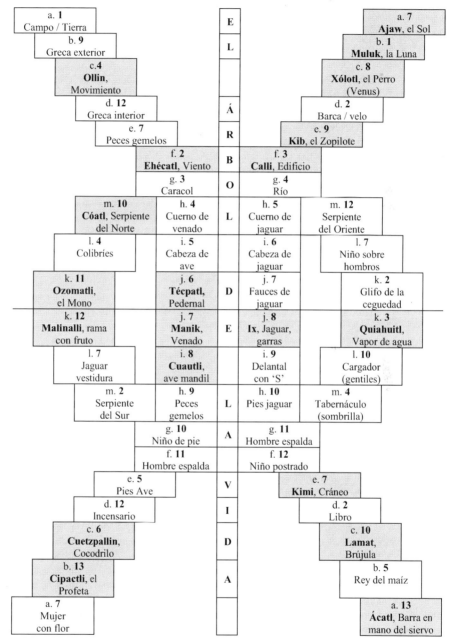

## Tabla 32. **Los 52 glifos de la Estela 5 de Izapa**

| | | | |
|---|---|---|---|
| **a. Campo**. La Tierra donde se siembra la semilla y se cosecha el fruto. | | **a. Ajaw, Sol**. Símbolo de la gloria celeste, la vida eterna y la exaltación. | |
| **b. Greca exterior**. Símbolo del sacerdocio mayor y la primogenitura. | | **b. Muluk, luna**. La gloria terrestre asociada al nacimiento y renacimiento en las aguas. | |
| **c. Ollin, movimiento**. Terremotos, migración, recogimiento, mestizajes. | | **c. Xólotl, perro**. Venus, la gloria teleste asociada con los gentiles y el árbol silvestre. | |
| **d. Greca interior**. Sacerdocio menor asociado con la luna. | | **d. Barca o velo**. Dispersión al Nuevo Mundo; en un contexto espiritual la vela es un velo. | |
| **e. Peces gemelos**. Linaje de la primogenitura de José por medio de Efraín y Manasés. | | **e. Kib, zopilote**. Dirigentes sin el sacerdocio que llevan a la opresión, esclavitud y pestes. | |
| **f. Ehécatl, aire**. El Espíritu de la Deidad y el espíritu de todo ser viviente. | | **f. Calli, edificio**. Centro de poder, orgullo del mundo civilizado. | |
| **g. Caracol**. La espiral del tiempo y la influencia del Espíritu en el universo. | | **g. Río de aguas sucias**. Lo mundano, las tentaciones, la suciedad del pecado. | |
| **m. Cóatl, serpiente del norte**. Centro de gobierno en los últimos días. | **h. Gazelem**. Profeta que precederá al retorno de Quetzalcóatl. | **h. Cuerno de jaguar**. Poder político y religioso de la bestia. | **m. Serpiente del oriente**. Centro de gobierno en el inicio de los tiempos. |
| **l. Colibríes**. Pueblo de la colmena, centro de recogimiento de todo linaje. | **i. Cabeza de ave**. Reinos del norte que estarán a la cabeza en los últimos días. | **i. Cabeza de jaguar**, Reinos del oriente a la cabeza en la mitad de los tiempos. | **l. Niño s/hombros**. La Casa de Israel llevada en hombros por los gentiles. |
| **k. Ozomatli, mono**. Los extraviados del camino recto. | **j. Técpatl, pedernal**. Ley de sacrificio y sacrificio expiatorio. | **j. Fauces del jaguar**. Mano horadada por la bestia. | **k. Cegado**. Ciegos y sordos entre vapores de tinieblas. |
| **k. Malinalli, rama con fruto**. Linajes traídos a América. | **j. Manik, venado**. El fruto en la mano: el Evangelio. | **j. Ix, jaguar**. Ataque o adoración, según la pose de las garras. | **k. Quiahuitl, niebla**. Apostasía, pecado, tentaciones. |
| **l. Vestidura de jaguar**. Ropa sagrada y mestizaje mono-jaguar. | **i. Delantal de hojas**. El linaje de las doce raíces del árbol cultivado. | **i. Delantal con 'S'**. El injerto de una rama silvestre: gentiles o extranjeros. | **l. Cargador**. Gentil cargando en sus hombros a la Casa de Israel. |
| **m. Serpiente del Sur**. Mesoamérica, sede de gobierno a la mitad de los tiempos. | **h. Peces con fruto**. El linaje primogénito participa del fruto del árbol. Recogimiento. | **h. Pies del jaguar**. Reinos del oriente divididos a la vez en diez. Dispersión. | **m. Tabernáculo**. El templo donde se efectúan ordenanzas y convenios sagrados. |
| **g. Niño de pie**. El verdadero adorador a través del velo; asimismo, el velo de la ignorancia. | | **g. Hombre espalda al árbol**. Falsa adoración, así como el deseo de probar del fruto del árbol. | |
| **f. Hombre espalda al árbol**. Rebeldía y falsa adoración. | | **f. Niño de rodillas**. El verdadero adorador hollado bajo los grandes pies de la bestia. | |
| **e. Cuautli, ave**. Representa reinos o naciones tras el descubrimiento de América. | | **e. Miquiztli, cráneo**. La aspiración de los muertos de participar del fruto del árbol. | |
| **d. Incensario**. El antiguo convenio: la ley de Moisés y el sacerdocio menor. | | **d. Libro**. El nuevo convenio. Escritura sagrada de los profetas de la América antigua. | |
| **c. Cuetzpallin, cocodrilo**. La tierra en su estado teleste o inframundano. | | **c. Lamat, brújula**. La ley de la obediencia que conduce los pies al Árbol de la Vida. | |
| **b. Cipactli, quijada**. El anciano profeta del linaje gemelo que migró a América. | | **b. Rey del Maíz** o rey del grano. Gobernante, capitán, director, escritor. | |
| **a. Mujer con flor**. Reina y consorte del anciano, madre de los personajes. | | **a. Ácatl, caña**. Ley de Quetzalcóatl y su palabra (escrituras). | |

246

# Capítulo XVIII. Glifo día 18
# *Etznab "la Ley de sacrificio"*
# *Técpatl "el Pedernal"*

Regente: *Técpatl "la guerra y la Ley de sacrificio"*

*"Entonces tomó un pedernal afilado,*
*y cortó el prepucio de su hijo".*
*La Torá; Éxodo 4:25*

*Técpatl «pedernal»*, el representante del reino mineral y decimoctavo glifo del calendario fue llamado por los mayas *u kab ku' «la mano de Dios»* (López and Martel 2001, 57); *"la mano que prende al ciervo y lo sacrifica en honor de los dioses"* (A. Barrera V. 1980, 130); acorde con la escena central de la Estela 5 de Izapa donde el ave nahual apunta al venado con su mano de

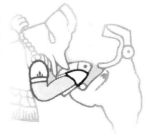

Figura 216. Mano de pedernal; Estela 5 de Izapa.

pedernal, una saeta afilada con punta triangular similar a la lengua de Tonatiuh en la Piedra del Sol, símbolo de la Palabra o Ley de Quetzalcóatl que como un cuchillo de doble filo traspasa el corazón. En zapoteco fue *Pel lopa «sacerdote de Dios»* (De la Cruz 2007, 168).

## La Ley de sacrificio

*Etznab*, pedernal, de *itz «sangre»* y *nab «ungido o palmo de la mano»*, portador del año y uno de los cuatro trecenios del ciclo de 52 años fue el emblema ideal de la Ley de sacrificio, el cuchillo de sílex u obsidiana con el que se ofrendaba en el altar el animal inmolado durante la Ley Mosaica. La sangre derramada de un ciervo o palomino retratado en el *Códice Durán* aludió al gran sacrificio expiatorio de Quetzalcóatl, quien ofrecería su vida para apaciguar las demandas de la justicia en pago por los pecados de su pueblo. No obstante, dicho ritual se profanó al ofrendar a dioses paganos sacrificios humanos, respecto a lo cual Quetzalcóatl *"nunca quiso ni condescendió"* (Velázquez 1992, 8). Además, el pedernal fue la punta de la lanza o dientes incrustados de obsidiana en el *macuahuitl*, el arma usada en tiempos de guerra.

Fray Diego de Landa en su obra *Relación de las cosas de Yucatán*, cita que los nativos *"se harpaban lo superfluo del miembro"* (Landa 1566, 50). La circuncisión formó parte de la Ley de sacrificio cuyo antecedente registrado en el Pentateuco Libro II 4:25, refiere que para ello se utilizaba el pedernal como instrumento quirúrgico; sus aristas de cuarzo de vidrio duras y quebradizas eran capaces de realizar cortes muy finos en el prepucio de niños y adultos. Los varones establecían mediante ese pacto de sangre una señal que los separaba del resto como el pueblo del convenio. Se infiere, por lo tanto, que la circuncisión al igual que el ritual de la quema del incienso representado explícitamente en la Estela 5, fueron traídos del oriente al Nuevo Mundo por los migrantes judíos y la colonia del anciano *Cipac* y su familia.

### El pedernal pez-serpiente

Los nahuas confeccionaron pedernales con ojos, dientes o colmillos, tal como se exhiben en el Museo del Templo Mayor de la Ciudad de México (**Figura 217**). En la Estela 5, la mano de pedernal se adorna con aletas dorsales y ventrales para darle apariencia de pez, el cual hace mancuerna con el pez de fondo para juntos constituir los peces gemelos. Sin embargo, la cabeza de pez se desdobla además en cabeza de serpiente, cuya contraparte es la serpiente camuflada en el delantal y cinto de la bestia. La fusión *pez-serpiente «kay-*

**Figura 217. Pedernal; Templo Mayor.**

*kan»* en maya, resultó en el pez bagre o pejelagarto, un pez con apariencia de serpiente que en la antigua América evocó la unión de los dos reinos principales a la cabeza de las doce raíces: el pueblo de Mulek, representativo del Reino de Judá cuyo emblema fue la serpiente y el pueblo de los hombres de maíz, representativo del Reino de Israel o Efraín cuyo emblema fue el pez. En los últimos días, al aceptar el fruto del árbol en mano de *Gazelem* —cuya contraparte es la mano de Quetzalcóatl horadada por las fauces de la bestia— los dos reinos simbolizados con la cabeza pez-serpiente actuarán como una saeta bruñida que vencerá los reinos de la tierra; juntos congregarán al resto de las tribus perdidas para establecer el reinado milenario de Quetzalcóatl que contará con dos capitales santas, una antigua Jerusalén restaurada por los judíos y una nueva Jerusalén edificada por los josefitas en el continente americano.

*"Además de su exponente temporal y sacrificial, por su forma fálica, [el pedernal tuvo] un valor de penetración sexual"* (K. P. Johansson 2007, 20). En la Estela 5, el brazo del ave camuflado en falo con cabeza de pedernal pez-serpiente ilustra la vida, contrario a las garras del jaguar que proyectan muerte. *Ach* en yucateco, además de *«miembro viril»* significa *«aguijón»* (Rankin 2000, 30); función comparable al pico del colibrí o la raíz como instrumentos de injerto; al sembrar la semilla en la cavidad vaginal que evoca el inframundo, la mujer se encarga de hacerla crecer durante nueve lunas. Los nahuas nombraron *ahuacatl «testículo»*, al fruto oval del aguacate, un árbol endémico de Mesoamérica. Semen significó *«simiente o semilla»* y *"descenso de semen"* es la savia que fluye del árbol (Graulich 1999). Seminario es *«semillero»*, término muy adecuado para las semillas que crecerán en árboles y producirán fruto.

Según el *Rabinal Achí*, el Árbol de la Vida fue comparado a un jefe o gobernante que si actuase con violencia y deshonestidad *"¡será el primero a quien… acabaré de cortar la raíz, el tronco!"* (G. Raynaud 2015, 11). La raíz es su ascendencia y el tronco y las ramas su descendencia; dicha consecuencia se refiere a la muerte eterna, lo contrario a la vida eterna. El Árbol de la Vida Eterna ilustró los sagrados poderes de procreación que bajo la ley de consagración y la ley de sacrificio sólo se pueden expresar dentro del vínculo matrimonial en una tríada de convenio con la Deidad. Con tal convenio se perpetúa el linaje de la primogenitura representado con el pez y el linaje real de la Serpiente Emplumada representado con el glifo de la serpiente que en egipcio significa *"padre"* (Jacq 1998, 115); de otro modo, dicho poder usado fuera del matrimonio puede generar muerte, tanto física como espiritual. Aquellos que toman sobre sí la responsabilidad y privilegios de ese convenio y consagran sus propias vidas en beneficio del reino de los cielos se hacían acreedores a las promesas de la exaltación, el grado más alto de la gloria celestial. Es así como puede entenderse al ave rapaz con sombrero cónico y pico tripartito en acción de devorar su propio brazo (Figura 185). Cuando un iniciado ha tomado sobre su hombro convenios sagrados de castidad y fidelidad conyugal, y éste los infringe a un punto irreversible devora su propia capacidad para producir fruto; es decir, es separado de su ascendencia y descendencia como el eslabón roto de una cadena.

Lo más frustrante de un árbol joven y saludable es su infertilidad inexplicable, lo cual ocurre entre otras causas por el incorrecto cruce de la polinización que en el contexto humano no se puede dar entre personas del mismo género según los límites divinamente prescritos por el eje rector de la matriz serpentina. Cuando la incapacidad de tener descendencia se asume como parte de las pruebas de un mundo caído, la promesa de fructificar continúa vigente en la resurrección donde todo será restablecido a su perfecto orden. Sin embargo, la culebra maligna promoverá como normal lo que va en contra de las leyes naturales, llevando a la esterilidad y sequedad, o sea, a la muerte espiritual como consecuencia del pecado sexual. Pese a ello, el ser humano siendo parte del árbol, puede reclamar sobre sí el poder de la savia expiatoria al podar, injertar, abonar y esperar nuevos brotes que sobrepujen lo innatural para florecer y dar fruto a su debido tiempo.

### El nahual de cuatro cabezas

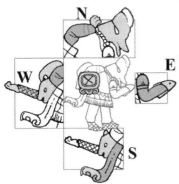

Bajo el brazo alzado del nahual se delinea el glifo maya *Etznab* «el pedernal», cuya cruz reparte el cuerpo en cuatro brazos y cabezas dispuestos en los cuatro rumbos cardinales, los cuales representan los cuatro grandes bloques que compartirán el control de la tierra en los últimos días. El brazo al occidente (W) retrata el bloque de Latinoamérica, el cual se desdobla de forma simultánea en el binomio mono-jaguar, es decir, la tierra de la serpiente

Figura 218. Nahual de cuatro cabezas; Estela 5 de Izapa.

del sur (S) conquistada por el jaguar. El mismo brazo derecho se alza a la altura de la cabeza del águila, formando el binomio águila-jaguar que representa los reinos del norte (N), con los Estados Unidos de América a la cabeza incluida Europa, imperios que surgieron del reino del jaguar después que éste perdió su poder y dominio. Al este (E), la mano de pedernal se desdobla en el binomio pez-serpiente, que representa los reinos del oriente que congregan a la propia familia de la serpiente en el Oriente Medio y a las diez tribus perdidas atrapadas por la serpiente-dragón esparcidas en Asia.

*Etznab «el pedernal»,* sugiere que las guerras y los gobiernos tiránicos han orillado a las tribus de Israel a dispersarse en los cuatro confines de la tierra, cuyo diseño con cuatro esquinas que emula la piel del jaguar se replica en el calzado del nahual y en el brazo derecho del mono, mezclando el manchado blanco del reino del norte con el manchado negro del reino del occidente y el rojiamarillo de los reinos del oriente y del sur que, pese a ser independientes se encuentran entrelazados política y genéticamente a partir del encuentro de los dos mundos. El mestizaje mono-jaguar conducirá a la mezcla águila-jaguar, este último representado en la Piedra del Sol con las garras que aprisionan la quijada, emblema de *Cipac* y su descendencia; dichas garras flanquean el signo *ollin «movimiento»,* cuyos cuadrángulos integran los cuatro animales y los cuatro elementos que proporcionan variedad y personalidad a cada reino: *el jaguar,* reino de agua y tierra; *el mono,* reino de tierra y aire; *el águila,* reino de aire y fuego y *el pez-serpiente,* reino de fuego y agua. Ambos humanoides completan veinte "dedos en sus pies y manos"; por lo tanto, la garra águila-jaguar, las manos mono-jaguar y el pedernal pez-serpiente simbolizan a aquellos que entre los reinos gentiles participan del fruto del Árbol de la Vida para edificar el reino de los cielos sobre la tierra en los últimos días.

### Los cuatro bloques de la tierra

Coexiste un paralelismo entre los glifos prehispánicos del águila, el perro, el mono y la mano de pedernal con los hijos de Horus de la mitología egipcia: el halcón, el chacal, el mandril y el humano representados con jarrones o canopes orientados en los cuatro puntos cardinales que, según los egiptólogos, en ellos se depositaban el hígado, los pulmones, el estómago y los intestinos durante el

**Figura 219. Facsímile egipcio.**

embalsamiento. Otra fuente señala que el cuchillo en el centro de la escena indica un sacrificio humano a los dioses paganos cuya víctima es rescatada por un ángel representado con el ave, símil del colibrí.

**a.** Halcón (águila)  **c.** Mandril (mono)  **e.** Cuchillo (pedernal)  **g.** Ave
**b.** Chacal (perro)  **d.** Humano  **f.** Mesa del león (jaguar)  **h.** Cocodrilo

Al desollar el cuerpo de la víctima, el sacerdote acompañado con un símbolo masónico reproduce el mito de Osiris quien, tras ser inmolado, las partes de su cuerpo son esparcidas en los cuatro rumbos de la tierra; un símil de la *Coyolxauhqui* mexica, cuyas partes desmembradas también son dispersas. Las deidades egipcias y aztecas fueron espejo del estado de apostasía de la Casa de Israel que los llevó a ser dispersados por y entre los gentiles; no obstante, la sangre derramada en la mesa del jaguar del verdadero sacrificio expiatorio, esto es, Quetzalcóatl a quien alzaron sobre la cruz, los congregaría en un solo cuerpo al final de los tiempos. Mediante el recogimiento de Israel los reinos abandonarían su condición animal para finalmente recuperar su condición humana y divina. Al primer canope que representa el oriente, el rumbo del origen del hombre, le antecede el babuino rumbo oeste, animal arbóreo de apariencia humana que no puede remontarse al cielo como el halcón, el rumbo norte. El chacal representa el rumbo del inframundo, cuna de los gobiernos faraónicos y paganos que esclavizan al pueblo de Dios.

Las podas e injertos del árbol cultivado han generado que la sangre de Israel se haya mezclado prácticamente en los cuatro grandes bloques de la tierra entre los cuales el pueblo de la colmena simbolizado con el colibrí del norte se ubica entre cuatro esquinas, un estado político que se establecerá en los límites del reino del águila donde crecerá un frondoso árbol en el centro de la tierra para congregar a la Casa de Israel. Del pedernal camuflado en cabeza de serpiente cuelgan otros crótalos de cascabel, es decir, otros pueblos: el musulmán, el budista y el hinduista en el desierto obscuro y lúgubre del oriente donde se ubica el glifo ceguedad y sordera. Sin embargo, el pedernal también se desdobla en pez que, con el primer pez completa el linaje de los peces gemelos indicando que los grandes bloques de la tierra, con Efraín y Judá a la cabeza, se reconciliarán tras la segunda venida del rey. Como una piedra, el evangelio rodará para destruir los reinos idólatras de la tierra representados con las bestias humanoides, lo cual se traduce que en los últimos días el reino del águila, cuya garra sostiene el caracol que representa el oído, estará dispuesto a escuchar la voz del Espíritu; el reino del mono se asirá a la barra de hierro que simboliza la rectitud que sujetará a la bestia-jaguar y los reinos del oriente simbolizados con la mano de pedernal participarán del fruto del Árbol de la Vida.

Tabla 33. **Dispersión y recogimiento de los cuatro reinos**

| Rumbo | Dispersión | Recogimiento |
|---|---|---|
| Este | Humanoide (pedernal serpiente-pez) Reino de fuego-agua | Mano en acción de tomar el fruto del Árbol de la Vida. |
| Norte | Halcón (águila) Reino de aire-fuego | Garra en el caracol u oído, símbolo de escuchar el Espíritu. |
| Oeste | Mandril (mono) Reino de tierra-aire | Mano en acción de aferrarse a la barra de la rectitud. |
| Sur | Chacal (perro/jaguar) Reino de agua-tierra | Garra en acción de aplastar la cabeza de la serpiente maligna. |

El *Popol Vuh* describe que Quetzalcóatl *"se volvía serpiente; siete días se convertía en águila, siete días se convertía en jaguar: verdaderamente su apariencia era de águila y de jaguar"* (A. Recinos 1960, 150). La serpiente del templo de Quetzalcóatl en Teotihuacán es un híbrido serpiente-águila-jaguar, la fusión de todos los reinos. El mono, símbolo de uno de los cuatro grandes bloques de la tierra es representado en algunas esculturas mexicas con el pico de Ehécatl, la deidad con atributos de ave, cuya intención es revestir al mono con el Espíritu. La cabeza de la serpiente opositora será aplastada por el mismo reino del jaguar mezclado con el reino del mono, cuyo edificio sobre la cabeza de la bestia-jaguar es una falsa imitación de la iglesia de Quetzalcóatl, la cual será restaurada tras el gran *Hotun* de 1820 años después de su Primera Venida, figura del "primer paso cenital del sol".

La Segunda Venida de Quetzalcóatl se llevará a cabo mediante diversas apariciones a partir del "segundo paso cenital del sol", hasta que el reino del águila en el hemisferio occidental, la tierra de la herencia de los peces gemelos, se una con el hemisferio oriental tras un devastador cataclismo y físicamente la tierra vuelva a su estado original antes de ser dividida. La profecía hopi indica que *"el mundo debe volver a su estado inicial de pureza… y las razas negra, blanca, roja y amarilla serán como una sola: hermanos"* (Waters 1996, 166, 352). Finalmente, todos los hombres doblarán su rodilla ante el mesías y la tierra estará lista para recibir y unirse con el pueblo de Enoc que fue trasladado a una esfera de orden *terrestre* en el primer baktun del gran ciclo maya del 3113 a. C. Pero antes de todo ello, a la par que los hombres se alineen por la rectitud o se definan por la corrupción y la maldad, el mundo estará en conmoción y se desatarán toda especie de calamidades juntamente con toda clase de maravillas.

Cronograma de los reinos del Nuevo Mundo según la Estela 5 de Izapa

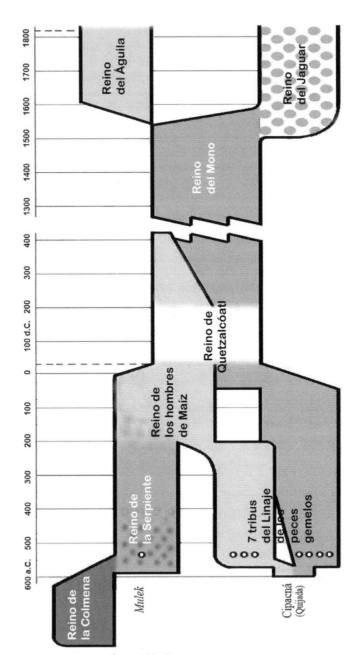

Figura 220. Cronograma

# Capítulo XIX. Glifo día 19
## *Kawac "Vapores de agua"*
## *Quiahuitl "Lluvia"*

*Regente: Tláloc "el dios de la lluvia"*

*"Y ocurrió que surgió un extenso vapor de tinieblas, tanto así*
*que los que habían entrado en el sendero se apartaron".*
*Libro sagrado de los Santos de los Últimos Días; 1 Nefi 8:23*

*K*awac, el decimonoveno glifo del calendario maya semeja un "racimo de uvas" también reproducido en la imagen adjunta de la Estela 5 de Izapa, el cual evoca los vapores de agua que se elevan para formar las nubes y que regresan en gotas de agua que anuncian la lluvia. En el calendario nahua es *Quiahuitl «lluvia»* y en el zapoteco su significado *Qualappe* no se refiere a la lluvia en sí, sino a la etapa de preparación de la lluvia, es decir, a los imperceptibles *«vapores de agua»* en estado gaseoso que durante el ciclo de la lluvia ascienden por encima de la tierra y se elevan al cielo hasta que se cristalizan y se hacen totalmente visibles en blancas o ennegrecidas nubes que generan la

**Figura 221. Vapores de agua; Estela 5 de Izapa.**

lluvia líquida, el granizo sólido o la nieve, y que pueden acompañarse con relámpagos y tormentas. El término se conforma por *quala*, que implica la acción de algo; y *appe*, raíz que en el Vocabulario de Fray Juan de Córdova significa *«neblina o niebla»* y que interviene en las palabras que connotan el verbo subir, como en *yape «chayote»*, una planta que sube enredándose; o *niapi*, raíz que se encuentra para la entrada de *«escalera»* (Córdova 1578, 280). Relampaguear se dice en voz zapoteca *riappiniza*, que incluye la radical *appi*, que connota la idea de elevación y que significa literalmente *«se levanta el agua»* (De la Cruz 2007, 169). De tal modo, *Kawac* se refiere al agua que se levanta en forma de espesos *«vapores de agua»*; asimismo, a la niebla o neblina formada por las cenizas de erupciones volcánicas.

¿Alguna vez se ha internado en algún paraje cuya neblina sea tan densa que le imposibilite ver y avanzar? ¿Cuál fue el significado doctrinal y no literal de dicho fenómeno natural manifestado en vapores de tinieblas también reproducido durante las erupciones volcánicas? *Qualappe «vapores de agua»* o tinieblas es la contraparte antagónica del Espíritu; y no sería considerado un símbolo del calendario sagrado si no se llevase a la aplicación religiosa. Los vapores de tinieblas fueron sinónimo de ceguedad y sordera, sugiere el cubrir los sentidos, es decir, los ojos, el oído y la mente que impiden "ver, oír y comprender" las cosas de carácter espiritual.

**Figura 222. Glifo "ceguedad y sordera"; Estela 5 de Izapa.**

La escena por encima de la sombrilla presenta un panorama muy gráfico de vapores que forman una espesa y oscura niebla, en donde un glifo amorfo de apariencia humana que cubre su rostro con una venda de tres bandas se dirige en sentido opuesto al Árbol de la Vida, fuera de los límites de la barra en ángulo recto y del tabernáculo protector. Según Garth Norman, dicho ideograma es uno de los antecedentes más remotos de la escritura maya cuyo significado genérico es *«ceguedad y sordera»*; su contraparte quiásmica es el mono, que refiere a quienes se han extraviado del camino recto, aquellos envueltos entre vapores de tinieblas espirituales que, según la simbología sagrada, tienen ojos y no ven, tienen oídos y no oyen. Dicha incapacidad de acuerdo con la cosmovisión izapeña se traduce como un corazón ciego y sordo, una forma figurativa de referir a quienes no pueden percibir la luz de la verdad y no aguzan su oído para escuchar la voz del Espíritu. La venda de tres bandas cubre los ojos, el oído y la mente; y el borde de la venda concluye en el pecho o corazón donde se deja sentir la influencia del Espíritu. Dos frutos del árbol lo acompañan, uno que trae consigo y otro que aparentemente ha soltado de las manos; por lo tanto, el glifo ceguedad y sordera representa en forma genérica a dos tipos de personas: aquellos que al haber probado del fruto del Espíritu se extravían en senderos prohibidos o en acciones contrarias a las que el Espíritu les ha dictado, pero se resisten a abandonar el fruto; y aquellos que incurren en apostasía personal, es decir, que al haber probado del fruto lo desechan con pleno conocimiento de causa para internarse deliberadamente entre los vapores de tinieblas.

### Tinieblas y apostasía

Una era de oscuridad y tinieblas se denomina *apostasía*, cuando las personas y naciones enteras se apartan de la verdad divina y, por ende, la organización, los puntos de doctrina y las ordenanzas son corrompidas. Tras cada apostasía Dios restaura una *dispensación*, término utilizado por Pablo a los efesios para describir un período durante el cual un siervo autorizado del sacerdocio da continuidad a la Ley y los Profetas. Tal como un dispensario médico suministra los medicamentos necesarios para la salud de las personas, una dispensación provee de las llaves del sacerdocio necesarias para la salvación de las personas; por ejemplo, la dispensación del meridiano de los tiempos con Jesús fue establecida con visitas angelicales tras 400 años de apostasía, el llamado período intertestamentario.

En la espiral del tiempo, la serpiente bicéfala es la mejor iconografía de las dispensaciones y apostasías; una cae y otra asciende con la restauración de una nueva dispensación hasta concluir nuevamente con la cabeza. Siete más una, son las

**Figura 223. Serpiente bicéfala; Museo Británico.**

dispensaciones con un profeta a la cabeza que se han suscitado a través de los 13 baktunes de 144,000 kines del gran ciclo maya de 5200 tunes. Tras la dispensación adámica, Enoc, séptimo desde Adán, es llamado a inaugurar una nueva dispensación en el primer baktun, y tras vivir en rectitud un perfecto "Sol" de 365 años es trasladado junto con su pueblo a una esfera de orden terrestre. Noé entra en el arca casi al término del segundo baktun durante una generalizada era de violencia y apostasía; la tierra es dividida en dos hemisferios y poco después la confusión de lenguas origina la dispersión hacia otras tierras, entre ellos, los fundadores de la civilización olmeca en la América antigua. En el cuarto baktun, Abraham, el padre de multitudes es llamado a restaurar una nueva dispensación durante una extensa idolatría en Mesopotamia; y en el quinto baktun ocurre el éxodo israelita tras un baktun o cuatrocientos años de cautiverio en Egipto, entonces Moisés alza a la serpiente *Nehustán* en el desierto para tranquilizar a un pueblo idólatra influido por los dioses egipcios. En el séptimo baktun durante la caída olmeca, *Cipac «Quijada»* y *Mulek,* emigran al continente desconocido, lo cual confirma que la descendencia de Abraham cubriría toda la tierra.

Buda y Krishna aparecen entre las tribus perdidas quienes amortiguan con principios correctos las carencias de la Ley y los Profetas. Quetzalcóatl surge en el baktun ocho con un nuevo orden y convenio; sin embargo, tras la muerte de sus discípulos se produce una larga era de oscuridad y tinieblas llamada la Gran Apostasía que se prolongaría más de mil años en ambos hemisferios de la tierra. Durante dicho período se perdió la autoridad del sacerdocio y fueron alteradas o perdidas partes de las Escrituras. Mahoma, el padre del islamismo aparece en el baktun diez quien confirma el pacto abrahámico fuera del nuevo convenio. En el occidente, la idolatría y los sacrificios humanos degeneraron en el reino del mono para dar paso al treceavo baktun donde será restaurada la última dispensación bajo el imperio del águila.

Tabla 34. **13 baktunes de la cuenta larga maya de 5200 tunes**

| | 13 Baktunes | Hemisferio Occidental | Hemisferio Oriental |
|---|---|---|---|
| **Antiguo Pacto** | 1. 3113-2719 | *Dispensación de Enoc* | |
| | 2. 2718-2325 | Diluvio Universal *Dispensación de Noé* | |
| | 3. 2324-1931 | Imperio olmeca | Imperio egipcio |
| | 4. 1930-1537 | | *Dispensación de Abraham* |
| | 5. 1536-1142 | | *Dispensación de Moisés* |
| | 6. 1141-748 | | *Caída imperio egipcio* |
| | 7. 747-354 | Imperio maya/*Disp. de Cipac* | Imperio babilónico |
| **Nuevo Pacto** | 8. 353-39 d.C. | *Dispensación de Jesús* | Imperio romano |
| | 9. 40-434 | *Caída hombres de maíz* | |
| | 10. 435-829 | | Mahoma |
| | 11. 830-1223 | | |
| | 12. 1224-1617 | *Caída reino del mono* | *Caída imperio romano* |
| | 13. 1618-2012 | *Dispensación de Gazelem* | |

### La lluvia

La dualidad de *Tláloc*, el dios de la lluvia azteca se comprende mejor con su etimología: *tlalli* «tierra» y *octli* «humo»: *«el humo o vapor de la tierra»*. El vapor de agua convertido en espesa niebla fue asociado con el inframundo, y su contraparte benigna fue la lluvia del cielo que procede de Quetzalcóatl, la verdadera fuente de aguas vivas. Los vapores de tinieblas sugieren la ceguedad y sordera de mente y corazón ante las cosas de un orden espiritual; fue sinónimo de orgullo y altivez que acompaña a quien se cree sabio en su propia opinión y desecha el consejo de lo alto; mas las anteojeras de *Tláloc* evocan la necesidad de ampliar la visión para poder ver entre las tinieblas.

El glifo calendárico es una cabeza con una venda en torno al ojo cuya quijada emite vírgulas de vapor; un símil del glifo ceguedad y sordera de la Estela 5, su indudable precedente. *Chaac* y *Cocijo* son su equivalente maya y zapoteco. El vapor de agua también se manifiesta de manera benigna en el rocío matinal que cubre la hierba y las flores del campo, en la formación de las nubes y en la lluvia que alimenta los caudales de ríos y lagos. Según su contexto religioso el vapor de agua es un producto volátil que convoca la idea de ser la materia capaz de ascender y alcanzar la atención de la Deidad. El *Códice Florentino* así lo describe: *"...tú escuchas, tú sabes lo que dentro de nosotros decimos, lo que pensamos, nuestras mentes, nuestros corazones, así como si fuera humo, niebla se levanta frente a ti"* (Montes de Oca 2004, 111). Dicha práctica prehispánica, que en el contexto actual sería la oración, fue llamada por los nahuas *Iluicatlatoa «palabra dirigida al cielo»* (Díaz 2004, 77).

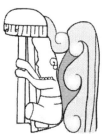

La Estela 5 enseña que detrás de lo visible, motores invisibles hacen posible el funcionamiento de la naturaleza. Una fuente conformada por tres ondas de agua saltan hacia arriba tras el siervo de alto turbante, cuyos vapores se elevan sobre el glifo ceguedad y sordera, según lo indica el signo en espiral conectado con la copa de la sombrilla. El glifo ceguedad y sordera es el antagónico del siervo; **Figura 224. Fuente** aunque ambos se ubican fuera del ángulo recto, sus **de aguas tras siervo;** perfiles se dirigen en sentidos opuestos. La ausencia **Estela 5 de Izapa.** de ojos y el aferrarse con ambas manos a la barra infiere la lucha del siervo por no hundirse en las aguas peligrosas; aunado a su alto turbante conectado con la sombrilla, o sea, el tabernáculo de Quetzalcóatl, lo cual sugiere la unión del cielo con la tierra por medio de quien se aferra a su palabra y cuyas plegarias ascienden al cielo como vapores de agua. Al reconocer su dependencia con alguien superior a sí mismo, la Deidad lo regresa en forma de lluvia fértil redundando en el crecimiento o elevación espiritual de la persona, un estado contrario al orgullo. Así, la voz náhuatl *Cehualli* para *«sombrilla o sombrero»* acompaña el término *Tlateochihualli «sacerdote»* (Molina 1571, 335, 347), de manera que el alto tocado del hermano fiel del rey quien sostiene la sombrilla lo identifica como un sacerdote.

#### Tabla 35. **Métrica quiásmica de Qualappe, los Vapores de Agua**

| Lluvia, fertilidad espiritual | | Niebla, ceguera espiritual |
|---|---|---|
| | Vapores de agua | |
| Siervo de alto turbante | | Glifo ceguedad y sordera |

La Estela 5 presenta dos opciones: un camino que lleva al Árbol de la Vida y un camino donde los "ciegos y sordos" se pierden entre los vapores de tinieblas, sinónimo de tentaciones, idolatría, apostasía personal, falso conocimiento y combinaciones secretas. Al ocupar la penúltima cifra del calendario vigesimal, el glifo expresa la idea de "proximidad del fin", anunciando las aguas tempestuosas antes del fin, un período crítico; sin embargo, las tinieblas se disipan con la luz del sol, el siguiente y último glifo del calendario. La secuencia entre ambos signos produce un efecto esperanzador para aquellos que se han internado en desiertos prohibidos, oscuros y lúgubres, si retoman el camino recto y angosto que conduce hacia la luz del sol.

### *Significado dual de los 20 glifos*

| Glifo maya – azteca | Significado sagrado | Significado antagónico |
|---|---|---|
| 1. Imix – Cipactli | Árbol cultivado – Quijada de serpiente | Árbol silvestre – Quijada de cocodrilo |
| 2. Ik – Ehécatl | Espíritu, Santo Espíritu | Espíritus malignos |
| 3. Akbal – Calli | Templo, Casa de Dios | Edificio grande y espacioso |
| 4. Kan – Cuetzpallin | La tierra: un campo de maíz | La tierra: un cocodrilo |
| 5. Chikchan – Cóatl | Serpiente Emplumada | Culebra maligna |
| 6. Kimi – Miquiztli | Muerte física | Muerte espiritual |
| 7. Manik – Mazatl | Gazelem, convenios | Quebrantamiento convenios |
| 8. Lamat – Tochtli | Brújula, camino recto | Extraviar, caminos anchos |
| 9. Muluk – Atl | Luna: Gloria terrestre | Río de aguas sucias |
| 10. Ok – Itzcuintli | Venus: Gloria teleste | Gentiles: Fuera de convenio |
| 11. Chuwen-Ozomatli | Regeneración | Degeneración |
| 12. Eb – Malinalli | Rama fructífera | Rama sin fruto; injerto |
| 13. Ben – Ácatl | Ley de Quetzalcóatl | Castigo, vara, flecha |
| 14. Ix – Océlotl | Reinos de orden teleste | Tiranía, sociedades secretas |
| 15. Men – Cuautli | Reinos de orden terrestre | Guerras, conquistas |
| 16. Kib – Cozcacuautli | Reyes con sacerdocio | Reyes falso sacerdocio |
| 17. Kaban – Ollin | Tierra de miel | Terremotos |
| 18. Etznab – Técpatl | Ley de sacrificio | Sacrificios humanos |
| 19. Kawac – Quiahuitl | Lluvia, fertilidad | Vapores tinieblas, apostasía |
| 20. Ajaw – Xóchitl | Sol: Gloria celeste | Destrucción por fuego |

# Capítulo XX. Glifo día 20

## Ajaw "el Sol, el Rey"
## Xóchitl "la Flor, la Reina"

**Regente**: *Tonatiuh "el dios Sol"*

*"Su nombre el Quinto Sol, nuestro
Príncipe Quetzalcóatl".
Códice Chimalpopoca*

**Figura 225. Sol en el centro de la cruz y su anillo de rayos solares; Piedra del Sol.**

*T*onatiuh *«el sol»*, cuyo rostro se coloca en el centro de la cruz en la Piedra del Sol, además de cumplir sus ciclos del tiempo, revoluciona como una gran brújula cuyos rayos solares señalan los ocho rumbos cardinales incluidos los intermedios. Su equivalente maya *Ajaw «el sol»*, el vigésimo y último glifo del calendario es la advocación del monarca del cosmos Kukulkán. *Winik* o *winaq*, el número veinte en maya quiché significa *«hombre»*, del verbo *winaqirem «llegar a ser, completarse»*, muy adecuado con el rostro humano del sol equivalente al rostro perfilado del árbol de la Estela 5 de Izapa.

**Figura 226.**
**Quincunce;**
**Piedra del Sol.**

**a.** *Quincunce* o flor de cuatro pétalos, se reproduce trece veces en las cuatro direcciones (13x4=52); incluidos aquellos ocultos por los rayos solares que conforman el *xiuhmolpilli «atadura de 52 años»*. Al multiplicar 52x5, los cinco elementos que componen la flor, resulta la cuenta sagrada de 260 días.

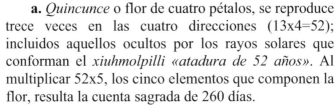

**Figura 227.**
**Pluma de águila;**
**Piedra del Sol.**

**b.** *Pluma de águila*, se reproduce 13 veces entre los rayos solares incluidas las 3 plumas sobre las 8 coronas totalizando el *Huehuetiliztli* de 104 días, período entre el primer y segundo paso cenital del sol que sumado a la cuenta de 260 días completa el ciclo de 364 días.

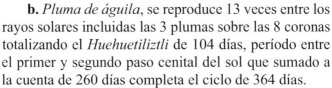

**Figura 228.**
**Pluma de ave**
**nocturna;**
**Piedra del Sol.**

**c.** *Pluma de ave nocturna*, se reproduce 4 veces entre los rayos solares y las coronas, incluidas aquellas ocultas por las colas serpentinas. En las cabezas de las serpientes no hay indicio de ellas; por lo tanto, la serie de cuatro plumas se reproduce 7 veces en cada costado y sugiere las 4 fases de la luna cada veintiocho días.

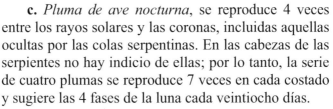

**Figura 229.**
**Chalchihuite;**
**Piedra del Sol.**

**d.** *Chalchihuite «piedra que alumbra»*; *"Alonso de Molina la traduce como turquesa"*, de color verdiazul*;* *"en tanto Fray Bernardino de Sahagún la entiende como jade"*, de color verde (M. León Portilla 2019). Como perla de gran precio evoca el *Urim y Tumim*, la piedra vidente en el pectoral de Tonatiuh. Doce al oriente y doce al occidente evocan las doce raíces del árbol, las doce tribus y los doce discípulos de Quetzalcóatl en ambos hemisferios.

**Figura 230.**
**Pectoral; Piedra**
**del Sol.**

**e.** *Pectoral o corona*, compuesto por un quincunce y tres plumas de ave coronadas con un chalchihuite sobre dos franjas que, reproducidos ocho veces resulta 72, (5x8+3x8+1x8), más uno en el pectoral, 73. Este multiplicado 5 veces resulta el año solar, 73x5=365; y multiplicado ocho veces el ciclo venusino, 73x8=584.

**f.** *Rayos solares*, que simulan panales de abejas señalan los ocho rumbos cardinales a modo de una rosa de los vientos; y las cuatro estaciones del año con valor de 90 días cada una, 90x4, más 4 días de dos equinoccios y dos solsticios completan un "Sol" de 364 tiempos, un ciclo lunisolar que pueden ser días o años.

### El Quinto Sol

David Stuart sugiere que la cara central de la Piedra del Sol lleva sobre la cabeza el *"xiuhuitzolli, que era la diadema de turquesa usada por los gobernantes o nobles de mayor jerarquía"* (Stuart 2018); además, un pectoral adorna su pecho. Según el *Códice Florentino*, cuando Moctezuma se enteró de la llegada de hombres blancos y barbados *"reaccionó como si pensara que el recién llegado era el príncipe Quetzalcóatl"*. Al despachar mensajeros a su encuentro enumeró los atavíos y tesoros que habían de entregársele: *"He aquí con lo que habéis de llegar al señor nuestro: este es el tesoro de Quetzalcóatl"* (M. León Portilla 2002).

**Figura 231. El Quinto Sol; Piedra del Sol.**

Además de encarnar a Quetzalcóatl, "el Quinto Sol" es el último de los 5 Soles que integran el *Hotun* de 1820 años. Cada "Sol" con valor cronológico de 364 años es la conjunción de trece "ciclos lunares" de 28 años; cuatro "ciclos estacionales" de 91 años o siete "Fuegos Nuevos" de 52 años, secuencia a la que los aztecas dieron continuidad y que se remonta al nacimiento de Quetzalcóatl. El historiador Luis González cita que *"la fecha más antigua asociada al 'Fuego Nuevo' es Chimalpahin, quien menciona el encendido de 1091. El Códice Boturini inicia la migración en 1116 y marca la pauta de los lugares donde se celebró: 1143 Coatepec, 1195 Huitzcoltépetl (Apazco), 1247 Tecpayotépetl (Tecapayocan), 1299 Chapultepec. Propiamente las celebraciones a las que les podemos conceder una validez histórica son las últimas cuatro: 1351, 1403, 1455 y 1507"* (González Obregón 1900, 278). Al considerar el desfase de un año, dado que el ciclo solar iniciaba en marzo, la cuenta regresiva de los "Fuegos Nuevos" nos remite al año 1 del calendario gregoriano, el eje cero del *Hotun* de 1820 años que coincide con el nacimiento de Cristo. El último "Fuego Nuevo" bajo el reinado de Moctezuma Xocoyotzin fue celebrado antes de la Conquista de la cual Nezahualcóyotl pronosticó: *"Vendrá tiempo en que serán deshechos y destrozados tus vasallos, quedando tus cosas en las tinieblas del olvido. Entonces, de verdad, no estará en tu mano el señorío y el mando, sino en la de Dios… persecuciones padecerán tus hijos y nietos… viendo que los dejaste huérfanos en servicio de otros extraños en su misma patria"* (Alva Ixtlilxóchitl 1640, XLVII).

Tabla 36. **Los 5 Soles o Hotun de 1820 años**

| cada 364 años | | Fuegos Nuevos cada 52 años | Ciclos lunares cada 28 años (se omiten pares por falta de espacio) | | Ciclos estacionales cada 91 años | |
|---|---|---|---|---|---|---|
| **Primer Sol** | 1. 52 | Dispensación de Quetzalcóatl | 1. | 28 | 1. 91 | Primavera |
| | 2. 104 | | 3. | 84 | | |
| | 3. 156 | | 5. | 140 | 2. 182 | |
| | 4. 208 | | 7. | 196 | | |
| | 5. 260* | | 9. | 252 | 3. 273 | |
| | 6. 312 | | 11. | 308 | | |
| | 7. **364** | | 13. | **364** | 4. **364** | |
| **Segundo Sol** | 1. 416 | | 1. | 392 | 1. 455 | Verano |
| | 2. 468 | | 3. | 448 | | |
| | 3. 520* | | 5. | 504 | 2. 546 | |
| | 4. 572 | | 7. | 560 | | |
| | 5. 624 | | 9. | 616 | 3. 637 | |
| | 6. 676 | | 11. | 632 | | |
| | 7. **728** | | 13. | **728** | 4. **728** | |
| **Tercer Sol** | 1. 780* | | 1. | 756 | 1. 819 | Otoño |
| | 2. 832 | | 3. | 816 | | |
| | 3. 884 | | 5. | 868 | 2. 910 | |
| | 4. 936 | | 7. | 924 | | |
| | 5. 988 | | 9. | 980 | 3. 1001 | |
| | 6. 1040* | | 11. | 1036 | | |
| | 7. **1092** | Chimalpahin | 13. | **1092** | 4. **1092** | |
| **Cuarto Sol** | 1. 1144 | Coatepec | 1. | 1120 | 1. 1183 | Invierno |
| | 2. 1196 | Apazco | 3. | 1176 | | |
| | 3. 1248 | Tepacayocan | 5. | 1232 | 2. 1274 | |
| | 4. 1300* | Chapultepec/Cuauhtlatoqueh | 7. | 1288 | | |
| | 5. 1352 | Tenochtitlan/Tenoch | 9. | 1344 | 3. 1365 | |
| | 6. 1404 | Tenochtitlan/Huitzilihuitl | 11. | 1400 | | |
| | 7. **1456** | *Invención Imprenta- Gutenberg* | 13. | **1456** | 4. **1456** | |
| **Quinto Sol** | 1. 1508 | Tenochtitlan/Moctezuma X. | 1. | 1484 | 1. 1547 | Primavera |
| | 2. 1560* | *Biblia de Ginebra* | 3. | 1540 | | |
| | 3. 1612 | *Biblia Rey Jacobo* | 5. | 1594 | 2. 1638 | |
| | 4. 1664 | *Nueva York es nombrada* | 7. | 1652 | | |
| | 5. 1716 | *Bangorian Controversia* | 9. | 1708 | 3. 1729 | |
| | 6. 1768 | *James Cook* | 11. | 1764 | | |
| | 7. **1820*** | *Dispensación de Gazelem* | 13. | **1820** | 4. **1820** | |

\* 7 períodos de la cuenta sagrada cada 260 años.

El largamente esperado *Quinto Sol*, el período comprendido entre 1456 y 1820 conjuga además el fin de siete ciclos sagrados de 260 años señalados con un asterisco (Tabla 36), cuyos sucesos como el encuentro entre Dos Mundos revolucionarían ambos hemisferios de la tierra. *"Muchos grupos indígenas y mestizos entendieron que en esos años se cumplía un ciclo más de las revoluciones del tiempo, y que en esa anudación de los años se anunciaba el regreso de Quetzalcóatl"* (E. Florescano 2017). Su Segunda Venida contempla apariciones previas antes de su gran aparición pública, entre ellas, la visión a Gazelem el profeta en la primavera de 1820, donde una columna de luz sería la
• señal que unirá nuevamente el cielo con la tierra dejando atrás el oscuro invierno de la Gran Apostasía mediante el descenso de Quetzalcóatl, quien llamará a dicho profeta en las Américas y éste llamará a otros doce para inaugurar la dispensación del cumplimiento de los tiempos tras más de mil años de oscuridad que los seculares llamaron la Edad Media y que algunos ubican entre la caída de Roma y la invención de la imprenta. *"La Biblia elaborada por el tipógrafo Johannes Gutenberg, de la cual existen apenas 50 ejemplares esparcidos por el mundo, entre ellos la copia perteneciente a la Biblioteca Nacional de Francia, adquiere gran importancia histórica por ser la única que certifica cómo la impresión fue concluida en 1456"* (Gaudium Press 2017). Con la imprenta se detona la producción en serie, el antecedente de la subsecuente Revolución Industrial donde las máquinas aceleraron los procesos de fabricación; en este caso, los libros que sólo podía pagar una minoría estuviesen al alcance de todos a un costo accesible supliendo a copistas y escribas que producían un volumen en meses o años. Los impresos facilitaron la alfabetización y evangelización en ambos mundos, incluida la América recién descubierta; y con el acceso a los libros comenzaron a surgir hombres ilustrados que cuestionaron lo establecido, como la Reforma protestante con Martín Lutero.

En 1560, año de "Fuego Nuevo", se publica la Biblia de Ginebra, la Biblia de la reforma protestante elaborada por Guillermo Wittingham bajo la influencia de Juan Calvino y John Knox tras la persecución de la iglesia católica contra los protestantes después de la excomunión de Lutero. Por vez primera constó con versos numerados y guía de estudio de las escrituras, *"fue la Biblia que los peregrinos y puritanos llevaron en el Mayflower al Nuevo Mundo"* (Mangalwadi 2011, 164).

1664, otro año de "Fuego Nuevo", marca el nombramiento oficial del puerto más importante de migrantes conquistado por los ingleses: Nueva York, ciudad que se convertiría en símbolo mundial de libertad, en particular, de libertad religiosa. América sería la tierra prometida para miles de migrantes; sin embargo, a diferencia del Viejo Mundo y el resto del continente, Norteamérica reuniría las condiciones para la restauración de todas las cosas. A partir de la visión dada a Gazelem en 1820 nuevamente la revelación fluirá de los cielos, el conocimiento de toda ciencia se expandirá con la invención del tren, la fotografía, el teléfono, la bombilla eléctrica, el avión, los sistemas de cómputo y la producción de alimentos en masa; la población mundial aumentará a la par de sus conflictos; pero en los últimos días nada quedará oculto; y la justicia y la iniquidad cada cual reclamará lo suyo.

En el año del "Fuego Nuevo" de 1768 el británico James Cook concluye la tarea de sus predecesores de explorar, cartografiar y nombrar a diversas islas inexploradas tales como Australia, Nueva Zelanda y las islas del pacífico, entre ellas Hawaii, abriendo las puertas de la Biblia por medio de los gentiles en todos los confines de la tierra.

### *La flor solar*

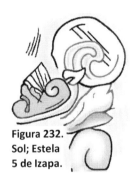

Figura 232.
Sol; Estela
5 de Izapa.

Por la posición geográfica de la península, los mayas veían salir el sol sobre las olas del mar, la primera figura con forma circular al oriente de la Estela 5 de Izapa cuyas tres diagonales simulan sus rayos solares. La serpiente del oriente desdobla su cola en una gran ola de mar que mece la pequeña barca acompañada con *Xoc*, el gran pez semejante a una ballena también plasmado en los geoglifos de Nazca, el cual sobresale de las aguas con un suspiro de libertad hacia la luz del sol dejando atrás la soga del cautiverio que envuelve la luna. Su glifo maya significó *«cuenta hacia delante, cuenta hacia atrás»* (Medina Ruiz 1996, 39); año clave en el conteo del tiempo que nos remite a tres migraciones trascendentales: la primera en el 2243 a.C. con la dispersión de lenguas desde el gran edificio de Babel; la segunda a la mitad de la cuenta larga maya en el 600 a.C., y la tercera en el 1492 d.C. durante "el Quinto Sol".

¿Por qué el vigésimo glifo del calendario fue para los mayas *Ajaw* *«el sol»* y para los aztecas *Xóchitl «la flor»*? La contraparte quiásmica del sol es la mujer que adorna su oído con el llamado *quincunce* de la Piedra del Sol: la flor cuadripétala que se camufla a la vez en *papalotl* *«mariposa»*, la oruga emergida del capullo convertida en un ser alado que evoca la transición de la tumba a la resurrección. Aunque el sol y la flor parecen incompatibles, *Xóchitl «la flor»* simbolizó a la reina, pero *Ajaw «el sol»* también simbolizó a la reina en calidad de consorte del rey. Para los mayas *Itzamná* fue *Ajaw «el rey»* e *Ixchel* su esposa fue *Ix Ajaw «la reina»*; de tal modo, la pareja real como unidad conyugal simbolizaron el sol, aunque individualmente simbolizaron el sol y la luna. El mito maya cuenta que el astro rey estaba casado con *Muluk «la reina Luna»*, voz similar al hebreo *Malka «reina»* que, como se abordó en el capítulo 9, las siglas *MLK* evocan la *realeza*, acorde con el cetro en mano de la reina y su alto tocado que la eleva sobre el resto de los personajes. Como acontece con el ajedrez y la colmena, la reina es la más protegida, por ello, un velo la cubre el día de su boda. El matrimonio fue indispensable para sentarse al trono, ya que la pareja real preserva el linaje de las doce raíces del árbol. Sin la reina no hay reino, ni fecundidad, ni maternidad, ni progenie, ni vidas eternas.

*"En el Códice Dresde se pueden ver personajes sosteniendo en las manos una flor, Kam Nicté, símbolo de contraer matrimonio"* (Ershova 2013, 269). El texto sugiere que "reciben la flor", o sea, a su esposa, los iniciados que bajo la autoridad del sacerdocio de Melkisedec son sellados en el eterno convenio del matrimonio con la promesa solemne de resucitar para vida eterna después de ser purificados como por fuego para obtener el grado más alto de gloria comparable al sol: la exaltación, es decir, vivir la clase de vida que viven los dioses; la cual no se puede alcanzar sin la esposa, porque la reina es quien hace posible el estatus real, y sin ella, el rey no puede brillar como el sol. En la Estela 5, el sol y la luna se dibujan enlazados lo que sugiere que nadie puede alcanzar la exaltación sin su complemento conyugal. Los reyes mayas como Pakal y su consorte la reina roja de *Palenque «el lugar cercado* *por estacas»*, al ser entronizados con la corona del sol y la luna reciben la promesa tal como los faraones, que al morir y ser depositados en la cámara de resucitación de la pirámide ascienden para unirse con sus antepasados, seres resucitados que ya habrían sido ordenados dioses.

**Figura 233. Parejas dominantes; Estela 5 de Izapa.**

En la Estela 5, el centro del quiasmo lo conforma la pareja central: el hombre-tronco con su brazo extendido al oriente y el hombre-rama con el fruto en su mano al occidente, es decir *Quetzalcóatl*, el mismo Árbol de la Vida, y *Gazelem*, la rama o vara del tronco, los verdaderos héroes gemelos del mito del *Popol Vuh* quienes al vencer la muerte espiritual conquistan las glorias del sol y la luna.

Tabla 37. **Métrica quiásmica de las parejas dominantes**

| Tierra | Greca | | | Luna | Sol |
|--------|-------|--|--|------|-----|
| | | Hombre-rama | Hombre-tronco | | |
| Mujer | Anciano | | | Rey | Siervo |

De acuerdo con el principio de intercambio quiásmico, las parejas dominantes se vinculan entre sí con el sol y la luna: *"Tonacatecuhtli es el sol, Tonacacíhuatl es la tierra; son una representación más grandiosa de Cipactli y Oxomoco"* (Chavero A. 1886, 80), la pareja primigenia, los padres del pacto abrahámico en el Nuevo Mundo, quienes se dibujan en una posición similar al glifo egipcio *REMICH «humanidad»*, un hombre y una mujer sentados, ambos de perfil (**Figura 11**). Por lo tanto, el anciano se asocia con el sol y su mujer con la luna, la cual también se ubica bajo el campo grande y espacioso que hace quiasmo con el rey del maíz, la tierra donde fue sembrada una rama del "Árbol de Jacob". El anciano se alinea bajo la Greca que, además de simbolizar el sacerdocio también retrató el planeta Tierra formado por espirales de tierra y agua. Según el principio de adquisición practicado por los egipcios y retomado por los mayas, el anciano personificó al Padre de los dioses y el rey con corona de arlequín representó al Hijo quien actúa en nombre de su padre, el mismo *Hunahpú* de *hun «uno, el primogénito, el primer grano de maíz»* (E. Florescano 2017); quien es respaldado por su "gemelo" *Ixbalanqué* aferrado con ambas manos a la barra y cuyas rodillas dobladas se fijan a la barra de la ley.

## *El Sol: la gloria celeste*

*Ajaw «el sol»*, el gran símbolo de la gloria celestial significó además *«sembrar»; "así Jun Ajaw se puede traducir como «Primer Señor o Primer Sembrador»"* (Mex A. 2021, 151). En este inmenso jardín planetario de innumerables galaxias el sol es la estrella que rige nuestro sistema solar a semejanza de *Kolop "el sol heridor"*, ubicado en el centro del universo (Ochoa and Martel 2002, 100-101). *Kolop* funciona como una especie de imán hiperpoderoso que atrae hacia sí billones de cuerpos celestes formando un potente remolino espacial, cuyo brillante núcleo de luz se conforma con gigantescas estrellas de orden celeste más organizadas y agrupadas que aquellas de orden terrestre; y las más alejadas de orden teleste entre las cuales nuestro sol orbita, las cuales forman una franja oscura como una gran serpiente de denso polvo cósmico que el *Popol Vuh* denominó el *Camino Negro* o *Xibalbá* a nivel estelar. Carl Sagan expresó: *"el colmo de la arrogancia humana es imaginar que este planeta sea el único mundo habitado, pero a la vez aún no sabemos de vida en otras partes"* (CNN 1989). El velo que cubre los ojos del hombre respecto a la vida en otros planetas se descorrerá a su debido tiempo del mismo modo que los del viejo continente se maravillaron al descubrir habitantes en el Nuevo Mundo. Todo acontecer, según los mayas, se repite a una escala mayor en los ciclos del tiempo.

*La Puerta del Sol* en Tiahuanaco, Bolivia, semejante a la Puerta del Sol de *Machu Picchu* y a los dinteles megalíticos de *Stonehenge* en el Reino Unido, formaron parte de primitivos centros ceremoniales con marcada influencia hebrea. Dicho portal evocó el paso del mundo terrestre al mundo celeste; un símil al velo que

Figura 234. Puerta del Sol; Tiahuanaco, Bolivia.

separa el lugar santo del lugar santísimo en el tabernáculo y el templo; espejo del velo que separa este planeta del mundo donde Dios reside cercano a *Kolop*. El dintel se escolta con Viracocha, el señor de los dos cayados quien pastorea las ovejas del oriente, así como las otras ovejas del redil del occidente. Nadie puede entrar en su presencia si no es por la puerta: la entrada a la gloria celeste. Las antiguas culturas vieron en el sol a la deidad que ilumina el mundo. Jesús resumió dicho sincretismo al declarar: "Yo soy la luz del mundo".

## El retorno de Quetzalcóatl

Según el mito mexica, el sol que ilumina el mundo nace en el oriente y muere en el occidente. En Teotihuacán, la Pirámide del Sol ilumina su lado oriente al amanecer, el rumbo por donde se espera el regreso del dios Sol, Quetzalcóatl. Su escalinata frontal al occidente, el rumbo del Nuevo Mundo contaba en su origen con 260 peldaños, el número de la cuenta sagrada Tzolkin, que marca el albor de su retorno durante el "Quinto Sol" al cumplir un Hotun de 1820 años a partir de su Primera Venida. *"Porque se va, pero habrá de volver, volverá a aparecer"*, cita el *Códice Matritense* (M. León Portilla 2002). Moctezuma se refirió al esperado rey diciendo: habéis de *"sentaros en vuestro trono y en vuestra silla, el cual yo en vuestro nombre he poseído algunos días"* (Sahagún 1830, 23). La Pirámide de Kukulkán en Chichén Itzá cuenta con cuatro escalinatas, cada una con 91 escalones, el número de días de las estaciones del año y el templo en la cima totaliza 365, el ciclo solar. Durante el *equinoccio*, de *equus* «*igual*» y *noctis* «*noche*», fenómeno que se repite dos veces al año cuando el día y la noche son iguales en duración, la luz y las sombras juegan con las escalinatas y la cabeza de la serpiente al pie de la pirámide y proyectan sobre su dorso siete triángulos de luz que anuncian el descenso de Kukulkán tras siete dispensaciones, una nueva era milenaria de paz y justicia.

De acuerdo con el canon, la Tierra será purificada por fuego y transfigurada en un cuerpo de orden celeste para ser la herencia eterna de quienes serán dignos de poseerla y su opuesto será el infernal tormento de fuego para las conciencias que pudieron ser y no fueron. Como hijo de un Dios el hombre es una semilla en embrión con el potencial de ser semejante a su Padre; sin embargo, al ser sometido a las pruebas de un mundo teleste seguramente se alejará de su condición divina; no obstante, Quetzalcóatl, el dios de los muchos nombres y de todos los tiempos redimirá lo que ha sido separado: unirá a las razas y a los pueblos, a los vivos y a los muertos, a los padres y a los hijos, y al hombre con Dios por medio del fruto de su expiación, el supremo sacrificio por derramamiento de sangre ofrecido voluntariamente para apaciguar las demandas de la justicia; el mismo Árbol de la Vida cuyo fruto representa el amor de Dios, la verdadera fuente de gozo, felicidad y vidas eternas.

Figura 235. Estela 5 de Izapa, Chiapas, México. Cortesía NWAF, BYU.

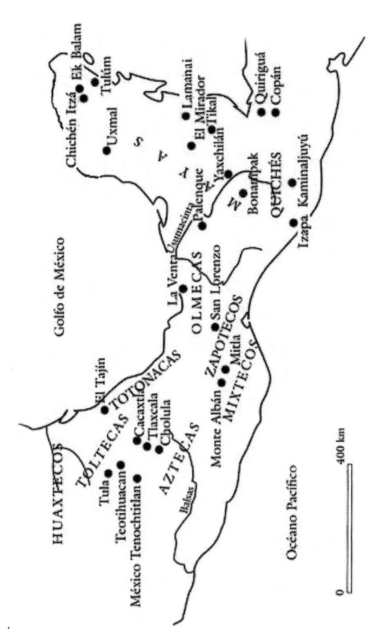

Figura 236. Mesoamérica y sus principales civilizaciones.

## Agradecimientos

¡Gracias! es una palabra insuficiente para aquellas personas que de una u otra forma contribuyeron para que saliera a la luz esta obra. Gracias a Miyosy por los hermosos frutos que me has dado, a Ana Elba Pérez Vallejo por impulsarme a pintar el Árbol de la Vida, gracias a Garth Norman por su amistad y sus aportes invaluables a la arqueología, gracias a mis amigos que creyeron en este proyecto: Abril Castañeda e Hipólito Chino, Adriana Delgadillo, Alejandra Velásquez, Alejandro M. Ponce, América Sarabia, Armando Giles, Beatriz Camarillo y Asberto Ocampo, Blanca López Jiménez, Cuauhtémoc Olguín, Daniel Manzo Peñuñuri, Dante Lucena, David Fuller, Edgar Romero González, Edith Oliveros, Eliseo Altamirano, Elva Pacheco, Gloria Ortiz y Aarón Rincón, Ignacio Salguero, Ismael Saavedra, Kenneth Loso, Leo Cuadras, Luis Enrique Zubillaga, Mairam García Aguirre, Maynor Meléndez; a los gemelos Mario Oscar García y Mario Eduardo García; a los tres nefitas: Nefi Ascencio Hernández, Nefi Garrido Quevedo y Nefi Muñoz Calderón; a Nelly Tiempos, Paulo César Tapia Plata, Perla Alarcón-Flory, Rodrigo Pérez García, Sandra y Cuauhtémoc Altamirano, William B. Moncrief y un agradecimiento especial a Alejandro Garza y Carlos M. Disner. Mi amor a mis hermanos, en particular gracias a Antonio Popoca y Eduardo Popoca, y ante todo gracias al Dios de mis ancestros, el mismo ayer, hoy y siempre.

# Glosario

**Apostasía.** Apartarse de los principios, la fe y la doctrina.

**Aztlan.** Tierra de la cual eran originarios los nahuas, antecesores de los mexicas de cuya etimología procede aztecatl o azteca «de la tierra blanca o de la tierra de las garzas».

**Cábala.** Enseñanzas secretas de la tradición judía recibidas de generación en generación cuyo símbolo fundamental es el Árbol de la Vida diseñado bajo los trazos de la Geometría Sagrada.

**Canon.** Escritura o textos aceptados oficialmente como sagrados.

**Código.** Mensaje oculto o secreto entre emisor-receptor donde el iniciado conoce su cifrado o decodificación.

**Crótalo.** Propiamente los cascabeles de la víbora de cascabel.

**Diáspora.** Dispersión, migración, éxodo.

**Difrasismo.** Cuando dos términos o figuras proveen un tercer significado no relacionado con el significado de los otros dos.

**Dispensación.** Período de tiempo en el cual por lo menos un hombre llamado por Dios generalmente un profeta posee las llaves del sacerdocio sobre la tierra.

**Estela.** Monolito o estructura de piedra en vertical con grabados e inscripciones antiguas.

**Exégesis.** Extraer el verdadero contexto y significado de un texto sagrado o complejo.

**Expiación.** El acto de tomar sobre sí los errores, culpas o pecados de otros a fin de compensar las demandas de la justicia divina.

**Filacteria.** Tiras de cuero que sujetan pergaminos con pasajes de las escrituras que se colocan en la frente y brazos como un recordatorio para los judíos de guardar sus deberes religiosos.

**Gentiles.** Personas que forman parte de naciones extranjeras o paganas en contraposición al pueblo del convenio o pueblo de Israel, según los judíos.

**Glifo o jeroglífico.** Carácter o símbolo gráfico que representa un sonido, palabra o concepto de un sistema de escritura.

**Iniciado**. Dícese de aquel que alcanza cierto grado de experiencia o conocimiento no comprensible para el común de las personas, lo que demuestra mediante un ritual o ceremonia donde adquiere responsabilidades y compromisos adicionales.

**Mito**. Relatos transmitidos oralmente de generación en generación cuya simbología explica el origen de ciertos acontecimientos históricos, culturales o sociales.

**Nahua**. Pueblo al que pertenecen los aztecas o mexicas y otros pueblos antiguos del Anáhuac cuya lengua común es el náhuatl.

**Nahual o nagual**. Término prehispánico para designar un híbrido hombre-animal cuyo significado es «oculto, escondido».

**Paradigma**. Teoría dominante que se acepta sin cuestionar.

**Quiasmo**. Figura literaria cuya característica es la inversión en la estructura de las ideas presentadas creando un efecto simétrico o paralelo.

**Sefirot**. Esferas o círculos que a semejanza de frutos constituyen centros de energía en el diseño cabalístico del Árbol de la Vida. En el hinduismo equivale a los chakras y en el budismo a la mandala.

**Sincretismo**. Cuando una cultura adopta ideas o creencias de otra cultura y las adapta a su propia cultura fusionando ambas ideologías.

**Teleste**. El inframundo, lo subterráneo, el bajo mundo, el mundo donde reina la muerte, el más alejado de lo celeste o de la presencia de Dios.

**Transliteración**. Conservar la pronunciación de una palabra o sonido en otro idioma, sin que precisamente signifique lo mismo.

**Tzolkin**. Término acuñado por el mayista William Gates a la cuenta sagrada de 260 días constituida por veinte trecenas cuya suma total es un lustro de 5 soles de 364 días o años equivalente a 1820 tiempos, ciclo llamado Hotun por los mayas.

**Velo**. Se puede referir al velo del templo que separa el lugar santo del lugar santísimo; al estado de olvido que impide recordar al hombre su vida preterrenal o al velo que separa al hombre de Dios y las cosas espirituales y eternas.

# Bibliografía

Alcalá, Fray Jerónimo de. *Relación de Michoacán.* Edited by (Sic) Editorial. Fundación el Libro total. Bucaramanga, 1540.

Alva Ixtlilxóchitl, Fernando de. *Historia de la nación chichimeca.* 2011. Barcelona: Linkgua ediciones, S.L., 1640.

Alvarado Tezozómoc, Hernando de. *Crónica mexicana.* Barcelona: Red ediciones S.L., 1598.

Álvarez, Cristina. *Diccionario etnolingüístico del idioma maya yucateco colonial.* Vol. 3. México: UNAM, 1997.

Álvarez, Cristobal. *Padre Assi, su vida y hazañas.* Edited by 1678 Francisco Montes. Madrid: Biblioteca Británica, 1678.

Aplicano, Pedro M. *Los mayas un pueblo elegido.* Tegucigalpa: Imprenta Calderón, 1971.

Arellano, Alfonso. *Poemas visuales: la epigrafía oaxaqueña.* Vol. IV, in *La pintura mural prehispánica en México*, by Beatriz De la Fuente, 423-467. México: UNAM, Facultad de Filosofía y Letras, 2008.

Argüelles, José. *Tierra en ascenso.* México: Editorial Brujas, 2005.

Arriola, Jorge Luis. *Pequeño diccionario etimológico de voces guatemaltecas.* 2. Edited by Ministerio de Educación Pública. Vol. 50. Guatemala: Ministerio de Educación Pública, 1954.

Ayuch, Daniel Alberto. *Las traducciones árabes modernas de la frase "poseer la tierra" en hebreo bíblico.* Líbano: Universidad de Balamand, Enero 8, 2008.

B. Delaney, Julia Rosa. *El pueblo hebreo.* Lima: Tipografía "La Voce d'Italia", 1908.

Báez Cubero, Lourdes. *Museo Nacional de Antropología*, 2021.

Barberena, Santiago I. *Historia de El Salvador.* Vol. Tomo I. San Salvador: Imprenta Nacional, 1914.

Barrera V., Alfredo (Anónimo, versión de). *El libro de los libros del Chilam Balam.* Edited by Silvia Rendón. México: Fondo de Cultura Económica, 1948.

Barrera V., Alfredo. "Manik, el séptimo día del calendario maya." 125-135. México: Indiana, 1980.

Barrera Vásquez, Alfredo. *Diccionario Maya Cordemex.* México: Porrúa, 1980.

Bastarrachea, Juan Ramón, Ermilio Yah, and Fidencio Briceño. *Diccionario Básico Español-Maya-Español.* Mérida: Universidad Autónoma de Yucatán, 1992.

Baudez, Claude-Francois. *Una historia de la religión de los antiguos mayas.* México: UNAM, Centro de Estudios Mexicanos y Centroamericanos, 1994.

Beltrán, Pedro. *Arte del idioma maya reducido a sucintas reglas y semilexicon yucateco.* Mérida, Yucatán: Imprenta de J.D. Espinosa, 1859.

Benson, Elizabeth P. *The Olmec and their neighbors: Essays in memory of Matthew W. Stirling.* Washington D.C.: Dumbarton Oaks Research Library and Collections, 1981.

Boccara, Michel. *Enciclopedia de la mitología yucateca: Herramientas de investigación, Vocabulario, bibliografía, glosario.* Vol. 15. Yucatán: Editions Ductus, 2004.

Bonewitz, Ronald L., Achim Kiel, and Elías Karhan. *El oráculo maya: Una sabiduría milenaria para el mundo de hoy.* Madrid : EDAF, S.A., 2000.

Bonilla, Eduardo. *Los aztecas: El origen Capítulo I.* México, febrero 9, 2015.

Bonilla, Eduardo. *Mamuts en el nuevo aeropuerto, lo que nadie ha dicho.* México, septiembre 11, 2014.

Bourdin, Gabriel. *El cuerpo humano entre los mayas.* Vol. 27. Mérida: Universidad Autónoma de Yucatán, 2007.

Briceño Chel, Fidencio. "Gramática cultural, o de cómo la cultura está presente en el pensamiento maya." *Excelsior*, agosto 14, 2018.

Brown, Hugh B. "El grosellero." *New Era*, 1973.

BYUS. *Vol. 19, no. 2, Winter 1979.* Vol. 19. 2 vols. Provo, Utah: Brigham Young University Studies, 1979.

Cadogan, León. *Ayvu Rapyta: Textos míticos de los Mbyá-Guaraní del Guairá.* Sao Paulo: Facultad de Filosofía, Ciencias y Letras de la Universidad de Sao Paulo, 1959.

Calderón, Héctor M. *La ciencia matemática de los mayas.* Universidad de Texas: Editorial Orión, 1966.

Calleman, Carl Johan. *El calendario maya y la transformación de la consciencia.* Rochester, Vermont: Inner Traditions, 2007.

Carlson, John B. *Lodestone Compass: Chinese or Olmec Primacy? Multidisciplinary Analysis of an Olmec Hematite Artifact from San Lorenzo, Veracruz, Mexico.* Vols. 189, No. 4205 . Science, New Series, 1975.

Carmack, Robert M., and James L. Mondloch. *Título de Totonicapan (1834).* Translated by Dionisio José (Anónimo, versión de) Chonay. México: UNAM Instituto de Investigaciones Filológicas Centro de Estudios Mayas, 1983.

Carmack, Robert M., and James Mondloch. "Título de Ilocab (1592)." In *Tlalocan,* by Anónimo, 213-256. México: Revista del Centro de Estudios Mayas, UNAM, 1973.

Carrillo, Felipe Alberto. "Las configuraciones mayas del Ts'ip." *Revista de la Universidad Autónoma de Yucatán núm. 272,* 2018: 50-63.

Casillas, P., and G. Echazarreta. *Revista Chapingo: Serie Ingeniería agropecuaria.* Tomos 4-6 vols. México: Universidad Autónoma Chapingo, 2001.

Caso, Alfonso. *El calendario mexicano.* México: Academia mexicana de la historia, 1958.

Centini, Massimo. *Los lugares misteriosos de la tierra.* Barcelona: De Vecchi, 2011.

Chaumeil, Jean-Perre. "Entre teorías raciales y exhibiciones: en torno al informe de Casement sobre el Putumayo." In *El paraíso del diablo,* by Claudia Steiner, Páramo Carlos and Pineda Roberto, 476. Bogotá: Universidad de los Andes, 2014.

Chavero A. *La Piedra del Sol: Estudio arqueológico.* México: Museo Nacional de México, 1886.

Chavero, Alfredo. *Anales del Museo Nacional.* Vol. 7. México: Imprenta del Museo Nacional, 1903.

CNN. *A dialogue Sagan-Turner: A conversation with Carl Sagan & Ted Turner.* San Antonio, Tx, November 1, 1989.

Cobos, Rafael. "Concordancias y discrepancias en las interpretaciones arqueológicas, epigráficas e históricas de fines del Clásico en las tierras bajas mayas del norte." Edited by Procedencia del original: Universidad de Indiana. *Mayab* (Sociedad Española de Estudios Mayas), no. 20 (2008): 161-165.

Coe, Michael D. *America's First Civilization (La primera civilización de América).* Nueva York: American Heritage (en asociación con la Institución Smithsoniana, Washington, D.C.), 1968.

Cook, James. *The voyages of Captain James Cook.* Vol. II. London: William Smith, 113, Fleet Street, 1846.

Córdova, Fray Juan de. *Vocabulario en lengua zapoteca.* México: Pedro Charte y Antonio Ricardo, 1578.

Cox, Simon. *Diccionario del código Da Vinci.* Madrid: Editorial EDAF, S.A., 2006.

Crichton, Ben. *Lost treasures of the Maya Snake Kings.* Prod. Cameron Balbirnie. 2017.

Cuellar, Andrea. *Sanación con cristales.* Colomba: Penguin Ramdom House, 2018.

Dakin, Karen. *El Xólotl mesoamericano ¿Una metáfora de transformación yutonahua?* México, UNAM: Ed. Mercedes Montes de Oca, 2004.

De Bourbourg, Brasseur. *Cartas para servir de introducción a la Historia primitiva de las naciones civilizadas de la América Septentrional.* Universidad de Indiana: M. Murguía, 1851.

De Jong, Harriet. *La meliponicultura en la cosmovisión maya, en memorias del II seminario mexicano sobre abejas sin aguijón.* Mérida, Yucatán: Universidad Autónoma de Yucatán, 2001.

De la Cruz, Víctor. *El pensamiento de los Binnigula´sa: cosmovisión, religión y calendario con especial referencia a los binnizá.* México: Casa Juan Pablos, 2007.

De la Garza, Mecedes. *Aves sagradas de los mayas* . México: UNAM, 1995.

De la Garza, Mercedes (Anónimo, prólogo y comentarios de). *Chilam Balam de Chumayel.* México: Secretaría de Educación Pública, 1985.

De la Puente, Fray Juan. *Tomo primero de la conveniencia de las dos monarquías católicas.* Madrid: Flamenco, 1612.

De la Vega, Garcilaso. *Comentarios reales de los incas.* Vol. I. Lima: Editorial Universo, S.A., MDCIX.

Del Paso y Troncoso, Francisco (Anónimo, versión de). *Leyenda de los soles continuada con otras leyendas y noticias. Manuscrito de1558.* Florencia: Tipografía de Salvador Landi, 1903.

Del Paso y Troncoso, Francisco. *Leyenda de los Soles. Manuscrito de 1558.* Edited by Publicaciones del Instituto de Historia. Translated by Traducción de Primo Feliciano Velázquez. México: Imprenta Universitaria, 1945.

Días Porta, Domingo. *Aquí, Amerrikúa: (la América silenciada): 1492-1992.* 2. Caracas: Siembra Olmeca, 1992.

Díaz Bolio, José. *La serpiente emplumada: eje de las culturas.* Mérida, Yucatán: Registro de Cultura Yucateca, 1965.

Díaz Cíntora, Salvador. *Huehuetlatolli, Libro sexto del Códice Florentino.* México: UNAM, 1995.

Díaz, Frank. *Kinam: el poder del equilibrio: antiguas técnicas toltecas.* México: Editora Alba, 2004.

Donnet, Beatriz. *Conejo y coyote Mitos y Leyendas del Estado de México.* México: Selector, 2005.

Drew, David. *Las crónicas perdidas de los reyes mayas.* Ed. Siglo XXI, 2002.

Durán, Fray Diego. *Historia de las Indias de Nueva España e Islas de la Tierra Firme.* Edited by Ángel María Garibay. México: Conaculta, 1995.

Echeverría, Jaime. "Los excesos del mono: salvajismo, transgresión y deshumanización en el pensamiento nahua del siglo XVI." *Journal de la Société des Américanistes*, 2015: 101-1 et 2.

Eggebrecht, Eva. *Mundo Maya.* ilustrada. Cholsamaj Fundación, 2001.

Eliade, Mircea. *Tratado de Historia de la religiones.* París: Ediciones Cristiandad, 2007.

Ershova, Galina. *Epigrafía maya, introducción al método de Yury Knórosov.* Guatemala: CEMYK, 2013.

Escalona, Alberto. *Cronología y astronomía maya-mexica (con un anexo de hstorias indígenas).* México: Fides, 1940.

Escobar, Mario. *Historia de la masonería en Estados Unidos.* Editorial Almuzara, 2009.

Ferrill, Arther. *La caída del Imperio Romano, las causas militares.* Translated by Pilar González Bermejo. Londres: Editorial EDAF, S.L., 2007.

Fielding S., Joseph. *Enseñanzas del profeta José Smith, 1954.* Translated by Eduardo Balderas. Salt Lake City, Utah: Deseret, 1982.

Florescano, Enrique. *Memoria mexicana.* México: Fondo de Cultura Económica, 1994.

Florescano, Enrique. "Liceo FrancoMx." *El mito del dios del maíz.* Junio 1, 2017. https://youtu.be/KlicvInss-g (accessed agosto 2018, 15).

Florescano, Enrique. *Quetzalcóatl, el mito de mitos.* México, Octubre 17, 2016.

Franco, Antonio. *Cosmovisión mítica: Origen y evolución de las historias sagradas y el culto.* Sevilla: Punto Rojo Libros, 2017.

Freidel, David, and Linda Schele. *Symbol and Power: A History of the Lowland Maya Cosmogram (Símbolos y Poder: Historia del cosmograma de los mayas de las tierras bajas).* Princeton: Universidad de Princeton, 1988.

Galindo Trejo, Jesús. *Arqueoastronomía en la América Antigua.* Madrid: Equipo Sirius, 2009.

García Icazbalceta, Joaquín (Anónimo, versión de). *Historia de los mexicanos por sus pinturas 1531-1537.* Edited by Instituto Nacional de Antropología e Historia. Vols. Anales del Museo Nacional de México Núm. 2 Tomo II (1882) Primera Época (1877-1903). México: Imprenta de Ignacio Escalante, 1882.

Gaudium Press. "Biblioteca Nacional Francesa publica versión on-line Biblia original de Gutenberg." *Gaudium Press*, Febrero 17, 2017.

Girard, Rafael. *El Popol-Vuh: fuente histórica; como fundamento de la historia maya-quiché.* Vol. 1. Guatemala: Editorial del Ministerio de Educación Pública, 1952.

Gómez Navarrete, Javier A. *Diccionario Introductorio Español-Maya Maya Español.* Chetumal, Quintana Roo: Universidad de Quintana Roo, 2009.

Gómez, G. Jesús, and Tecún Nicolás Lucas. "Conferencia Nacional de Ministros de la Espiritualidad Maya." Guatemala: Oxlajuj Ajpop, 2003.

González Obregón, Luis. *Época colonial: México Viejo, noticias históricas, tradiciones, leyendas y costumbres.* México: Universidad de California, C. Bouret, 1900.

González Torres, Yólotl. *Animales y plantas en la cosmovisión mesoamericana.* México: Plaza y Valdes Editores, CONACULTA, INAH, 2001.

González, Rubén, and Inés M. Martín. *Los mayas y el conocimiento interior.* 2010.

Grant, Joseph Stevenson. *Letter, March 1842, Willard Richards to Levi Richards.* Edited by Stevenson's Genealogical Center. Provo, Utah: Richards Family History, 3:90, 1991.

Graulich, Michel. *Ritos aztecas: las fiestas de las veintenas.* México: Instituto Nacional Indigenista, 1999.

Grieco, Pietro. *Sntonía con el ser.* España: Caligrama, 2019.

Grube, Nikolai. "Los nombres de los gobernantes mayas." *Arqueología Mexicana* (Raíces S.A. de C.V.), no. 50 (Julio-Agosto 2001): 72-77.

Guerra, Manuel. *El Árbol Masónico.* Madrid: Digital Reasons, 2017.

Gutiérrez Solana, Nelly. *Los mayas: historia, arte y cultura.* Primera. México: Panorama Editorial, 1991.

Healy, Paul F., and Marc G. Blainey. "Ancient Maya Mosaic Mirrors: Function, Symbolism, and Meaning." *Ancient Mesoamerica*, no. 22 (2011): 229-244.

Hidalgo, Manuel. *España en Hispanoamérica*. Ilustrada. Madrid: Editorial Complutense, 1998.

Hilton, Lynn M., and Hope A. Hilton. "En busca de la ruta de Lehi." *Liahona*, Julio 1977: 8-20.

Hofling, Charles A. . *Diccionario Maya Mopan*. Salt Lake City: University of Utah Press, 2012.

Iñigo F., Luis E. *La Atlántida: entre el mito y la historia*. Madrid: Ediciones Nowtilus, S.L., 2021.

Jacq, Christian. *El enigma de la piedra*. Translated by Carlos Gómez González. Barcelona: Ediciones B, 1998.

Jakeman, Wells M. *Estela 5, Izapa, Chiapas, México: El mayor descubrimiento arqueológico del Nuevo Mundo*. Provo: Universidad Brigham Young, 1958.

Johansson, K. Patrick. *Día de Muertos en el mundo náhuatl prehispánico*. Vol. 34, in *Estudios de cultura nánuatl*, 167-203. México: UNAM-IIH, 2003.

Johansson, K. Patrick. "Tira de la peregrinación (Códice Boturini) Fascímil." *Arqueología Mexicana Edición Especial*, no. 26 (Diciembre 2007): 20.

Johansson, Patrick K. *Análisis estructural del mito de la creación del sol y de la luna en la variante del Códice Florentino*. Vol. Estudios de Cultura Náhuatl 24. México: UNAM, 1994.

Joseph, Frank. *Misterios de América*. Translated by Eulalia Gandia. Barcelona: Ediciones Robinbook, 2007.

Juárez O., Alberto. *El desarrollo arqutectónico de Totometla en el marco del sistema urbano de Teotihuacán*. México: Instituto Nacional de Antropología e Historia, 2017.

Kasimirski, Albert de Biberstein. *Dictionnaire Arabe-Français*. Beirut: Librairie du Liban, 1967.

Kennedy, John F. *Publishers News Paper*. New York, 04 27, 1961.

Kinti-Moss, Nina. *Kechwa English Spanish*. Kansas, USA: Centro de Estudios Latinoamericanos, University of Kansas, 2005.

Kocyba, Henryk Farol. "La sagrada Ceiba maya y el eje del universo." *Episteme, UVM*, no. 10 (2007).

Landa, Fray Diego de. *Relación de las cosas de Yucatán.* Barcelona: Red Ediciones S.L., 1566.

León Portilla, Miguel. *Quince poetas del mundo náhuatl.* México: Editorial Planeta Mexicana S.A. de C.V., 1994.

León Portilla, Miguel. "El chalchihuitl en la literatura náhuatl." *Arqueología Mexicana* (Raíces, S.A. de C.V.), no. 133 (2019): 74-78.

León Portilla, Miguel. "El retorno de Quetzalcóatl." *Arqueología Mexicana* (Raíces S.A. de C.V.), no. 53 (Febrero 2002): 54-57.

León-Portilla, Miguel. *La filosofía náhuatl estudiada en sus fuentes.* Undécima. México: UNAM Instituto de Investigaciones Históricas, 2017.

López Austin, Alfredo. *Cuerpo humano e ideología. Las concepciones de los antiguos nahuas.* Vol. 1. México: UNAM, 1996.

López Austin, Alfredo. "El árbol cósmico en la tradición mesoamericana." Edited by IMGEMA. *Monografías del Real Jardín botánico de Córdoba* (UNAM, Instituto de Investigaciones Antropológicas) 5 (1997): 85-98.

López Austin, Alfredo. *Ligas entre el mito y el ícono en el pensamiento cosmológico mesoamericano.* México: UNAM Instituto de Investigaciones Antropológicas, 2009.

López Luján, Leonardo, and Guilhem Olivier. "La estera y el trono. Los símbolos de poder de Motecuhzoma II." *Arqueología Mexicana* (Raíces), no. 98 (Julio-Agosto 2009): 40-46.

López, Edmundo, and Patricia Martel. *La escritura en uooh: una propuesta metodológica para el estudio de la escritura prehispánica maya-yucateca.* México: UNAM, 2001.

López-Austin, Alfredo. *Tamoanchan y Tlalocan.* México: Fondo de Cultura Económica, 1993.

Mangalwadi, Vishal. *El libro que dio forma al mundo: Cómo la Biblia creó el alma de la civilización occidental.* Nashville, Dallas: Grupo Nelson, 2011.

Marcus, Joyce. *Monte Albán.* México: Fondo de Cultura Económica, 2008.

Martínes del Sobral, Margarita. *Geometría mesoamericana.* Universidad de Michigan: Fondo de Cultura Económica, 2000.

Martínez Estrada, Ezequiel. *Diferencias y semblanzas entre los países de América Latina.* Vol. 152. Caracas: Fundación Biblioteca Ayacucho, 1990.

Medina Ruiz, Fernando. *ABC del arte maya.* Edited by INAH. México: JGH Editores SA de CV, 1996.

Medina, Andrés. *En las cuatro esquinas en el centro.* México: UNAM, Instituto de Investigaciones Antropológicas , 2003.

Mediz Bolio, Antonio (Anónimo, versión de). *El Chilam Balam de Chumayel.* México: Consejo Nacional para la Cultura y las Artes (Cien de México), 2001.

Mediz Bolio, Antonio. *El maya y la miel.* Mérida: Editores Maldonado (Lecturas Yucatecas), 1971.

Mex A., William H. *Tiempo y destino entre los gobernantes mayas de Palenque: Una perspectiva desde la cuenta de 260 días.* México: Palabra de Clío, 2021.

Molina, Fray Alonso de. *Vocabulario en lengua castellana y mexicana.* Edited by encuadernación y rayado "El Escritorio". Calle Zaragoza 8. Talleres de imprenta. Puebla: Reimpreso de la edición hecha en México en la casa de Antonio de Spinosa, 1571.

Montero García, Ismael Arturo. *Nuestro patrimonio subterráneo: Historia y cultura de las cavernas en México.* México: INAH, 2011.

Montes de Oca, Mercedes. *La metáfora en Mesoamérica.* México: UNAM, 2004.

Montes de Oca, Mercedes. *Los Difrasismos en el náhuatl del siglo XVI.* México, febrero 26, 2019.

Morales D., Manuel A. *Árbol sagrado: origen y estructura del universo en el pensamiento maya.* Hidalgo: Universidad Autónoma del Estado de Hidalgo, 2006.

Morelli, Luigi. *Puntos de inflexión espiritual de la historia norteamericana.* Bloomington, IN: iUniverse, 2011.

Moreno de los Arcos, Roberto. "Los cinco soles cosmogónicos." Edited by Élodie Dupey García. *Estudios de Cultura Náhuatl* (Instituto de Investigaciones Históricas de la UNAM), no. 7 (1967): 183-210.

Morgan, Lewis H., and Adolph F. Bandelier. *México Antiguo.* México: Siglo XX1, 2003.

Motolinia, Fray Toribio de. *Memoriales de Fray Toribio de Motolinia. Manuscristo de la colección de don Joaquín García Icazbalceta.* Vols. 2a. parte, capítulo XXIII. México: Casa del editor, 1903.

Motul. *Diccionario de Motul.* Vol. 2. Motul, Yucatán: Manuscrito original, 1577.

Nájera Coronado, Martha Ilia. "El mono y el cacao: La búsqueda de un mito a través de los relieves del grupo de la serie inicial de Chichen Itzá." *Estudios de Cultura Maya del Instituto de Investigaciones Filológicas, UNAM* (CEM, UNAM), no. XXXIX (2012): 133-172.

Narby, Jeremy. *La Serpiente Cósmica: el ADN y los orígenes del saber.* 2. Edited by Takiwasi. Translated by Alberto Chirif. 1997.

Neurath, Johannes. "Cacería ritual y sacrificios huicholes: entre depredación y alianza, intercambio e identificación." *Journal de la Société des Américasnistes*, no. 94-1 (2008): 251-283.

Nieto, Omar. *El juego secreto de Moctezuma.* México: HarperCollins México, 2021.

Norman, Garth. "Izapa Sculpture Par 2: Text, page 165; The Supernarrative Stela 5." *Digital Collections BYU Library.* Brigham Young University. 1976. (accessed 2004'03).

Norman, Garth V. *Izapa Sacred Space, Sculpture Calendar Codex.* SLC, Utah: ARCON, 2012.

Núñez de la Vega, Francisco. *Constituciones diocesanas del obispado de Chiapa.* México: Instituto de Investigaciones Filológicas, UNAM, 1988.

Ochiai, Kazuyasu. *El Mundo Maya: Miradas japonesas.* Mérida: UNAM, 2006.

Ochoa, Lorenzo, and Patricia Martel. *Lengua y cultura mayas.* México: UNAM, Instituto de investigaciones antropológicas, 2002.

Olivier, Guilhem. "Los bultos sagrados. identidad fundadora de los pueblos mesoamericanos." *Arqueología Mexicana* (Raíces, S.A. de C.V.), no. 106 (Noviembre-Diciembre 2010): 53-59.

Orduño García, María de los Angeles. *A study of the history and literary culture of the Yaquis of Sonora. Topical sections include ecological context, Yaqui origins, religion, land, literature and legends.* Sonora, México: Editora La Voz de Sonora, 1999.

Packer, Boyd K. *Enseñad Diligentemente.* Deseret Book Company, 1985.

Paleari, Antonio. *Los dioses andinos: algunos comentados, otras cotejados.* Buenos Aires: Instituto Geográfico Militar, 1988.

Palka, Joel. "Left/Right Symbolism and the Body in Ancient Maya Iconography and Culture." *Latin American Antiquity*, Diciembre 2002: 419-443.

Patrón, Pablo. *Perú primitivo: Origen del Kechua y del Aymará; Dioses de la Tempestad; Huirakocha.* Lima: Imprenta del Estado-Rifa 58, 1902.

Pellegrino, Tosatti. *Il Calendario Perpetuo.* Biblioteca Pública de Nueva York: Concezione, editrice, 1883.

Pérez, C. Mario, and S. Laura Sotelo. *Los Mayas y el esplendor de una cultura.* México: Monclem Ed., 2005.

Piña Chan, Román. *Quetzalcóatl Serpiente Emplumada.* México: Fondo de la Cultura Económica, 1992.

Pío Pérez, Juan. *Diccionario de la lengua Maya.* Frankfurt: BoD Books on Demand 2021, 1866.

Piqueras, Josep. *Tulán Zuivá.* Barcelona: Lulu, 2012.

Proskouriakoff, Tatiana. *Historia maya.* México: Siglo XXI, 1994.

Ramírez Cabañas, Joaquín. *Obra Histórica.* México: UNAM, 2004.

Rankin, Lisa Kathryn. "Interpreting Long-term trends in the transition to farming." *BAR International Series* (British Archaeological Reports), no. 830-831 (2000).

Raynaud, Georges (Anónimo, versión de). *Rabinal Achí (Teatro indígena prehispánico) Anales de la Sociedad de Geografía e Historia;*

*Guatemala, 1929.* 4. Translated by Luis Cardoza. México: UNAM, 2015.

Raynaud, Georges. *Anales de los Xahil.* Translated by Francisco Hernández Arana Xahilá. México: Ediciones de la UNAM, 1946.

Real Academia, Española. *Boletín de la Real Academia Española.* Universidad de Indiana (Procedencia del Original): Real Academia Española, 1930.

Recinos, Adrián (Anónimo, versión de). *Popol Vuh, las antiguas historias del Quiché.* Segunda Edición. México: Fondo de Cultura Económica, 1960.

Recinos, Adrián. *Crónicas indígenas de Guatemala.* Guatemala: Universitaria, 1957.

Rivera D., Miguel. *Chilam Balam de Chumayel.* Madrid: Comercial Grupo Anaya, 2017.

Rivera Dorado, Miguel. "Pajaritos y pajarracos: personajes y símbolos de la cosmología maya." *Revista Española de Antropología Americana* 34 (2004): 7-28.

Rublúo, Luis. *Estudios indigenistas.* Edited by Sociedad Mexicana de Geografía y Estadística. Vol. Volumen 1 de Memoria. México, 1972.

Ruge, Tiahoga, and Olga Cáceres. *Documental: Knórozov: El desciframiento de la escritura maya.* Directed by Tiahoga Ruge and Eduardo Herrera. Produced by CONACULTA. Canal 11, 2000.

Ruz Lhuiller, Alberto. *La civilización de los antiguos mayas.* Vol. 10. México: INAH, 1963.

Sahagún, Fray Bernardino de. *Historia general de las cosas de la Nueva España.* Vols. Libro 12, Capítulo 4; Libro 6. México: Imprenta del ciudadano Alejandro Valdés, 1830.

Sánchez Pirela, Beatriz Elisa. *Pensamiento filosófico amerindio: Popol Vuh.* Vol. Tema 1 de Colección Investigación Mario Breceño Iragorry. Texas: Universidad Católica Cecilio Acosta, 2004.

Sánchez, Víctor. *Toltecas del nuevo milenio.* México: Lectorum, 1996.

Saravia E., Albertina (Anónimo, versión de). *Popol Wuj Antiguas historias de los indios quichés de Guatemala.* Vigésimo tercera. México: Porrúa, 1971.

Séjourné, Laurette. *Arquitectura y pintura en Teotihuacán.* 1966. México: Siglo XXI, 2002.

Simeón, Rémi. *Diccionario de la lengua náhuatl o mexicana.* México: Siglo XXI, 1977.

Singer, Isidore, and Cyrus Adler. *The Jewish Encyclopedia: A descriptive record of the history, religion, literature and customs of the Jewish people from the earliest times to the present day.* Vols. II Apocrypha-Benash. New York; London: Funk & Wagnalls Company, 1901.

Smith, Wlliam. *A dictionary of Greek and Roman biography and mythology.* Boston: Little, Brown & Co., 1867.

Somohano, Ana. *Árboles en las Estelas de Izapa: Una propuesta de análisis.* México: UNAM Instituto de Investigaciones Filológicas, 2015.

Strong, James. *Nueva concordancia Strong exhaustiva de la Biblia.* Nashville: Grupo Nelson, 2002.

Stuart, David. "El emperador y el cosmos. Nueva mirada a la Piedra del Sol." *Arqueología Mexicana* (Raíces) 25, no. 149 (2018): 20-25.

Stuart, David. "Kings of stone: A consideration of Stelae in ancient maya ritual and representation." *RES: Anthropology and Aesthetics* (The University of Chicago Press Journals Division), no. 29/30 (1996): 148-171.

Tejeda A., Fernando. *El Lienzo de Jucutacato, Códide postcortesiano.* México: Consejo Editoral H. Cámara de Diputados, 2019.

Teresa de Mier, F. Servando. *Carta de despedida a los mexicanos.* México: Alicante: Biblioteca Virtual Miguel de Cervantes, 1821.

Thompson, Eric. *Maya Hieroglyphic Writing: An introduction.* Oklahoma: University of Oklahoma Press. Norman, 1978.

Thompson, J. Eric. *Historia y religión de los mayas.* México: Siglo XXI, University of Oklahoma Press, 1975.

Tibón, Gutierre. *Historia del nombre y de la fundación de México.* México: Fondo de Cultura Económica, 1980.

Tilger. "Atti del XL Congresso Internazionale degli americanisti." Génova, Roma, 1973. 2234.

Torquemada, F. Juan de. *Monarquía indiana.* Vols. 3, Libro 8, Capítulo XI. 6, UNAM, México vols. Sevilla: Príncipe, 1615.

Upún Sipac, Damián. *La cuenta maya de los días: Maya' Ajilab'al Q'ij.* Guatemala: Cholsamaj Fundación, 1999.

Uriarte, María Teresa, and Leticia Staines. *Acercarse y mirar: homenaje a Beatriz de la Fuente.* 2004.

Valbona, Rima de. *Las mujeres aztecas en los códices indígenas y las crónicas de la colonia.* San José: Costa Rica, 2021.

Vallejo, Antonio R. *Ligeras observaciones al curso elemental de Historia de la lengua española.* El Salvador: Tegucijalpa Tipografía Nacional, 1906.

Vega, Garcilaso de la. *Comentarios reales del origen de los Incas.* Vols. 3, Capítulo XVI; 6, Capítulo X. 9 vols. Lisboa: Pedro Crasbeek, 1609.

Velázquez, Primo Feliciano (Anónimo, versión de). *Códice Chimalpopoca: Anales de Cuauhtitlán y Leyenda de los soles.* Tercera Edición. México: UNAM Instituto de Investigaciones Históricas, 1992.

Vesque, Martine. ""El instrumento para ver" o tlachiieloni." *TRACE 71; 2017. Travaux et Recherches dans les Améiques du Centre.* enero 3, 2017. http://journals.openedition.org/trace/2436 (accessed agosto 15, 2020).

Veytia, Mariano. *Historia antigua de Mejica: La publica con varias notas y un apéndice el C.F. Ortega.* Vol. 1. México: Imprenta Juan Ojeda, 1836.

Vico Belmonte, Ana. *Monedas Griegas.* Madrid, España: Real Academia de la Historia, 2005.

Villa Posse, Eugenia. *Mitos y leyendas de Colombia.* Vol. III. Quito: Ediciones IADAP, 1993.

Villa Rojas, Alfonso. *Estudios etnológicos: los mayas.* Vol. 38. México: UNAM: Intituto de Investigaciones Antropológicas, 1985.

Vinett, Robert. *Símbolos mormones.* 2012.

Vinett, Roberto. "Los facsímiles del libro de Abraham." 2010. (accessed Octubre 2010, 29).

Wachtel, Nathan. *Instituto Francés de Estudios Andinos.* Nov. 3, 2015. https://youtu.be/QpKvZzGkHuk (accessed Agosto 15, 2020).

Walker, Carlos. *Cartas de Jerusalén.* Santiago de Chile: Imprenta, Litografía y Encuadernación Barcelona, 1904.

Waters, Frank. *El Libro de los Hopis.* México: Fondo de Cultura Económica, 1996.

Williams, Eduardo, and Phil C. Weigand. *Arqueología del occidente y norte de México.* Michoacán, México: El Colegio de Michoacán A.C., 1995.

Wolff, Werner. *El mundo simbólico de mayas y aztecas.* Edited by Biblioteca Pedagógica de Perfeccionamiento Profesional. Vol. 9. Minnesota: Universidad de Minnesota, 1963.

Wood, Leon J. *Los profetas de Israel.* Translated by Francisco Lacueva. Michigan: Portavoz, 1979.

Zartman, Evon. *Los Zinacantecos: un pueblo tzotzil de los altos de Chiapas.* Vol. Tema 7 de Colección SEP'INI: Serie de antropología social. México: Instituto Nacional Indigenista, 1966.